U0799369

国家重点学科华东政法大学法律史学科建设项目（学科代码：030102）
上海市高水平地方高校（学科）建设项目资助

外国法制史研究

（第23卷）

法律移植与法治发展

——亚非拉地区的实践与经验

何勤华　主编

法律出版社
LAW PRESS CHINA
——北京——

图书在版编目(CIP)数据

外国法制史研究. 第23卷, 法律移植与法治发展 : 亚非拉地区的实践与经验 / 何勤华主编. -- 北京 : 法律出版社, 2021
ISBN 978 - 7 - 5197 - 5815 - 8

Ⅰ. ①外… Ⅱ. ①何… Ⅲ. ①法制史 - 国外 - 文集
Ⅳ. ①D909.9 - 53

中国版本图书馆 CIP 数据核字(2021)第157581号

外国法制史研究(第23卷) 法律移植与法治发展——亚非拉地区的实践与经验 WAIGUO FAZHISHI YANJIU(DI-23 JUAN) FALÜ YIZHI YU FAZHI FAZHAN—YA-FEI-LA DIQU DE SHIJIAN YU JINGYAN	何勤华 主编	责任编辑 韩满春 曲 杰 装帧设计 李 瞻

出版发行 法律出版社
编辑统筹 学术·对外出版分社
责任校对 周合芝
责任印制 陶 松
经 销 新华书店

开本 A5
印张 9.75 字数 263千
版本 2021年8月第1版
印次 2021年8月第1次印刷
印刷 三河市龙大印装有限公司

地址:北京市丰台区莲花池西里7号(100073)
网址:www.lawpress.com.cn
投稿邮箱:info@lawpress.com.cn
举报盗版邮箱:jbwq@lawpress.com.cn
销售电话:010 - 83938349
客服电话:010 - 83938350
咨询电话:010 - 63939796
版权所有·侵权必究

书号:ISBN 978 - 7 - 5197 - 5815 - 8 定价:78.00元
凡购买本社图书,如有印装错误,我社负责退换。电话:010 - 83938349

序

2020年10月17日至18日，由全国外国法制史研究会主办、湖南师范大学法学院与华东政法大学法律文明史研究院承办的全国外国法制史研究会第33届年会，在湖南师范大学法学院顺利召开。来自全国各高校、科研机构、出版单位的200余名学者出席了本次盛会。

与会学者在“法律移植与法治发展——亚非拉地区的实践与经验”的主题下，分成六场专题研讨会，围绕着“法律移植的理论与实践”“亚洲地区的法律移植与法律多元”“非洲大陆的法律移植与法治探索”“欧美法律移植与法治构建”“中国近现代的法律移植与法治历程”“中国法与外国法：传统与现代”等问题，展开了热烈、开放、宽松、包容而富有成效的研讨。

法律的移植和本土化是法律发展的一个普遍现象，是法律发展的基本规律，从法律诞生的那一天，就已经开始了。人类的第一个法律文明，古代美索不达米亚文明，就已经开始了法律的移植和本土化运动。人类现存第一部伟大法典《汉穆拉比法典》，就是在移植、吸收古代美索不达米亚地区乌尔、乌鲁克、拉伽什、埃什嫩那、马里等酋邦国家之立法成果的基础上编纂而成。之后的各部法典也都在借鉴吸收了这一地区的赫梯、亚述等国家法律的基础上推出面世。正是在移植古代美索不达米亚地区各个邦国的法律并予以本土化的基础上，最终形成了一个楔形文字法系。

在亚洲，法律移植和本土化的运动也进行得如火如荼。先是华夏大地上的传说时代（黄帝、颛顼、唐尧、虞舜等）各个氏族部落之间的法律移植（习俗、习惯法的逐步统一），后来是夏商周三代各个邦国之间法律的统一,立法者都是通过将各个邦国的习惯法移植、本土化以后创建适合整个王朝的法律体系。传世文献上所记载的"黄帝李法""皋陶制刑""夏有乱政,而作禹刑;商有乱政,而作汤刑;周有乱政,而作九刑",说的就是这一现象。至春秋战国时期,各个诸侯国之间的法律移植和法律本土化运动更加频繁,其最高成就是中国历史上第一部成文法典、魏文侯时李悝"集诸国刑典"编纂的《法经》。而商鞅将魏国的《法经》移植入秦国,并在此基础上制定了秦律,为秦国的变法革新,继而统一六国,建立中国历史上第一个专制集权帝国奠定了法律基础。由于中国是一个多民族国家,所以即使在帝国内部,秦以后各个民族间的法律移植和法律本土化运动仍然没有终止。而在此基础发展起来的古代最为先进的隋唐法律制度,则为当时亚洲的日本、朝鲜和越南等国家所移植,并在此基础上形成了中华法系。

古代埃及、古代印度以及古代希腊和罗马的情况,也大体如此。法律的进化,同样是在各个氏族、部落、酋邦、国家之间法律的移植和本土化运动中,实现了统一和进步。直到现在对我们的生活还产生影响的古代世界最伟大的法系罗马法,也是在移植了古代埃及、希腊和整个地中海各地区法律的基础上发展起来的。中世纪以后,在罗马法复兴运动中,形成了以法国法和德国法为主体的大陆法系;在以日耳曼部落法和罗马法混合基础上形成了英吉利法,在英吉利法被移植(强制适用)于各个英属殖民地的基础上,形成了英美法系。大陆法系的一支——西班牙法和葡萄牙法,在其进入其殖民地——拉美地区后,形成了近代拉美地区的法律体系。在殖民者(主要是英国和法国)进入非洲大陆,确立各势力范围并将其法律移植入这些国家的基础上,又形成了近现代的非洲法律体系。可以这么说,人类法律史,就是一部法律移植和法律本土化的历史,至今还没有终止。

法律,包括宗教、艺术、建筑、服装等等,都是由各个民族、各个国家在自己的土地上创造的。因此,它们必定具有两重性:一方面,作为一种土生土长的文化(法律也是文化的一部分),它是其所得以产生、发展的那个民族和国家所创造,因而必然地带有这些民族和国家的烙印,其他民族和国家很难完全模仿和复制,即使模仿和复制(移植)了,也未必能成功;另一方面,人类的本性相通,作为人的日常生产、生活的需求(如生老病死等)相通,所发生的各种交往关系(因为人是政治动物、社会动物)相通。因此,某一民族和国家所创造的法律等文化中,又包含着一些为其他民族和国家所可以共享的要素。比如法律,既然其历史使命就是治国理政,保障公民的基本权利,引领、规范和调整经济的发展,对公共权力作出必要的限制,不让其滥用,稳定社会的基本秩序。那么,它们中必定有一些相通的理念、原则、制度和程序。这些,就属于人类所创造的法律文明,其成果是每个民族和国家所可以也应该共享的。法律的移植和本土化,所指向的就是这些法律文明成果。而这一点,也成为我们这一次年会所热议的内容。虽然会议没有马上得出一致的结论,但这种深入的学术探讨,则是非常珍贵的。

本次年会能够获得成功,离不开湖南师范大学法学院所做的各项准备和联络工作,在肖北庚院长的领导下,以夏新华教授为首的办会团队,对会议各个方面的投入,对会议各个进程的周密细致的安排以及各项人性化的会议议程和办会措施,让我们如沐春风,深受感动。虽然还处在疫情期间,但每一位代表都感觉到了年会的温暖和爱意。在此,我们要向夏新华教授以及于熠、刘顺峰等办会团队成员表示诚挚的谢意。本次会议能够获得成功,论文集的编辑出版,也离不开研究会秘书处于明、冷霞、孙晓鸣以及华东政法大学法律史专业李秀清教授、苏彦新教授、王海军副研究员、王静助理研究员,华东政法大学法律史专业硕士生沈依逸、张顺、袁晨风、刘玙习等同学的辛苦努力。对此,也表示我们一片热诚的感谢。

何勤华

于华东政法大学法律史研究中心

2021 年 4 月 15 日

目　录

主题研讨

专题论文

研究会纪事

主题研讨

奥斯曼帝国晚期的法律移植
——以司法制度的变迁为例*

马明贤**

引　子

11 世纪至 13 世纪,欧洲基督教世界对伊斯兰世界发动了长达二百多年的战争。13 世纪中期,成吉思汗的蒙古军队又进行“西征”,蒙古铁骑横扫整个中亚和西亚地区,统一的伊斯兰世界变得支离破碎、四分五裂。包括法治在内的伊斯兰文明受到极大的摧残,伊斯兰教的发展受到限制。直到 16 世纪,逊尼派土耳其人建立了奥斯曼帝国、什叶派伊朗人建立了萨法维王朝,印度穆斯林建立了莫卧儿王朝,其中奥斯曼帝国最为显著,一度衰落的伊斯兰世界才又重新兴盛与强大起来。①

奥斯曼帝国(1299 ~ 1923 年)是土耳其人建立的多民族帝国,因创立者为奥斯曼一世而得名。奥斯曼帝国统治者是起源于中亚突厥游牧部落的奥斯曼人,穆罕默德二世时定都伊斯坦布尔。奥斯曼人原属突厥人卡伊部落,曾被蒙古人驱逐于小亚细亚,依附于塞尔柱人建立的鲁姆苏丹国。埃尔图格鲁勒之子奥斯曼于 1299 年建立奥斯曼土耳其公国,而帝国的政权始于 16 世纪,持续长达 5 个世纪。历史上,奥斯曼帝

---

* 本文系作者主持的 2016 年国家社科基金项目“现代性语境下的伊斯兰司法制度研究”(项目编号:16BZJ032),以及 2017 年度兰州大学“中央高校基本科研业务费专项资金资助”(Supported by the Fundamental Research Funds for the Central Universities)项目“‘一带一路’建设中国与阿拉伯国家合作法律问题研究”(项目编号:17LZUJBWZY029)的阶段性成果。

** 马明贤:兰州大学法学院教授。

① 参见肖宪:《传统的回归——当代伊斯兰复兴运动》,中国社会科学出版社 1994 年版,第 2 页。

国以伊斯兰信仰和穆斯林的解放为口号,使马木鲁克王朝心甘情愿地降服于他,在14~15世纪他们几乎没有发生冲突,两者的真正战争始于1516年的甘苏合·高丽时期,最终奥斯曼人战胜了马木鲁克人,取得了绝对胜利。因此,历史上,奥斯曼帝国的统治范围较广、统治时间较长,除了最西部的摩洛哥之外,几乎囊括了东西南北的大部分阿拉伯国家,尤其对埃及和沙姆地区,其法律和司法在伊斯兰司法史上留下了浓墨重彩的一笔。第一次世界大战(以下简称一战)后,奥斯曼帝国作为战败国,统治动摇,四分五裂,阿拉伯国家分裂成很多国家。1923年,凯末尔推翻奥斯曼帝国,建立了现代土耳其共和国,奥斯曼帝国的统治正式结束。

一、奥斯曼帝国司法发展的历史划分

16世纪,奥斯曼帝国达到鼎盛时期,疆域辽阔,实力强盛。至17世纪,因政治、经济、军事等因素开始走向衰落,各种政治势力兴起、蔓延,加剧了帝国的衰落。尤其是18世纪欧洲工业革命以后,随着西方资本主义从原始积累时期过渡到自由资本主义时期和垄断资本主义时期,西方国家在政治、经济和军事诸方面得到迅速发展,他们凭借强大的经济和军事实力,开始大规模对外殖民扩张。处于东西方之间且具有重要战略地位的伊斯兰世界首当其冲,成为欧洲殖民主义的侵略目标。1798年,拿破仑率法国军队侵占埃及。作为西方殖民主义入侵的起点,这一事件揭开了伊斯兰世界近代史的序幕。① 在西方国家咄咄逼人的攻势下,伊斯兰世界完全处于被动挨打的地位。西方国家采取各种手段对伊斯兰世界进行殖民扩张:军事侵略、经济掠夺、文化输入和思想渗透等。其中,军事侵略是西方国家实行殖民扩张最惯常、最直接的方式。18世纪末至19世纪,伊斯兰世界在对外战争中节节失败,奥斯曼帝国被迫接连签订了许多丧权辱国的条约,昔日庞大的奥斯曼帝国被

① 参见肖宪:《传统的回归——当代伊斯兰复兴运动》,中国社会科学出版社1994年版,第2页。

肢解,如同几只饿狼撕咬一只老绵羊一样,列强各自夺得自己的份额——势力范围。正是在此内忧外患的背景下,奥斯曼帝国匆忙开始了包括司法在内的法制改革。

因此,在整体上,奥斯曼帝国立法及司法的历史可划分为两个阶段:第一阶段从帝国建立至19世纪中叶,即到素丹阿布都·麦吉德时期(1839年),约三个半世纪的时间。此间,帝国的立法是伊斯兰性质的,司法严格适用伊斯兰法。相对欧洲国家而言,这个阶段奥斯曼帝国在政治、军事、经贸等方面拥有绝对优势。第二阶段从19世纪中叶开始,帝国的国际地位受到挑战、发生变化,先后出现了科尔哈纳方针(خط كولخانة)、1839年的改革、1856年的河马尤尼方针(الخط الهمايوني)、一战后阿拉伯国家从奥斯曼帝国中分裂,直至1932年凯末尔推翻奥斯曼帝国,建立现代土耳其。在这个阶段,由于伊斯兰世界的主要地区相继沦为西方国家的殖民地或半殖民地,西方文化及意识形态随之在这些地区得以传播和建立,使奥斯曼帝国的政治、经济、文化等发生了巨大变化,在传统上位居帝国统治地位的伊斯兰法受到很大冲击,加之帝国内部的自身变迁,盲目开始了包括法制在内的社会改革。各种改革在不同程度和规模上不断深入,使伊斯兰法及其司法在国家和社会生活中的地位与作用发生了根本性的转变。

概言之,自19世纪中叶以来,奥斯曼帝国的法律和司法的变迁是诸种原因的结果,归纳起来主要有四点:伊斯兰思想领域中的僵化与滞后、伊斯兰社会的变革引起对西方法律的移植、伊斯兰法赖以实施的社会基础遭到破坏、西方法律对伊斯兰世界的渗透和侵蚀。这四种因素相互交织、互相作用。从奥斯曼帝国法律和司法演变的动力来源上看,大体上可以将前两种因素视为伊斯兰法和司法演变的内部根源,即由于奥斯曼帝国内部的社会原因,引发的伊斯兰法和司法的演变,其动力源来自社会内部。将后两种因素看作是伊斯兰法和司法演变的外部原因,即在奥斯曼帝国内部社会需求软弱或不足的情况下,由于外来因素的冲击和强大压力,而引发的伊斯兰法和司法的演变。①

二、奥斯曼帝国的传统司法机构和法官制度

任何一个需要法律治理的社会中,都必然或多或少存在一些制定、执行和适用法律的人员。从这个意义上说,任何一个有法律的社会都有法律工作者。但在不同的社会中,当法律由不同的社会群体适用时,必然呈现与该群体的阶级、文化、教育及职业等相符合的特质,法律就会沿着这种特质的方向发展。在奥斯曼帝国长达5个多世纪,尤其是在前3个世纪里,伊斯兰教是占帝国统治地位的宗教,是帝国政体和国体的基本理论,司法的性质和内容始终保持伊斯兰司法的特质,伊斯兰司法自然成为帝国司法的组织结构和基本形式;伊斯兰司法人士位居司法体系的核心,他们是司法制度的实践者,在帝国法律适用中发挥着重要的作用,其中以伊斯兰长老(或称穆夫提)、军事法官以及由各种不同等级的法官群体最为显著。

1. 伊斯兰长老。素丹苏莱曼·嘎奴尼执政时期,首都伊斯坦布尔的穆夫提是最高教职人员,也是学者之首,享有较高的地位和声望,被冠以“伊斯兰长老”的尊称。在素丹苏莱曼·嘎奴尼执政时期,在他的主导下,帝国制定和颁布许多法律,乃至他被尊称为“法律之苏莱曼”。在国家法律实施过程中所需要的由长老作出的教法说明不断增多,这在一定程度上强化了长老在法律适用中的重要性和社会地位,大臣们皆会在重要的问题中采纳长老的意见和建议。1923年伊斯兰长老一职被废除之前,其基本职责是解释伊斯兰法的适用、任命法官、监管司法、有权宣布废黜素丹职权的教法判令,以及任命各大管辖中心的穆夫提。

2. 军事法官。穆拉德一世(1360～1389年)执政时期,创建了军事法官一职,他也成为第一位任职军事法官的人。军事法官相当于大法官,享有很高的地位和很大的权限,早先被赋予确定或任命法官的特权,后来是法官遴选的推荐者,由他把被推荐的法官名单呈给伊斯兰长

① 参见马明贤:《伊斯兰法——传统与衍新》,商务印书馆2011年版,第100页。

老。军事法官不是军人,之所以称之为军事法官,是因为他们隶属奥斯曼的军队,以适应奥斯曼帝国的军事性质。素丹穆罕默德二世(1451~1481年)执政时期,创建了另一种军事法官职位,称为安纳托利亚(国家东部地区及亚洲)军事法官。所以军事法官有两位:专门负责罗马的法律事务,即欧洲的罗马军事法官;负责亚洲的安纳托利亚军事法官。伊斯坦布尔的安纳托利亚的军事法官的级别仅次于伊斯兰长老。

3. 法官职群。他们是任职各个城市和地区的法官们。18世纪的帝国制度构建了较为完整的职业法官群体。其中,伊斯坦布尔的法官居位最高,掌握着审判大权,他们共有4人,其中1人在首都,其他3人在伊斯坦布尔的郊区,是隶属首都管辖区的法官;然后是较大城市的法官,他们任职于帝国前两个首都尼西加和埃迪尔内、麦加、麦地那、大马士革、开罗等帝国首都之外的各大城市,共有17人,故称“城市法官”;再是监查官;又是较小城市的法官,他们就任职于较小的一些城市;接着是普通法官;最后是辨析办公室,即素丹阿不都·阿齐兹·汉执政时期建立的辨析办公室(高级法院),其职责是辨明法律,但素丹阿不都·哈米德二世建立了教法鉴别委员会,取代了辨析办公室。教法鉴别委员会相当于高级法院。帝国的法官主要以哈乃斐学派的法官为主,也兼有其他不同派别的法官。①

奥斯曼帝国初期,法官由素丹直接任命,而后伊斯兰长老被赋予任命法官的特权,由长老任命法官;之后,先有罗马的军事法官或安纳托利亚的法官推荐或选举法官,并将他们推荐的法官名单报送伊斯兰长老,在得到长老的同意后,将遴选的法官名单呈报素丹,素丹在法官任命文书上签字后才算生效。至于法官代表或副法官,则由军事法官直接任命。各管辖区和行省的法官也由伊斯坦布尔的上级任命,之后随着司法的变迁,由行政长官任命法官。

1855年,首都伊斯坦布尔成立了宗教法官学院,成为国家培养法官

---

① 参见穆罕默德·祖海里:《伊斯兰司法史》(阿文版),大马士革思想出版社1995年版,第436页。

的摇篮,从此帝国的法官主要从该学院的毕业生中选定。为进一步完善法官制度,国家规定了法官遴选和任职的很多条件:法官年龄须达到25周岁;法律规定不能担任法官的;不因触犯小罪而被监禁超过一星期;知识渊博、品行端正、刚正不阿的智者;具备全面辨别疑难案件和问题的能力;被法官学校授权,或参加并通过了法官学校的等级考试;必须是遵循哈乃斐学派者(在副法官职位上没有该要求)。

值得一提的是,作为奥斯曼帝国的行省,一直以来,埃及的法官是由奥斯曼帝国政府任命的,且法官须是土耳其人。1816年,埃及行省总督赛义德·巴夏与奥斯曼帝国政府达成意见,由他任命埃及各辖区的法官。奥斯曼帝国初期,埃及成立了选举与任命法官的委员会,以制度化的形式确定了法官遴选的基本条件。即1880年,经过选举和埃及宗教大法官、艾资哈尔大学长老、哈乃斐学派穆夫提的确定,由司法部长纳志尔·哈嘎尼耶出席,埃及统领赫迪维授予法官的任命。[①] 1909年,埃及修订了25号法律,其中第10~14条是关于选举和任命法官、司法职员和穆夫提的规定。1914年,一战爆发,埃及宣布奥斯曼结束对他的统治。独立后的埃及,其法律将法官的任命权授予国王。

三、奥斯曼帝国传统司法的哈乃斐学派化

传统上,伊斯兰法是以法律学说(法学家的学说)的形式存在和发展的。与现代国家的法律创制不同,伊斯兰法的创制不是由一定的国家机关以国家名义制定法律的专门活动,它是由法学家完成的,法学家是法律创制的主体。历史上,伊斯兰国家、社会和个人适用的伊斯兰法,是他们遵循的各学派及其法学家的法律观点与创制规则。奥斯曼人在伊斯兰法的适用上基本遵奉四大教法学派中的哈乃斐派,伊斯兰长老须从哈乃斐学派的学者中产生,教法的说明和解释也须符合哈乃斐学派的规则和观点。素丹苏莱曼执政时发布敕令,规定哈乃斐学派

---

① 参见麦哈姆德·本·穆罕默德·本·阿尔努斯:《伊斯兰司法史》(阿语版),艾资哈尔图书馆,第212页。

为官方学派,国家法律适用和司法裁决皆遵循该派的法律规则和主张,伊斯兰长老、法官、法学家均以此派规则和主张进行司法解释和判决。1855 年,帝国成立了专门教授哈乃斐教法的学院,学院的毕业生成为法官主要的遴选人员。

土耳其军事法官赛义迪·舍莱比于 1524 年到达埃及,带着一份奥斯曼素丹写给他的文书,其中记载,赛义迪·舍莱比是素丹的伟大的法官,素丹要废黜埃及的四大学派的法官制度,而只任命一位土耳其法官,让他拥有四大学派的代表。他把埃及分成 36 个司法管辖区,其中素丹任命一部分法官,其余的则由相对于大法官的军事法官任命。而之前各自代表四大学派的法官们只能接受这一改革而赋闲在家,因为,他们将文书并执行之视为将司法仅限于哈乃斐学派的决议。而其他地方的法官坚持用各种不同的主张进行司法判决,直到穆罕默德·阿里·巴沙执政前夕,才限定为哈乃斐学派的主张。[①]

特别值得一提的是,19 世纪以来,在奥斯曼帝国内外交困的处境下,在帝国占主导地位的伊斯兰法有了深刻的变化。伊斯兰法除帝国的传统法律制度外,还增添了世俗法律和世俗法院(容后详述)。但是,任职于奥斯曼帝国世俗法院中的许多职业法官,他们所受的教育是非伊斯兰法专业,没有专门学过伊斯兰法,对伊斯兰法知之甚少,许多与伊斯兰法相关的控诉案件在提交世俗法院审理前,先要经过伊斯兰法院的审理。尤其是受西方法典化运动的影响,为推进伊斯兰法的现代化,实现伊斯兰法的与时俱进,迫使奥斯曼帝国素丹简化伊斯兰法,从汗牛充栋、浩如烟海的伊斯兰法学典籍中,提取和整理较为正确且符合当时社会条件的法律观点和法律规则,并使之具体化和条款化,满足世俗法院法官们和普通群众无须对伊斯兰法做潜心研究就能掌握其适用的要求,帝国开始了法典编纂的创制工作,即以国家名义把零星的、散见于哈乃斐学派的法律典籍和法学著作中的有关民事、商事、婚姻、家

① 参见麦哈姆德·本·穆罕默德·本·阿尔努斯:《伊斯兰司法史》(阿语版),艾资哈尔图书馆,第 107 页。

庭等法律观点和法律规则,按照现代法律的规范形式,成文化、系统化、类别化和条款化地编纂成统一的法典。帝国于1869年成立了由7名著名法学家组成的法律编纂委员会,着手法典编纂,其基本任务是编纂一部以哈乃斐学派的法律规则为基础,兼顾当地习惯,并无意见分歧和便于查阅的民法典。经过7年努力,委员会于1876年编纂出了奥斯曼帝国著名民法典——《奥斯曼民法典》(مجلة الأحكام العدلية)。作为调整民事法律关系的基本法典,这部民法典是伊斯兰法制史上政府对伊斯兰法律规则进行编纂和颁布的首次尝试,之后又颁布了《家庭权利法》(1917年)、《伊斯兰法院组织法》(1917年)。① 这些法律不仅具有广泛的适用性,更重要的是在伊斯兰法制史上第一次实现了伊斯兰法的法典化,标志着国家层面法律创制的开始,结束了伊斯兰法没有法典化的历史。

四、奥斯曼帝国的世俗法律和世俗法院

奥斯曼帝国的后期是伊斯兰世界由全面实施伊斯兰司法向混合司法即伊斯兰司法与世俗司法相混的历史转折点。帝国境内除了伊斯兰法及其司法外,出现了以西方法律为蓝本的世俗法律,以西方司法为模式的世俗法院。

就法制改革而言,不是改革的意义出了问题,而是改革方式和价值取向值得怀疑。当时,奥斯曼帝国由于政治腐化、经济衰退和军事失败,不得不接受西方国家强加的一系列丧权辱国的条约,加之统治者急于在本国进行社会改革,希望通过变法,寻求新秩序的建立,盲从地接受和移植外来法律,忽略了伊斯兰法在国家和社会中的地位和作用。统治者完全按照个人的情感,一意孤行,主观臆断,毫无甄别地将西方法律全盘照搬,把西方法律作为构建本国现代法律的蓝本,把西方司法制度作为构建本国现代司法的模式。② 于是帝国的法律渊源具有多样

---

① 参见穆罕默德·祖海里:《伊斯兰司法史》(阿文版),大马士革思想出版社1995年版,第452页。

② 参见马明贤:《伊斯兰法——传统与衍新》,商务印书馆2011年版,第102页。

性，西方法律逐渐占据统治地位，成为帝国的主要法律。为适用这些法律，帝国建立了被称为“尼扎姆”的世俗法院，直至1923年凯末尔废除伊斯兰法院。

治外法权是西方国家强加给奥斯曼帝国的政治和司法产物。一般而言，法律的效力范围以国家主权为界线。法律是一般和概括的规范，不针对具体的人和事，而是调整一般人的行为。法律的这一基本特征，决定了其最基本的价值内涵：法律面前人人平等。即凡在主权国家中的任何公民，无论种族性别、身份等级、财产状况和职业职务，在法律面前一律平等，同事同处，同事同罚，任何人皆不享有凌驾法律之上的特权。这既是保障一国范围内的人们共同生存、平等交往的原则，也是国家之间相互共处、互助互利的原则。它既肯定了各国政府以法律为依据，保护本国公民和在该国的外国公民权利的责任，也肯定了本国公民和在该国的外国公民应该遵守和履行居住国法律的基本义务。但西方国家的侵略迫使奥斯曼帝国赋予他们治外法权这一法律的普遍原则大打折扣。

治外法权是奥斯曼帝国被迫赋予帝国境内外国势力的一种特殊司法权力。其基本含义和特殊之处是：奥斯曼帝国的法律不适用于帝国境内的外国人；政府有赦免帝国境内外国人的税收及大部分关税的义务；政府无权以任何原因和借口进入帝国境内外国人的“租界”和个人区域，即便在区域内从事违法犯罪行为；政府无权干涉和追究帝国境内外国人的违法犯罪行为，而由其领事馆予以追究和审判。也就是说，无论法国人还是英国人的租界或区域，均不属于奥斯曼帝国的管辖范围，奥斯曼帝国的法律也不适用于这些地区。与此同时，外国人获准在帝国境内自由活动，如果此间遭遇不幸，既便是天灾人祸，其政府也有权向帝国政府提出加倍赔偿。这种野蛮霸道的行径，使他们获取了在帝国境内的政治、经济和商贸特权。①

---

① 参见欧麦尔·艾什格里：《伊斯兰法与世俗法》（阿文版），科威特宣传出版社1986年版，第103页。

早在1535年素丹塞利姆便第一次赋予了外国人治外法权,但在1740年奥斯曼帝国与法国签订的被称为“最大的治外法权”的条约,是对其造成最大危害的司法权力。它是在肯定以往治外法权内容的基础上,授予法国在奥斯曼帝国绝对的司法权力,其中备受凌辱的一条是:如果帝国境内的法国人与其他西方人发生纠纷,可以依据相关规定,允许他们的领事馆解决纠纷;而当法国人与奥斯曼人发生纠纷,法国人无义务服从奥斯曼帝国的司法判决,奥斯曼帝国无权对此进行司法审判,除非法国使馆人员在场。这一条款将纠纷的裁决权完全交付法国,从而改变了此前确定的由法国与奥斯曼帝国共同协商裁决的内容。①

奥斯曼帝国给予西方国家治外法权的原因是显而易见的。奥斯曼帝国越是衰落,治外法权带给帝国及其人民的灾难越加深重。西方国家以此为借口肆无忌惮地干涉帝国司法事务。他们深知治外法权的重要性,每届新任素丹继位时,便积极更新治外法权的签署,并努力扩大其范围并要求增加新的权力内容,英法的一些官员更是滥用治外法权谋取私利。因治外法权的签署问题,奥斯曼帝国素丹穆罕默德四世几乎与法国发生战争。原因是当时法国军队帮助了侵犯奥斯曼帝国的敌人,遭到素丹拒签治外法权,引起法国的强烈反抗。多少年后,就治外法权带给奥斯曼帝国的危害,素丹阿布都·哈米德颇有感触地说:“的确,治外法权带给我们的是不义与不公,它侵吞了我们的权利,践踏了我们的尊严。”②

令人不解的是,治外法权在伊斯兰世界逐步被废除,随着世俗法律取代伊斯兰法的历史过程。在奥斯曼帝国,治外法权因哈里发政权的解体和伊斯兰法的废黜而被废黜。在埃及,治外法权的废黜是以1875年建立的混合法庭(从1875年设立到1949年撤销,历时74年)为条件和代价的。1937年3月,就治外法权问题,埃及与美国、英国、法国、意

① 参见欧麦尔·玛默杜哈:《法律史原理》(阿文版),亚历山大学院出版社1958年版,第374页。

② 欧麦尔·艾什格里:《伊斯兰法与世俗法》(阿文版),科威特宣传出版社1986年版,第108页。

大利、荷兰、西班牙和希腊等12个西方国家在瑞典举行会议,通过了废除埃及特权法权及要求在埃及的西方人服从埃及法律的决议。但这项决议的前提条件是埃及必须承认当时适用于埃及的外国人的法律。也就是说,伊斯兰法不再适用于在埃及的外国人,今后埃及的立法不得有任何"歧视"在埃及的外国人和外国机构的内容。会议相关文件还规定:混合法庭在埃及的使用期限,延续到12年后的1949年结束,并将这一延续时期称为"转折期"。[①]

治外法权在奥斯曼帝国大行其道,西方国家利用各种强大的攻势,冲击帝国统治者的思想和意识,迫使他们进行法律改革,移植西方法律。1839年11月,素丹迈哈茂德二世向全国发布"御园敕令",标志着奥斯曼帝国"坦志麦特"时期(1839~1876年)的开始。此间,帝国制定并颁布了许多法律,其中以法国法律为蓝本的主要有:1840年《刑法典》,此部法典是对1810年法国刑法典的克隆,建立了专门法庭,依据此法典判决当地商人和欧洲商人之间的纠纷;1850年《商法典》,为商业交易确定了新的行为规范,从而使民商交易不再受伊斯兰法的规范;1858年颁布的新《刑法典》;1856年素丹阿不都·麦吉德时期颁布的《慈善制度》;1858年《土地法》;1861年《商业程序法典》及1863年《海商法典》等。[②] 这些法律移植了法国法律的许多内容,乃至许多条款是法国法律的原文,翻译成土耳其语,再翻译成阿拉伯语。伴随奥斯曼帝国法典化运动的不断升级,世俗法律不断渗透到社会生活的各领域,覆盖社会生活的各方面。

为保障世俗法律的有效实施,须建立与其性质相符的世俗法院。实际上,早在1847年奥斯曼帝国就建立了混合法院和世俗法院,即"尼扎姆法院",法院中欧洲人和奥斯曼人各占一半,并承认奥斯曼帝国可以拥有一个完全独立于伊斯兰法及其法官的世俗法律及世俗司法系统,处理不在伊斯兰法范围内的各项事务。自此,世俗法院在帝国如雨

① 参见马明贤:《伊斯兰法——传统与衍新》,商务印书馆2011年版,第114页。

② 参见吴云贵:《当代伊斯兰教法》,中国社会科学出版社2003年版,第95页。

后春笋般兴起。

1. 治安法院。该法院成立于公元1913年,是交通运输法院,工作范围在农村或乡镇中心,内设法官一名,当法官缺席时由一名代表替他履职。

2. 初审法院。该法院在每个司法中心和县、州级中心皆有设立,由一名院长和四名成员组成。初审法院是治安法院的上级。

3. 商业法院。该法院成立于1864年,主要审理商事纠纷案件,由一名院长、两名常任成员和四名临时成员组成。

4. 中级法院。该法院设立在每个州,由民事经济和刑事两个部门构成,每个部门有五名法官,一名院长和四名成员,成员包括两名穆斯林,两名非穆斯林,四名成员连续任职两年。中级法院是初审法院的上级。

5. 高级法院。该法院设立在首都伊斯坦布尔。1882年,素丹阿不都·哈米德签署法令成立高级法院,由四个部门组成:权力部门、刑事部门、商业部门和宗教部门,由一名院长和六名成员组成,属于最高级别的法院。

6. 商事法院。它是专门处理商事以及属于商法调整的案件,尤其是与国际商贸有关的案件的最高级法院。

7. 特别法院。特别法院是奥斯曼帝国给予外国特惠政策的产物,有两种:一种为领事法院,它是外国驻奥斯曼帝国领事馆设立的法院,用来判决与他们有利害关系的案件,法官由领事馆指定的外国人担任;另一种为精神法院,它是专门审理帝国境内非穆斯林的宗教事务法院,特别是审理曾经由伊斯兰法院审理的帝国境内非穆斯林的婚姻家庭的纠纷。

8. 事务法院。该法院是拿破仑侵占埃及后建立的专门处理商事案件的机构,故称事务法院。法院由12位商人组成,穆斯林和非穆斯林各占一半,但其大法官是非穆斯林。

9. 伊斯兰法院。在移植西方法律和建立世俗法院的同时,由于作为传统法律制度的伊斯兰法具有强大的生命力,以及其主体人口乃穆斯林的现实需要，除了上述世俗法院外，帝国还保留了原有的伊斯兰法院。尽管伊斯兰法院是帝国最古老的法院，但对它的审理范围作出了明确限制，起初允许受理穆斯林婚姻家庭，以及一些经济、民事、刑事案件，但随着世俗法院权限的扩大，伊斯兰法院的审理范围仅限于穆斯林之间的家庭婚姻案件。①

综上所述，奥斯曼帝国的前期，国家司法制度源于纯粹的伊斯兰法，且限定于哈乃斐学派的规则和主张。但自 19 世纪中叶以来，帝国移植了外国法律，建立了世俗法院。帝国不仅有伊斯兰法及其法院，还有源自西方的或以西方法律为蓝本的世俗法律和世俗法院，而且后者的权限逐渐超出了前者。世俗法律和法院对帝国传统的伊斯兰法院的冲击是显而易见的，对商法、民法和刑法改革的直接结果是这三个领域不再属于伊斯兰司法权的管辖范围，伊斯兰法的适用只限于穆斯林婚姻家庭的范围，结束了伊斯兰法乃唯一司法渊源的历史。

① 参见穆罕默德·祖海里：《伊斯兰司法史》（阿文版），大马士革思想出版社 1995 年版，第 442～444 页。

《中国评论》与十九世纪末西方视野中的中国法*

李秀清**

一、引言:从《中国丛报》到《中国评论》

中国的近代史纷繁复杂,历来是史家必论。就其究竟肇端于何时,近代化的主因到底是源于自身还是外部的压力,及重大事件的历史地位、著名人物的臧否,等等,都有丰富的叙事。不过,"中国悲剧性近代"恐怕是多数人的一个共识。或许,我们曾反感风行一时的"西方中心论",曾对于"中国中心观"所倡导的"在中国发现历史"有过期待,也希冀以"全球史观"的视野,更加客观、周全地看待过去和当下,或者是更加偏好福柯式的解构,强调历史的丰富、细致和复杂,而生疑于孰优孰劣的单调比较。可不管所好何论,无法回避的是,自 18 世纪末 19 世纪初起,中国本身何如,是好是坏,渐渐已是不可自决;相反,得面对来自西方的打量。

欧美来华的传教士、商人、外交官,构成了打量者的主体,他们的信函、日记、论著及杂志是载体。中国的政制,中国人的习俗,中国人的素质,当然还有中国的律例及司法状况,都是话题。在 19 世纪,纵向地看,打量者不断增多,其来华的目的和心态各异,载体的种类随之也日益丰富,但这些话题却是自始至终存在的。而一脉相承的三份英文汉学杂志,即《印中搜闻》(*The Indo-Chinese Gleaner*,1817 ~ 1822 年)、《中国丛报》(*The Chinese Repository*,1832 ~ 1851 年)和《中国评论》(*The*

---

* 本文系本人主编的《镜中观法:〈中国评论〉与十九世纪末西方视野中的中国法》一书(即出)之导论。

** 李秀清,华东政法大学教授。

China Review: *Or Notes and Queries on the Far East*, 1872~1901年),就是打量者对于上述话题说长道短的主要载体,它们也是我们探讨该世纪中国法知识的西传、欧美人中国法律观的构建及变化的重要媒介。

《印中搜闻》是一份季刊,由第一位来华新教传教士、英国人马礼逊(Robert Morrison, 1782~1834),协同同受伦敦传教会(London Missionary Society,简称伦敦会)派遣来华协助传教、后转至马六甲开创传教据点的米怜(William Milne, 1785~1822)创刊于马六甲,1817年5月开始发行,1822年6月因米怜病逝而停刊。分三卷,共20期。涉及中国法的文章和报道,若按现在的法律分类法,主要属于刑事法。

《中国丛报》是外国人在中国境内创办的第一份成熟的英文期刊,由美国第一位来华传教士裨治文(E. C. Bridgman, 1801~1861)于1832年5月在广州创刊,1851年年底停刊,前后整20卷、总232期。办刊也得到马礼逊的大力支持。对照《中国丛报》与《印中搜闻》,可以发现,前者的宗旨及初期的体例和内容,与后者均存暗合。从某种意义上说,这是马礼逊在弥补《印中搜闻》仅持续五年的遗憾。《中国丛报》虽为传教士所创办,但宗教内容并非主要,重点是对中国国情的报道和介绍。该刊后期的作者队伍扩大,外交官、商人、旅行家、军事将领等也纷纷投稿。综览《中国丛报》所载有关中国法律的文章及报道,内容大致可分为:中国的政制,中国的立法,法律的实施,刑法,诉讼,监狱,土地制度,等等。其中,涉及诉讼的极其庞杂,介绍民事法律的最为简单。

1872年,也即《中国丛报》停刊二十年之后,英国人丹尼斯(N. B. Dennys, 1838~1900年)在香港创办《中国评论》,至1901年6月停刊,共25卷、150期。丹尼斯是领事官、记者,后接替其负责杂志的是原德裔传教士、后脱离教会任职于香港的欧德理(E. J. Eitel, 1838~1908年)。另两位担任过主编的是霍近拿(Alexander Falconer, 1847~1888年)和波乃耶(James D. Ball, 1847~1919年)。主编们是主笔,也都一身多职,均是汉学家。该刊作者比《中国丛报》的更多更广,达四百余人,英国人最多,中国作者仅有何启一人。刊物内容庞杂,有关中国法律的论文、释疑极为丰富,其中有数篇直接转摘自《印中搜闻》和《中国丛报》。但与这二者相比,《中国评论》涉及中国法律的范围更广,关注的侧重点有变,不仅关注律例条文还重视司法判例、习惯法和地方习俗,介绍中国法律的方式也更具学术性。它是英国汉学或曰英美汉学的代表刊物,甚至被称为是"西方世界最早的真正汉学期刊",在此时期中西文化交流史上处于主导性媒介的地位。

回溯近代中西直接交集不断频繁的足迹,我们皆知,十七八世纪时,因受耶稣会传教士赞誉中国之论著、游记的影响,包括法律在内的中国文化曾受到遥远的欧洲国家的欣赏和推崇,晚至 18 世纪末,欧洲人还视中国拥有更优越的文化,并乐意借鉴。这从莱布尼兹、伏尔泰的笔下皆能找到印证。即使孟德斯鸠在《论法的精神》中对于中国的政制、法律、风俗有诸多激烈的抨击,但也并非一概否定。19 世纪,中西关系跌宕起伏,欧美各国彼此也有竞争和冲突,此三份杂志恰巧存续于这一世纪的早期、中叶和末期,以它们为中心,梳理和分析西人眼中的中国法律和习俗,可以从一个侧面探讨、总结该时期西方人看待中国法的视角、观点,及其变化、传播、影响。这无疑也是中西法律文化交流史、比较法律史研究中值得深入探讨的课题。

十多年前,笔者得缘赴美访学,研究兴趣也转到了探寻中美早期的法律交流。由美国第一位来华传教士裨治文创办、最后数年又有"美国汉学第一人"之称的卫三畏(S. W. Williams,1812 ~ 1884 年)负责的《中国丛报》,自然进入了笔者关注的视野。此后数年,笔者一直集中于对《中国丛报》的研读,并发表系列论文,从研究中西法律文化交流史的视野探讨《中国丛报》应有之价值,并论述《中国丛报》作者笔下中国的政制、刑事法及诉讼制度,分析其所呈现之真实与想象,并最终汇集出版了《中法西绎:〈中国丛报〉与十九世纪西方人的中国法律观》(上海三联书店,2015 年)。在此过程中,已经注意到《中国丛报》的一些文章和报道是摘自《印中搜闻》,手头上也有本书撰稿人之一、当时在校读博的李洋购买赠送的《〈中国评论〉(1872—1901)与西方汉学》(王国强,上海人民出版社,2010 年)一书,而且也知晓国家图书馆出版社已相继影印出版了这两份杂志。但限于时间和精力,当时并未能专此二者做进一步的思考。

二、哲美森、理雅各、翟理斯的视域

《中法西绎》一书出版的当年，在初步浏览影印版《印中搜闻》和《中国评论》之后，决意且顺利申请了题为《〈中国评论〉与十九世纪末西方视野中的中国法》的国家社科重点项目（15AFX006）。读者现在看到的，就是我们历时五年所完成的课题成果的最终稿。

延续探究早期中外法律交流史的兴趣，深感此有进一步挖掘的必要和意义，自然是申请项目的内在缘由。但更重要的，是因为《中国评论》中有着丰富的法律内容，发行较广，在欧美等国主要图书馆均有收藏，对于19世纪末20世纪前期的西方人论中国法律的相关著作多产生过影响，在当代研究中西文化交流史的重要论著中，也都是参考资料。而在中国学界，长期以来，它却不受待见，最近十余年，随着中西文化交流史研究的趋热，同时亦因它的影印出版带来利用上的便利，促就以其为主题的较有学术价值的研究成果陆续问世。不过，还仅限于文学交流史、西方汉学史、比较文学等领域。特别令人遗憾的是，包含着丰富法律内容的《中国评论》，在近代法、比较法律史的研究中还没有得到应有的重视。至项目申请时，我们所能看到的仅是零星的引用。

鉴于此，在逐页翻阅、爬梳《中国评论》所载的全部论文、释疑、书讯等基础上，笔者首先撰写了一篇总括性的论文——《〈中国评论〉中的中国法律及其研究价值》。该文就其所刊有关中国法律和习俗的文章进行大致归类，包括：摘译《大清律例》、《洗冤录》和《刑案汇览》；专文论述中国古代法律传统及《大清会典》；评述中国法律的运行；介绍中国的官制、刑法、监狱、婚姻、继承、收养、商事规则；相比于《中国丛报》，它在关注中国法律的范围、侧重点和论述方法等方面的具体变化。并提出，就对中国法律典籍西译史的深入研究、19世纪西方人中国法律观变迁史的总结而言，《中国评论》均有重要价值。而因其内容繁杂，完成课题又有时限，不容许也不可能如此前对于《中国丛报》那样独自研究，故而邀请了在比较法律史领域已耕耘数年并有了丰硕积累的青年同道参与其中。但即使有团队优势,从项目设计之初,我们也没有期求、事实上也不可能做到面面俱到的探讨,而只是拟从比较法律史,同时兼及翻译史、观念史的角度,以重要的制度、风俗、人物、事件为切入点,分专题做个案研究。

与《中国丛报》相比,《中国评论》关注中国法是重民轻刑,刑事审判、刑讯逼供、公开斩绞死刑犯等在前者中屡见不鲜的报道和描述,在《中国评论》中已极为少见。相应地,后者关于财产买卖、婚姻家庭等有较多论述,摘译《刑案汇览》时偏重的是收养、继承、婚姻等案例,摘译《大清律例》也主要是其中的《户律》。摘译《刑案汇览》《大清律例》的同时又做了诸多评论的,就是该刊的重要作者哲美森(George Jamieson,1843~1920年)。

于明的《晚清西方视角中的中国家庭法——以哲美森所译〈刑案汇览〉为中心的讨论》,即是以哲美森翻译《刑案汇览》为切入点的一篇长文。尽管哲美森所译案例数量不多,但却是迄今所知《刑案汇览》最早的英译。通过对所译文本的具体分析可以发现,哲美森所译的内容都集中于婚姻与继承,这一译事既源自他的中国民法研究计划,也来自英国法律人对于民事习惯与判例的关注。通过将其后来所著《中国家庭法与商事法》与所译案例的对勘,可见他对中国家庭法中的婚约效力、嫁娶违律、立嗣继承等诸问题的独到观察与研究,并由此折射出19世纪下半叶西方人对中国家庭法的一般看法。该文最后,作者回到哲美森所处维多利亚时代的学术背景之中,分析得出哲美森的研究的学术旨趣与理论考量,即他的中国家庭法研究来自梅因(Henry S. Maine,1822~1888年)等人所开创的比较历史人类学的研究传统,其中既有对已有研究的继承,也有汉学研究的独特视角与智识贡献;同时还指出,由于殖民者的视野局限,这种比较研究的背后也存在无法避免的缺陷。

《大清律例》作为传统中国律典的最终承载体,在近代中西法律冲突的进程中,尤其在小斯当东(Sir George Thomas Staunton,1781~1859年)于1810年将之英译出版后,备受西人关注。中国学界对于《大清律例》西译的关注也并不鲜见。但是,《大清律例》的西译史中尚有一段被忽视的片段，那就是哲美森连载于《中国评论》上的译文。李洋的《他曾这样译注〈大清律例〉:〈中国评论〉所载哲美森译作述评》，就是以涉足英国在华外交、商事及司法等诸多领域的哲美森为样本，聚焦于对其所曾从事的这段被遗忘的过往译事的探究。在对哲美森所译《大清律例》具体条文进行细致对照后，作者指出，其所译条文虽然难称全面，但却系统性地、诠释性地翻译了其中的“户律”与“兵律”诸篇，他将翻译重心驻足于既往相关译者所忽视的“例”，丰富了西人对中国传统法律的完整认知。同时，哲美森还将时局与个人旨趣有机结合，从而体系化地翻译了“兵律·关津”与“户律”的“户役、田宅、婚姻”诸篇。作者还总结出了哲美森的翻译风格，即将大量注释融于律例条文的翻译之中，诠释解读律例的真实表达；将英国法的术语、观念作为比较法引入，有效地促成西人对中国传统律典的理解。并且提出，尽管法律殖民背景之下的翻译活动已有几缕政治色彩，但仍然无法抹杀哲美森所译《大清律例》在19世纪末期中西法律文化交流史上不容忽视的价值。

19世纪著名传教士、汉学家理雅各(James Legge，1815～1897年)在评价中国时表现出的“矛盾”态度，学界一直众说纷纭。他也是《中国评论》的作者，发表了《帝国的儒学:康熙十六条圣谕》等论文。基于这些论文，同时结合其编著的《智环启蒙塾课初步》，及其译著《中国经典》的导读部分等，胡译之撰写了《理雅各眼中的中国及其中国观》和《来华传教士中国法律观的“变”与“常”——以理雅各〈圣谕广训〉译介为中心》。前一篇在对理雅各的中国观进行细致的解读之后指出，他对中国的态度看似矛盾，实则并无抵牾，一方面，理雅各将中国视为科学技术落后和拥有“惨酷习俗”的“半文明国家”，认为近代以来中国文明停滞，是因为儒学中存在阻碍中国发展的因素，以及清政府的畏葸不前；另一方面，与其他一些传教士的观点不同，理雅各认为中华文明有较强的生命力，对中国的前景总体上充满信心，主张中英两国应发展健康的贸易关系、增进文化交流，并提出正是理雅各传教士和学者的双重身份，决定了他这种独特的中国观。后一篇则是在此基础上，集中于理雅各的中国法律观的进一步研究，认为从其对于清代中国的立法、司法、守法的描述中,可以看出他虽承认中国法有优劣两面,但总体上不如"基督教文明国家"的观点。

曾被视为"西方汉学家的公敌"的翟理斯(Herbert A. Giles,1845 ~ 1935年),以汉学研究显名于世,他的一生与中国法也有关联,不仅在《中国评论》上发表《洗冤集录》部分译作,而且还曾作为陪审官在上海租界会审公廨中审理案件。洪佳期的《外交官与汉学家眼中的中国法律——以翟理斯为视角》一文,即是以翟理斯的这两段经历为主线,探讨他是如何看待中国的文化、法律与社会秩序。笔者认为,翟理斯虽因与编辑发生矛盾而未能刊登《洗冤录》全部译文,但仍可从中看出他对包括法律在内的中国文化的兴趣与功底,他担任上海公共租界会审公廨陪审官一职与其他谳员共同审理案件时,因诉讼程序、审判依据等发生争议甚而激烈冲突,后以离职才结束纷争。"博学""好斗"的翟理斯,其观点、其与同事的争执冲突,也折射出了19世纪外交官与汉学家眼中的中国法的一个侧影。

三、中国司法与文明位阶

无论是《中国丛报》还是《中国评论》,都是《印中搜闻》直接或间接的衣钵传承者。此前专注于《中国丛报》之际没有来得及深究《印中搜闻》,这次聚焦于《中国评论》时再也不能错过。而且,也唯有将此三者对照着看待,才能理解19世纪末的《中国评论》在报道和介绍中国法律和习俗在议题、观点、方法上的变化,以及其作者群体看待中国的态度、心境的改变。

基于《印中搜闻》有关中国法内容的分析,形成了《〈印中搜闻〉与19世纪早期西方人的中国法律观》一文。作为来华传教士最早创办的英文刊物,《印中搜闻》主要关注的是中国的刑事法,体现出来的是抨击和否定。纵向地看,这种抨击和否定,正符合始自19世纪初西方人评判中国法发生转向,否定中国法的观点逐渐上升为主流的趋势,而且它在其中起到了推波助澜的作用,其所构建的负面中国法律观的影响持久,根深蒂固。

18 世纪下半叶中外之间的纠纷迅速增多以后,西人关注中国的主要兴趣点之一即是司法。就此方面的记载林林总总。《19 世纪末西方人眼中的中国司法——基于〈中国评论〉的分析》,就是以《中国评论》为切入点,同时兼及比较三份杂志所载司法的内容,总结视角和观点的变化。中国法律的实施、审判权归属、刑事诉讼各个阶段及监狱状况等均受到关注,但相比于《印中搜闻》《中国丛报》,《中国评论》对于中国刑事司法的关注度降低,广泛、公开地处决死刑犯的信息已是鲜见,对于非法刑讯的报道骤减,地方官审判不力、失职渎职的描述也很少。19 世纪下半叶中国着手引入西方制度、中西关系暂时缓和、刊物所在地独特的地缘和文化环境,编作者众多且身份多元,以及办刊的开放性,都使《中国评论》不再一概否定和抨击中国司法,而是代之以既有抨击又肯定历史进步的评述的原因。

而当论及 19 世纪西人看待中国法的变与不变,肯定离不开两个话题,那就是中国的文明位阶,以及与此相关的杀女婴问题。

"文明"(civilization)是理解近代世界秩序之形成的一个关键线索,也是 19 世纪西方知识界观察东西方世界各文化的一个重要工具,将"文明论"予以逻辑上最为清晰的展现的,是国际法学。赖骏楠在《国际法与晚清中国:文本、事件与政治》(上海人民出版社,2015 年)中曾对此有过专门的论述,此次受邀撰写了《"文明论"视野下的晚清中国及其对外关系——以〈中国评论〉为考察对象》一文。他认为,作为 19 世纪"侨居地汉学"的重要平台之一,《中国评论》也是在"文明论"框架下来界定和描绘清季中国的国际地位和对外关系,总体上将中国界定为"古代文明",亦即承认其具有部分"文明"特质,但其"文明"等级又明显低于西方基督教"文明",同时极为鲜明地坚持基督教作为最高"文明"的实质构成部分。正因如此,就于中国应如何实现更高"文明"这一问题,该刊编作者提出了包括完善基础设施建设、改良国内法律、接受近代欧美国际法规则等要素在内的较为完整的改革方案,尤其强调以全民改宗基督教作为道德与信仰的改良方案。他还认为,汉学家往往居住在中国,相比于其本人曾聚焦关注过的国际法学家更为熟悉中国的情况,他们的分析更为细致、独到,又能呈现更丰富的历史场景性乃至生动性。因此,研究《中国评论》对于清季中国之国际地位和对外关系的表述,或许将有助于我们对中外关系史上某些重大事件,以及中国在19世纪国际舞台上的角色和命运,达至某种更为身临其境甚至是更为深刻的理解。

当《中国评论》编作者考察中国应当在国际社会或国际法上获得何种地位,本能性地诉诸"文明/野蛮"这套语言体系,来为中国在"文明"阶梯和国际权利等级制中指定位置时,他们诟病中国存在的严重社会问题就是妇女地位低下,进而提出,19世纪为了"传教、贸易、统治或打仗"的历史背景,决定了欧美人所需要的是中国就是野蛮落后等知识,它们才是主导性话语,由此所形成的负面中国观的影响延续至今,当值得正视和反思。

四、互视的另一侧:晚清人士、外交官眼中的英国制度

至《中国评论》创办、存续的19世纪下半叶,中西之间的关系以清廷战败并签订一系列不平等条约得以暂时缓和。面对西方列强,"天朝上国"没有了制度和文明的自信,开始正视中西力量的差异和体制的迥异,从器物到制度的引入势在必行,也已成共识。

从被动派遣驻外使节,初识其好处,并相继在各主要国家都设立公使馆,中国终于"进入国际大家庭"。在此背景下,与越来越多的西人来华办报创刊著述对于中国各种事务评头论足相对应的是,国人了解外界的路径也开始变得直接。一拨接一拨的士人、使节走出国门,走向世界,他们留下了记述亲历各国心路、直击西洋景的日志,他们译介西论,也曾说东道西。尽管有关近代西法东渐的言说已不胜枚举,但在构思本课题框架之初,我们就预留了篇幅,拟选两个合适的切入点做深入的分析,既是为了拾遗补阙,同时也是为与《中国评论》编作者的相关言说做一定的镜鉴映照。彼此打量既然存在,交互论析就不可或缺。汪强、冷霞各自完成的论文之意义即在于此。

考虑到清朝第一次派出赴欧洲考察团,即斌椿使团是在1866年,

而至1885年最早的两位驻英国公使郭嵩焘、曾纪泽先后结束任职,汪强将关注的目光集中于这个时期西方国家和社会的亲历者的日记,并侧重有“议会之母”之称的英国,撰就《晚清中国的英国议会形象——基于1866至1885年域外日记的研究》一文,分析有关英国议会的知识、形象、机制和名称在晚清中国的输入和传播。他认为,自《中国评论》创刊不久起,议会(或议院)之称在中国逐渐流行,这与晚清士人日记中描述、建构的议会形象有着密切关系。他们在出国之前,通过阅读来华西人的中文著述及第一代“睁眼看世界”的先驱们的编著,已经具备关于议会的一些知识;到达英国之后,实地观看议会建筑“景观”、议会议事场景,又深化了对议会的理解。他们所塑造的英国议会形象,既受到源于阅读的知识积累的影响,更多的则是来自现场到访的观察及其感悟,具有知识与文化层面的意义,同时嵌入了中国传统政制文化的内容。尽管谈不上是“深描”,但在一定意义上,这些日记中的英国议会形象推动了晚清国人对于议会的理解,也影响了其后中国的相关实践。

跨语际法律交流实践中译事之张力并不稀罕,而且常谈常新。冷霞的《近代英国法律知识的大众传播及其中国影响——以〈人人自为律师〉的译介为例》一文,选取的是迄今少有学者关注的《人人自为律师》(*Every Man His Own Lawyer*)这一英国法律读本如何被迻译为《英例全书》,究其源流,探其成因,析其影响。她认为,17~19世纪英国陆续出版并流行的《人人自为律师》,是以英国近代兴起的人文主义、自由主义、平等主义思潮以及新教理念为精神源头,以法律语言的通俗化、法律形式的简明化以及法律职业的民主化为目标,致力于法律知识的大众传播,塑造了近代英国法律大众化的亚传统。此类书籍不仅在美、澳等深受英国文化影响的殖民地广受欢迎,而且还趁着西法东渐之风远渡重洋。至19世纪80年代,《人人自为律师》读本由胡礼垣译为《英例全书》,《中国评论》唯一的中国作者何启不仅是该书的鉴定人,而且在译本的选择、提供以及具体翻译过程中都起到不容忽视的作用。这是英国法在中国的首次全面译介,事实上也是两位著名维新思想家推动英国法传播进入中国的冰人互相合作的真正起点。她还认为,《人人自为律师》的中英文本转换,反映了身为作者的英国知识分子和身为译者的中国士人的不同理解和迥异追求。英国作者通过此书拟要达到的是法律知识的普遍理解,从而对国民进行政治教育,保障公民的基本权利和自由;而中国译者则想借此获得对西方制度的认识,推动民权理念的启蒙,最终实现国家的富强梦想。中英面对的社会根本问题的差异,以及不同的文化传统所造就的价值研判标准的分歧,是造就双方对该文本做出不同诠释的真正原因。

五、简要的结语

全书分为主题篇、附篇及“刊文选译”。各章撰稿人如下:李秀清,导论及主题篇第一、四、九章,附篇第一章;于明,主题篇第二章;李洋,主题篇第三章;赖骏楠,主题篇第五章;胡译之,主题篇第六、七章;洪佳期,主题篇第八章;汪强,附篇第二章;冷霞,附篇第三章。收录于“刊文选译”的是四则译自《中国评论》的专文,具体包括《中国法的运行》、《中华帝国的宪法性法律》、《中国官制改革之观点》及《威妥玛论中国》,论述主题篇章时它们常被引用。作为资料,它们所展现出来的19世纪末期西方人的欧洲中心主义的立场带有明显时代烙印的观点,当值得阅者审思、驳辨。参与“刊文选译”的译(校)者有高珣、涂钒、刘芸伊、于莹、罗带、毛皓强等。参考文献由汪强制作。全书由主编统稿。

从《中国评论》出发,原汁原味地回溯19世纪末西方人眼中的中国法律观,进而立体地呈现并反思在这一重大历史转折时期的西法东渐和东法西传过程中的中西法律观的差异、冲突及其复杂性、多变性,以及曾产生的深远影响,是本课题的研究宗旨,也是课题组所有成员的共同期求。但错综复杂的中外关系,跌宕起伏的历史演进,粉墨登场的人物众多,注定了踏足于19世纪中西法律交流史这一领域的探讨本身就是冒险,必留遗憾。

对于《中国评论》所载较多的关于中国的官制及商事法等信息,还没能做具体的解读;一些重要编作者,包括也曾翻译《大清律例》片段的杰弥逊(J. W. Jamieson,1867 ~ 1946年)、论证中国必须改革的威妥玛

(Thomas F. Wade,1818～1895 年)等其言其论,也有待进一步关注;行文中免不了出现的“西方”、“西方人”乃至“西法”等宽泛、开放的词汇,也容易引人误解,似乎所有西方人看待中国法的观点是相同的,是不变的。还有,《中国评论》中的旁观侧语,是如何流传至欧美帝国的中心?对其主流言论界、宗教界和政治界构成了何种影响?又是否以及如何具体影响了列强在历次外交事件中的判断和行动?相对于《印中搜闻》《中国丛报》,《中国评论》所体现的西方人评判中国法的部分转向,是否对于中华民国初期法制肇建时竭力主张既要承续中国法律传统又要移植西方经验的一代立法者有过影响;20 世纪其后各个阶段,乃至中国当下的法律变化和改革,与各个时期外国人看待中国法的态度和观点是否也有剪不断理还乱的联系,等等诸项,都有待总结,也值得我们后续付出更多的努力,进行更深入的思考。

法律移植与中国传统民法的近代化
——以《大清民律草案》为中心

冯曙霞*

[**摘要**]法律移植是人类社会中一种普遍的法律现象,中国传统民法的近代化正是通过法律移植实现的,而《大清民律草案》的制定即是中国传统民法近代化的重要阶段。所以,在我国民法典喜获颁布的今天,本文拟对法律移植及中国传统民法近代化的典型范例《大清民律草案》的相关问题,再度进行回望和审视,旨在对我国民法典的颁行有所裨益。

[**关键词**]法律移植　中国传统民法近代化　《大清民律草案》

法律移植是法律的普遍现象,是法律发展的基本规律,也是法制完善的重要路径。在中外法律发展的历史上,有欧洲国家对古罗马法的继受,美国对英国法的采用,近代日本、中国等国对西方法的移植等。尤其是在近代以来西方殖民者在世界各地进行殖民掠夺,当代经济全球一体化的背景下,法律移植已成为全球范围内普遍存在的法律现象,这一课题也顺理成章地成为各国法学界共同关注和研究的热点话题。特别是在我国民法典颁布的今天,本文拟结合中国传统民法的近代化对法律移植再度进行探讨,旨在从中获得一些有益启示,服务于我国民法典的研究和实施。

一、法律移植问题的提出

法律移植是20世纪60年代以后受到西方学者关注的问题,20世纪70年代,英美学者对此进行了激烈的争论。当时,由于我国仍处于"文革"后期,法学研究没有全面展开,为此未作任何回应。进入80年

* 冯曙霞,河南财经政法大学副教授。

代以后,随着我国民主法制的呼声越发高涨,法律移植也被提上议事日程;从90年代开始,对法律移植的研究在我国广泛系统地展开,尤其是2000年4月全国外国法制史研究会在湘潭大学法学院举行法的移植与法的本土化专题研讨会,并以此集刊而成的由何勤华会长主编的《法的移植与法的本土化》论文专辑,在全国引起了极大反响。这标志着我国对法律移植问题的研究已达到了一定的水平,也为以后对此问题的研究提供了丰厚的素材和多维的思路。

关于何为法律移植,国内外有多种多样的解释,即使在权威的工具书中也有不同的定义。例如,《法律辞海》对法律移植的解释是"指西方比较法学的概念,其含义相当于我国法学界所讲的对其他国法律制度的借鉴和吸收",①《法学大辞典》中的解释为"指一国主动或被迫接受他国法律制度或法律观念的现象",②等等。的确,对于法律移植概念的界定在学界也仁者见仁,智者见智。归纳起来,国内外常见的说法主要如下。

(一)在国内

一是移植说,认为法律移植"是特定国家或地区的某种法律规则或制度等移植到其他国家或地区";③二是迁移说,认为"法律移植涉及两个方面,即移出和植入……两者共同构成一个迁移过程";④三是输入说,认为"法律移植就是指一个国家法律制度的某些因素从另一个国家的法律制度或许多国家的法律集团输入的一种行为";⑤四是接受说,认为"法律移植是指一国(或一地区)接受外国(或另一地区)的法律并使之发挥作用的过程";⑥五是吸收说,认为"法律移植是指一个国家或地区,将其他国家或地区的法律(体系或内容或形式或理论)吸纳到自己

---

① 王启富、陶髦主编:《法律辞海》,吉林人民出版社1998年版,第1112页。

② 周振想主编:《法学大辞典》,团结出版社1994年版,第910页。

③ 沈宗灵:《论法律移植与比较法学》,载《外国法译评》1995年第1期。

④ 周少元:《关于法律移植的几点思考》,载《法学月刊》1997年第1期。

⑤ 周少元:《二十世纪中国法制变革与法律移植》,载《中外法学》1999年第2期。

⑥ 吴玉章:《对法律移植问题的初步思考》,载《比较法研究》1991年第2期。

的法律体系之中,并予以贯彻实施的活动";①六是采用说,认为"所谓法律移植,不过是一种形象化的比喻,用以说明一国(地区)对他国(地区)既有法律经验的采用";②七是借鉴说,认为"法律移植是不同文明之间的法律制度互相借鉴与取舍的过程"。③

(二)在国外

法律移植概念代表性的说法有:一是迁移说,英国法律史学家阿兰·沃森认为,法律移植是"一条规则,或一种法律制度自一国向另一国,或自一个民族向另一个民族的迁移";④二是引进说,当代法国比较法学家勒内·达维德认为,"法律移植是引进外国的某项法律,是指一国'自愿接受'或'接受'外国法律的现象";⑤三是吸纳说,法国法学家勒内·罗迪埃尔认为"法律移植就是把外国法律纳入自己的法律体系";⑥四是采纳说,英国比较法学家奥托·凯思·弗伦德认为"法律移植是一国'采纳'另一国法律制度的问题"。⑦

总的来说,从学者们对法律移植概念的界定可以看出,法律移植具有普遍性、异地性、传播性、创新性、过程性、实用性等特点。它是指一个国家或地区,将其他国家或地区的法律,结合本国的实际进行全面的把握,有选择地移植其他国家或地区的法律制度,并予以贯彻实施的活动。对法律移植的概念有多种多样的解释,法律移植的原因有被迫式、自愿式、混合式等;法律移植的模式有直接移植和间接移植;法律移植

① 何勤华:《关于法律移植的几个基本问题》,载何勤华主编:《法的移植与法的本土化》,法律出版社2001年版,第537页。

② 陈传法:《法律移植简论——从发展的观点看》,载何勤华主编:《法的移植与法的本土化》,法律出版社2001年版,第4页。

③ 肖光辉:《法律移植及其本土化现象的关联考察——兼论我国法的本土化问题》,载何勤华主编:《法的移植与法的本土化》,法律出版社2001年版,第111页。

④ [英]阿兰·沃森:《法律移植论》,贺卫方译,《比较法研究》1989年第1期。

⑤ [法]勒内·达维德:《当代主要法律体系》,漆竹生译,上海译文出版社1984年版,第12页。

⑥ 参见吴玉章:《对法律移植问题的初步思考》,载《比较法研究》1991年第2期。

⑦ 参见吴玉章:《对法律移植问题的初步思考》,载《比较法研究》1991年第2期。

的条件有否定论、肯定论、怀疑论、条件论；法律移植的范围有外国法律、国际法律和惯例；法律移植的方法有三步法、[1]四步法、[2]五步法、[3]六步法；[4]法律移植的原则有国情原则、优选原则、超前原则、经济原则、适量原则、国际原则、创新原则等；法律移植的内容有“律令、技术和理想”，[5]或“法典、习惯法、判例以及法律学说”，[6]或“理论移植、司法移植和立法移植；或整体移植和部分移植、实质移植[7]和形式移植、[8]规范移

① 三步法认为，首先是比较筛选移植对象；选定移植对象后，则应为植体的移入做诸如观念的培养、环境的调整等准备；最后受体做好准备之后，移植便可开始。参见徐丽娜、韩俊雯：《法律移植诸问题初探》，载《刑事技术》2006 年第 2 期。

② 四步法认为，进行法律移植的方法步骤是国家主导；权威推动；注意法律移植的优选性；移植法律的语言的中国化。曲阳：《比较法学与日本民法典制定——对本土化问题的另一种思考》，载何勤华主编：《法的移植与法的本土化》，法律出版社 2001 年版，第 147 页。参见谢晖：《法治保守主义思潮评析——与苏力先生对话》，载《法学研究》1997 年第 6 期。

③ 五步法认为，一个成功的法律移植必须五个步骤才能完成。第一，究症，即找出受体所存在的不足或缺陷，以便对症下药；第二，选材，即做好移植物的遴选工作；第三，剥离，即将移植物从供体中移出；第四，植入，即把移植物移入受体，并使其与受体进行衔接；第五，整合，即法律移植物本土化的过程。参见王保智：《论法律移植》，载《求实》2003 年第 9 期。

④ 六步法认为，进行法律移植的方法有：一是比较对象的选择；二是对象之求异；三是对象之求同；四是对象存在背景之求异；五是对象存在背景之求同；六是背景转换与对象发现。参见汪习根：《发展权视角下的法律移植方法新探》，载《武汉大学学报》（哲学社会科学版）2005 年第 2 期。

⑤ [法]勒内·达维德：《当代主要法律体系》，漆竹生译，上海译文出版社 1984 年版，第 22 页。

⑥ 戴东雄：《中世纪意大利法学与德国的继受罗马法》，元照出版有限公司 1999 年版，第 2 页。

⑦ 实质移植是指作为实质层面的法律精神的移植。参见何勤华等：《法律移植论》，北京大学出版社 2008 年版，第 292 页。

⑧ 形式移植是指法律理论、立法技术等。参见何勤华等：《法律移植论》，北京大学出版社 2008 年版，第 291 页。

植和体制移植、单项移植和混合移植等”①,或法律理论移植和法律条文移植,或“法律观念、法律体系、法律制度、法律原则、法律概念与术语、法律教育、法律职业移植”等;②法律移植的分类有“节约型移植、外部主导型移植、企业自主型移植、内生合理型移植”;③法律移植后的结果有“较原移植法落后、较原移植法先进”;④法律移植的规律有“综合实力尤以经济、政治、军事强大的国家的法律成为受移植的追逐对象,法律的精神和意蕴成为法律移植能长期进行的保证,法律精神的认同和融合是保证法律移植成功的前提”;⑤以及法律移植有同一时代的横向移植、不同时代的纵向移植,有同一政治体制间的法律移植和不同政治体制之间的法律移植;法律移植比生物学的移植较难、法律移植较生物学的移植较易;移植后的法律属成功移植,移植后的法律属失败移植等不同的观点。可见法律移植涉猎的问题之多,争议之大,这既说明了法律移植问题的重要,也展示了法律移植研究的丰硕成果。无论如何,法律移植不可避免是一个不争的法律事实,既是社会发展的需要,也促进了社会法制的发展和人类社会的历史变迁。的确,对于法律移植这样一个宏大的问题进行深入研究很有必要,很有意义。

二、法律移植的本土化

关于法律移植的本土化,国内外学界只在概念方面就有多种解释。单在国内,有代表性的界定就有:著名法史学家何勤华教授认为“法的本土化,则指任何国家的法律要发挥其内在的价值、功能和社会作用,必须与其本国(本地区、本民族)的政治、经济、文化、历史传统以及风俗习惯等密切结合,成为该国文化的一个组成部分,为人们所接受并自觉

① 张丽、宋宏飞:《法律移植及本土化研究》,中国人民公安大学出版社2010年版,第107页。

② 何勤华:《法律移植论》,北京大学出版社2008年版,第293页。

③ 何勤华:《法律移植论》,北京大学出版社2008年版,第294页。

④ 王立民:《古代东方法研究》,北京大学出版社2006年版,第80~81页。

⑤ 胡成建、聂施恒:《法律移植的基本问题研究》,载《行政与法》2003年第11期。

遵守”。[①] 另外,我国也有不少学者对法的本土化问题进行了认真研究,如认为法的本土化是“把具有世界性或国际性价值取向的法律理念、法律规则、法律组织、法律运行方式以及法律技术等中国化的过程”。[②]“所谓法的本土化,意指在法律移植时应让受移植法律经过合理的处理与嫁接使其能深入到移植国国民的血液当中,进而得到有机的整合,本土化就是法律移植本土运动的过程”,[③]“本土化即外来法文化内化为本国化的过程,描述了外与内之间的关系”。[④]

由此不难看出,法的移植过程同时也是法的本土化的过程,法律移植与本土化之间相互连接、密不可分,法律移植是法的本土化的前提,法的本土化是法律移植的结果,没有法律移植,法的本土化就无从谈起,没有法的本土化,法律移植就没有任何价值。所以“法的移植和法的本土化是同一个过程,因此一般可以将法的本土化的概念包含在法的移植的概念之内”。[⑤] 因为法律移植就是指“在鉴别、认同、调适、整合的基础上,引进、吸收、采纳、摄取、同化外国的法律(包括法律概念、技术规范、原则、制度和法律观念等)使之成为本国法律体系的有机组成部分,为本国所用”。[⑥] 也就是说,从法律移植一开始移植法律的选择就要考虑的本土化问题,是必须要予以高度重视的问题,法律移植后要认真考察研究如何实施、实施效果以加速法的本土化问题。

总的来说,法律移植是一个复杂系统的工程,受法律体系内的律

① 何勤华:《法的国际化和本土化》,载《长白论丛》1996 年第 5 期。

② 谢晖:《法治保守主义思潮评析——与苏力先生对话》,载《法学研究》1997 年第 6 期。转引自曲阳:《比较法学与日本民法典制定——对本土化问题的另一种思考》,载何勤华主编:《法的移植与法的本土化》,法律出版社 2001 年版,第 147 页。

③ 肖光辉:《法律移植及其本土化现象的关联考察——兼论我国法的本土化问题》,载何勤华主编:《法的移植与法的本土化》,法律出版社 2001 年版,第 115 页。

④ 曲阳:《比较法学与日本民法典制定——对本土化问题的另一种思考》,载何勤华主编:《法的移植与法的本土化》,法律出版社 2001 年版,第 147 页。

⑤ 何勤华、李秀清:《外国法与中国法——20 世纪中国移植外国法反思》,中国人民大学出版社 2003 年版,第 626 页。

⑥ 张文显主编:《法理学》(第 3 版),法律出版社 2007 年版,第 72 页。

令、技术等因素及法律体系外的社会制度、观念、文化、习惯等多种因素的制约。要想法律移植获得成功,这些因素之间必须相互融合、相互支持、相互促进。就中国法律移植而言,始于清末,一直不曾中断于当下。"从中国近现代法的发展来看,自从清末修律以来的一百年,也是中国学习、移植外国法的时代。中国法的近现代化,与外国法律的移植密不可分,这已是一个不争的实事。"①中国传统民法的近代化就是历经清末法律移植—北洋军阀政府时期法律移植—国民政府时期法律移植,在不断地移植外国法、不断地实现法的本土化的过程中逐步发展完善并得以完成的。正是中国传统民法的近代化,为新中国建立以后直至今天民法典的颁布奠定了一定的基础。

三、中国传统民法的近代化

中国传统法律的近代化,不少学者认为是从清末修律开始的。清末修律是中国法律打破中华法系的传统,与西方资本主义法制接轨的活动,其"既有法律自身发展的逻辑动因,也有列强各国的外部推动,而最终体现为立法者通过对中国传统法律与西方近代的比较而对法律体系所作出的新的选择。就时间而言,中国法律近代化,始自清末法制改革,而完成于南京国民政府六法体系的确立"。② 也有学者认为:"法律的近代化的含义应当是,传统的法律向更适合于实现某个社会、某个时代的价值取向而产生变化。"③"这种从传统法制向现代法制的转变,就是通常所说的法制近代化。"④法制近代化的根本在于法的本土化,是在立足本国国情和民情,尊重本民族法律传统的基础上,建立新的法律制度体系,实现法制本土化的近代化。据此,我们可以说中国传统民法的近代化是指中国近代以来在借鉴移植外来民事法律,结合中国风土人情的基础上,制定符合中国国情民意的近代化民法的过程,也即实现中

① 何勤华:《法的移植与法的本土化》,载《中国法学》2002年第3期。

② 朱勇主编:《中国法制史》,法律出版社1999年版,第1页。

③ 王涛:《中国近代法律的变迁(1689~1911)》,法律出版社1995年版,第6页。

④ 张晋藩:《综论中国法制的近代化》,载《政法论坛》2004年第1期。

国传统民法的外来移植法和国内本土法的相互融合、相互同化的过程。中国传统民法的近代化,无论如何,《大清民律草案》的修订都无疑是其重要阶段和典型代表。

(一)清末中西民事立法的落后与先进的差异背景状态

历史的脚步步入19世纪40年代以后,西方列强依靠船坚炮利轰开了中国闭关锁国的大门,清政府被迫取消海禁,西方列强疯狂地向中国市场倾销商品,输出资本,强烈地刺激了早已萌发的商品经济的发展。至19世纪末20世纪初,资本主义性质的民族工商业得到了一定的发展,由此而形成新的生产关系和财产关系;广大的农民、手工业者、中小商人也在商品经济迅速发展的情况下要求更多的民事平等权利等。然而,中国几千年来在自然经济基础上形成的家族本位、否定人权、轻视私法、重农抑商、等级特权等观念,受其影响而形成的传统零散而残缺的民事法律,对于民事法律关系的调整,或者适用国家制定法中零散的民事法律条款,或者适用刑事手段调节民事关系,或者以礼俗、宗族法为依据等。这样的历史背景,使得"我国昔日民刑不分,关于民事部分,多混于刑法、行政法或礼教中,甚少关于民事法之规定,故古代法制,重在刑法",[①]"中国自古以来就没有或者很少有与近代民法和商法相似的法律"。[②] 也正像大理院正卿张仁黼在《奏修订法律请派大臣会订折》中所言:"中国法律,惟刑法一种,而户婚、田土事项,亦列入刑法之中,是法律既不完备,而刑法与民法不分,尤为外人所指摘。故修订法律,必以研究法律性质之区别为第一义。"[③]与之相反,西方国家在中世纪就已经兴起了独立的工商城市,由于近一两千年的本土商业传统及几百年的世界商业贸易,人们对人权的渴望与追求,化作制定改革法律的基本动力,因此在法律中规定了大量契约、物权、债权等方面的民事

① 张晋藩:《清代民法综论》,中国政法大学出版社1998年版,第1页。

② [美]费正清、刘广京编:《剑桥中国晚清史》(下册),社会科学出版社1985年版,第456页。

③ 故宫博物院明清档案部编:《清末筹备立宪档案史料》(下册),中华书局1979年版,第835页。

规则。为此,西方的民事法律较为发达,至今仍然如此。所以,至19世纪末,在近代中国备受外国殖民者侵略蹂躏,资本主义萌芽已经开始孕育,晚清社会上层已经萌发涌动变革思潮的情况下。因八国联军入侵而流亡西安的慈禧太后,在万般无奈的情势下,于光绪二十六年十二月初十(1900年1月29日)不得不下诏"参酌中西政要"①进行立法变革,并要求下属臣僚各抒已见谋划变法良策。光绪二十八年(1902年2月23日),袁世凯、张之洞、刘坤一联衔保奏旧律翘首沈家本和新律专家伍廷芳携手担当修律大任。光绪三十三年四月(1907年6月),民政部上奏"速定民律",对中国立法最为薄弱的民事立法进行修订既是当务之急又势在必行。所以,1907年9月,清廷任命沈家本、俞廉三、英端为修律大臣,既效仿西法,又体察民情,适应新的形势,主持制定新的民事法律,开始了中国传统民事法律的近代化。

(二)移植西方法与结合本土化背景下的清末近代化的民事立法

中国传统民事法律近代化,是在清末修律活动中,在沈家本等人的主持下,以"参考古今,博稽中外"②为宗旨,于1907年9月修订民事法律开始的,到1911年8月,民法起草工作全部完成。具体进程是:

1.光绪三十三年四月(1907年6月),民政部大臣善耆"请制定民法:查东西各国法律,有公法私法之分。公法者定国家与人民之关系,即刑法之类是也。私法者定人民与人民之关系,即民法之类是也。二者相因,不可偏废……各国民法编制各殊,而要旨闳纲,大略相似……中国律例,民刑不分,而民法之称,见于《尚书孔传》,历代律文,户婚诸条,实近民法,然皆缺焉不全……窃以为推行民政,澈究本源,尤必速定民律。拟请饬下修律大臣斟酌中土人情政俗,参照各国政法,厘定民律,会同臣部奏准颁行"。③ 可见,此奏疏一是从民法、刑法的分类和中西民事立法的状况,说明了制定民事立法的必要性、迫切性;二是申明

① 《光绪正要》第二十六卷,第28页。

② 沈家本:《寄簃文存》卷六《重刻明律序》。

③ 朱寿朋编:《光绪朝东华录(五)》,中华书局1958年版,总第5682~5683页。

了修订民律的宗旨和方案。此可谓中国近代民法移植与本土化的第一个指导性立法文件。

2. 光绪三十三年七月(1907 年 9 月),宪政编查馆正式把编纂民法列入修订计划。奏议"修订法律办法",提出"仿照各国办法","编纂民法、商法","诸法典及其附属法","以三年为限,所有上列各项草案,一律告成"。[①] 以此,再次表明了修律的基本宗旨,反映了修律工作的急迫性,体现了修律任务的艰巨性。

光绪三十三年(1907 年)十月,修订法律大臣沈家本,为了完成三年内制订民法、商法、民事诉讼法、刑事诉讼法的任务,奏请:"一面广购各国最新法典及参考各书,多致译材,分任翻译;一面派员确查各国现行法制,并不惜重赀,延聘外国法律专家,随时谘问,调查明澈,再体察中国情形,斟酌编辑,方能融会贯通,一无扞格。"[②]可见,这次民法的修订是在仿效西法、体察国情的宗旨下的修律活动,既体现了修律者的策略和决心,也指明了这次修律的具体办法和方向,这些不仅是极为必要的,也是十分可取的。

3. 光绪三十四年(1908 年)十月,沈家本奏请聘用日本法学博士志田钾太郎、法学家松岗义正,制定民法总则、债权、物权三编草案。以此,更好地履行"仿效西法"的方针,有效地加速修订民律的进程。而且,修订法律馆翻译的大量西方律书也是为此目的。

4. 宣统元年(1909 年)二月,修订法律馆又将民法中的亲属编交礼学馆的章宗元、朱献文起草,将民法的继承编交高种和陈隶起草,以使这次民事立法更为切合中国几千年来的礼教传统的实际,为此而进行的全国性的民事调查也是鉴于此。

5. 宣统三年九月初五(1911 年 10 月),修订法律馆在参照各国法律法规,依据国内民事调查资料的基础上,即前三编主要以日本明治二十

① 故宫博物院明清档案部编:《清末筹备立宪档案史料》(下册),中华书局 1979 年版,第 850 页。

② 朱寿朋编:《光绪朝东华录(五)》,中华书局 1958 年版,总第 5682 ~ 5683 页。

九年(1896年)民法为蓝本,并参考德国和瑞士的民法,后两编也采纳了近代民法的一些原则,但更为重视中国传统习惯的保留,最后完成了民法总则、债权、物权、亲属、继承五编的起草工作,共5编36章1569条。其中体现移植法的前三编共1361条,反映本土法的后两编共253条,即《大清民律草案》,史称"第一次民律草案"。在编纂体例上,《大清民律草案》打破了中国传统法律的诸法合体的法律形式,将民法从诸法合体中独立出来;在内容上,总则部分采用了大陆法系的法律概念、原则和制度,如比较典型的法人概念和制度,在财产法(债权和物权)部分适用了近代民法的契约自由、尊重个人财产、过失责任近代资本主义三大原则,在身份法(亲属和继承编)仍然沿袭了传统的以封建家长制度为核心的宗亲服制、婚姻关系、嫡庶之别等。"如果说前三编源自西方国家的民法,因而具有资本主义民法的性质;那么后两编则没有超越封建婚姻继承法的旧辙,这二者的合成,恰恰反映了晚清所处的国情背景。"① 这一草案,集中规定了民法的基本原则和制度,使这一立法体例臻于完备,"标志中国移植西方近代民法,尤其是德国式民法的开端"。②

(三)以移植西方法与结合本土法为特征的中国传统民法近代化的发展至完成

《大清民律草案》制定以后,民事立法在此基础上不断发展,如其后中华民国北京政府时期制定的《民国民律草案》,就是在参考《大清民律草案》的基础上完成的。1926年,修订法律馆参考《大清民律草案》各编,编成由总则、债、物权、亲属和继承组成的《民国民律草案》五编共1522条,此草案为自《大清民律草案》形成以来的第二个民法草案,史称"民律第二次草案",此草案是移植外国法和融合本国法的结果。例如,《民国民律草案》总则依据《大清民律草案》总则的323条进行修订,最后形成223条总则规定;其余四编都是在《大清民律草案》的基础上,要么移植外国法,即这次法律的修订所依照的本身就是移植大陆法系的

① 张晋藩、朱勇主编:《中国法制通史》(第9卷),法律出版社1999年版,第230页。
② 王涛:《中国近代法律的变迁(1689~1911)》,法律出版社1995年版,第213页。

民法而成,这次民律草案中债、物权两编的修订又进一步适用大陆法系的立法,特别是瑞士法;要么吸纳本土法,在《大清民律草案》起草时,就专任中国人制定,这次民律的制定,更加注重中国传统伦理道德的规定,如第四篇亲属强化包办婚姻,扩大家长权力;第五编将继承分为宗祧继承和财产继承等。对于家长权、宗祧继承等以及亲等的计算符合中国固有的传统。总的来说,"第二次民法草案的起草,更加注重法律与社会的衔接,其保留传统法制,适应现实需要的意图非常明显"。① 所以,这次草案的修订,既是第一次民事立法的继续又是中国传统民法近代化的进一步发展。但是,草案完成之际,正遇军阀混战,最终未能完成立法程序,未能成为正式法典。

1927 年 4 月,中华民国南京国民政府成立以后,成立民法起草委员会,1931 年 5 月颁布《中华民国民法》,这一民事立法共 5 编(总则、债、物权、亲属、继承)29 章 1225 条,此法典在继承以前民事立法的基础上,进一步向前推进,中国传统民法的近代化基本完成。此立法如同之前的两次立法一样,皆是既移植外国法又吸纳本土法的结果。如在移植外国法方面,在立法思想上适用了"社会本位"而摒弃传统中国社会的家族主义。在立法体例上运用了当时世界流行的"民商合一"的立法原则。在立法内容上法典前三编主要仿效德、法、瑞士民法的立法,在总则部分,关注到了社会利益,如废除男女不平等的规定;在债编,不仅保护债权人利益,也保护债务人利益,并限制重利盘剥;在物权编规定所有权的行使必须"于法令限制之范围内"。而且,在第四编亲属编夫权被废除,对于离婚的条件,男女都一样,对于家庭成员的权利,特设亲属会议,明确规定亲属会议的职能及组成;继承编中规定,无论女儿是否出嫁,都有权继承父母的财产,并废除宗祧继承,以上这些皆为西化的结果,这些规定很大程度上动摇了封建社会的根基,"此实为引进西方

① 曹全来:《国际化与本土化——中国近代法律体系的形成》,北京大学出版社 2005 年版,第 120 页。

国家先进之平等、自由观念,以权利为法律基础的结果”。① 在法的本土化方面,为了使新的法典适应中国本土国情,南京国民政府专一进行了民事习惯调查,保留了中国固有法律传统中比较合理的、重要的法律制度。例如,典权制度、家族制度、家庭制度,譬如在男女性别关系上,法理上极力倡导男女平等,但具体规定上仍有夫权统治存在。所有这些,是“基于涉及民事关系的法律、礼、习惯、宗族法等规范,形成了一些具有典型民族特色的民事传统。《民法》在一定程度上保留了这些传统,其中,既有一些符合当时国情民风、对于确立更易为中国社会所接受的民事法律体系具有积极意义的内容,也有一些迁就历史惰性、不利于社会进步和制度更新的糟粕”。② “民国法律,意图在现代法律规则与传统社会实际之间找到平衡,难免保留传统父(夫)家长制一些残余,与现代法律精神相背离。”③

(四)关于对中国传统民法近代化的代表立法《大清民律草案》修订的几点思考

从以上《大清民律草案》的制定过程和修律内容不难看出:

1.《大清民律草案》的制定方法之可取。这一立法草案是在中华民族内外交困的情况下,清廷下诏修订旧律,首先由大臣进行理论论证,痛陈修订民律的必要性、紧迫性,提出修订民律的计划和远景,然后依据这一方案开始具体切实实施,既聘用外国法律专家(如修订法律馆重金聘用日本民法学专家松冈义正、志田钾太郎修订民法前三编),又任用出国留洋之士(如修订法律馆“广罗英彦”,调进江庸、王宠惠、丁士源、陈策、朱献文等留学各国的优秀人才);既翻译西方大量立法律书(修订法律馆大量地翻译引进西方尤其是日本的民法学著作,如富井政章的《民法原论》、梅谦次郎的《民法讲义》、志田钾太郎的《民法总则》,以及法国人毕利干的《法国律例》,将《法国民法典》译为《法国民律》。

① 曹全来:《国际化与本土化——中国近代法律体系的形成》,北京大学出版社2005年版,第141页。

② 朱勇主编:《中国法制史》,法律出版社1999年版,第591页。

③ 郭建等:《中国法制史》,浙江大学出版社2011年版,第305页。

故而修订法律馆起草民法时适用“民律”的称谓，称为《大清民律草案》），又进行大规模的民事调查（如为明确调查的范围，以提高效率，修订法律馆在派员分赴各地调查民事习惯之前，特别制定了调查民事习惯章程十条等）。也就是说，这次修律既移植外国法又吸纳本土法，可见这次修律组织之得力，方法之科学。以此，为《大清民律草案》的制定打下了良好的基础。

2.《大清民律草案》的制定内容之合理。这次修律活动在沈家本的主持下，既“参酌各国法律”①又“不戾乎我国相沿之礼教、民情”，②在当时，既不能不移植西方法律又不能废弃“三纲五常”的情况下，《大清民律草案》在立法体例上采用了西方体现近代化的立法体例，分总则、债权、物权、亲属、继承五编；在内容上移植了近代西方资本主义的民法原则和具体制度，如契约自由、私权保护、过失责任原则，法人、物权、债权、时效、代理等制度。同时，该草案也大量保留了传统的立法制度，如家族制度中的家长权制、婚姻制度中的同姓不婚、继承制度中的宗祧继承等。所以，这次修律是既“开创了我国民事权利保护的先河与私法发展的新传统”，③又是“遵从‘本土化’精神的”，“努力接近我国的本土国情”的一次立法。④ 这一民事立法，“吸收了大量的西方资产阶级民法的理论、制度和原则，基本满足了当时社会成员对于法律上的私人平等的渴望和对私权益的保护的愿望。亲属和继承两编则由修订法律馆会同礼学馆起草，其制度、风格带有浓厚的本土色彩，保留了许多传统法律的精神”。⑤ 也正如修律大臣俞廉三等人在《民律前三编草案告成奏

① 上海商务印书馆编译所编：《大清新法令（1901—1911）》（第1卷），商务印书馆2010年版，点校前言第27页。

② 怀效锋主编：《清末法制变革史料》（下册），中国政法大学出版社2010年版，第100页。

③ 曹全来：《国际化与本土化——中国近代法律体系的形成》，北京大学出版社2005年版，第91页。

④ 曹全来：《国际化与本土化——中国近代法律体系的形成》，北京大学出版社2005年版，第94页。

⑤ 郭建等：《中国法制史》，浙江大学出版社2011年版，第261页。

折》中所说:“大清民律草案,注重世界最普遍之法则,原本后出最精确之法理,求最适合于中国民情之法,期于改进上最有利益之法。”①

3.《大清民律草案》的制定意义之重大。虽然《大清民律草案》由于清廷的迅疾覆亡而未能实施,由于人们的观念和法律环境的滞后而使这次移植在当时未能成功。但是,《大清民律草案》的制定,无论从法典制定的形式、体例或是具体内容上,对于中华传统民法的近代化都具有重要意义。因为,作为中国历史上最大规模的移植西方法律的活动,作为对中国传统立法中的最薄弱的环节民法的修定变革,第一次将民法从“诸法合体,以刑为主”的传统立法体例中分离出来,第一次将民法的基本概念、原则、制度如“民法”一词等(如前述)写进法律并沿用至今。同时,为了制定出一部符合国情的民律,以沈家本为代表的立法者组织对民事习惯进行大量的调查,在当时的历史背景下立法者这样的理念和做派至今还值得肯定、令人称道;而且“民商法内容所具有的一定超前性,的确起到了启迪人们的民事法律意识、权利意识的作用,这也是法律移植的意义所在”。② 所以,完全可以说这是一次既移植外国法律又吸收本土化法律的具有划时代意义的修律。《大清民律草案》的修订,既是中国传统法律近代化的重要体现,又是中国传统法律近代化的重要环节。“《大清民律草案》标志着中国固有民法的基本终结和与西方近代民法接轨的开端。它所体现的新与旧、中与外的整合,虽有这样那样的缺点和不足,但无论如何它是近代民法的奠基之作,民国时期民法典的修订与完善都是以它为基础而展开的。”③

4.《大清民律草案》的制定影响之深远。宣统三年九月初五(1911年10月26日),《大清民律草案》最终完成。该草案上奏之日,武昌辛亥革命枪声已起,清王朝迅即灭亡。因此,该草案未能得到宪政馆的审核,未能颁布,但却对后世产生了深远的影响。具体来说,之后的中华

① 张晋藩:《中国法律的传统与近代转型》,法律出版社1997年版,第450页。

② 张丽、宋宏飞:《法律移植及本土化研究》,中国人民公安大学出版社2010年版,第62页。

③ 张晋藩:《晚清制定民法典的始末及史鉴意义》,载《法律科学》2018年第4期。

民国北京政府于1926年参考《大清民律草案》制定的《民国民律草案》五编(总则、债、物权、亲属、继承)“基本上是对清末修律取得民法成果的继承”。[①] 南京国民政府成立以后,处理民事案件时,仍适用北京政府的民事法规,并开始制定新的民事法律《中华民国民法》,并于1931年5月颁布。这一民事立法是中国历史上第一部正式颁布的民法典,此法典在继承以前民事立法的基础上,进一步向前推进,使中国传统民法的近代化基本完成。以上《大清民律草案》的颁布以后而编定的两部立法实际上都是在继承了沈家本修律以来所确定的基本指导方针——“以西方先进之法改造中国固有法”的基础上制成的。[②] 正像我国法史大家张晋藩先生所说的那样:“总的看来,沈家本主持下的晚清修律体现了近代中国由封建法制向资本主义法制过度的历史趋势,它引进的西法对中国法治的近代化起了重要的借鉴作用,在他的主持下制定的一系列法律,可以说是中国法律近代化的重要开端,为民国以后北洋政府、国民党政府的立法建制提供了前进的基础。”[③]民法的修订作为清末修律中的重要一环,自然也不例外。甚至新中国建立之后的民事立法,作为“继承自古罗马以来西方民法发展成果的同时,还对这一法律传统进行了卓有成效的创新”的《民法通则》,[④]体现民事立法新成就的《物权法》及至具有中国特色、体现时代特点、反映人民意愿的《民法典》其中的许多概念和制度仍然借鉴了《大清民律草案》的一些规定。

5.《大清民律草案》的制定所见之弊端。由于这次变法是在西方列强殖民掠夺而山河破碎、国家危亡的危急时刻,以收回治外法权为直接动力和未来梦想而开始进行的。所以,在修律的过程中,立法者始终围绕收回治外法权的目标,使中国传统民事法律的近代化基本上是一路西化。虽然立法者也进行过民事调查,力图使立法符合国情民情,但实

---

① 曹全来:《国际化与本土化——中国近代法律体系的形成》,北京大学出版社2005年版,第119页。

② 张晋藩:《中华法制文明史》(近、当代卷),法律出版社2013年版,第398页。

③ 张晋藩:《中国法律的传统与近代转型》,法律出版社1997年版,第447页。

④ 张晋藩:《中华法制文明史》(近、当代卷),法律出版社2013年版,第540页。

际上对于调查来的大量民事习惯未能认真地甄别采纳,尤其表现在财产法上,完全置民间流行已久的习惯和法律关系于不顾,法典中大量引进西方观念、制度、风俗习惯等为立法的基础,往往脱离中国实际。同时,这次修律仍然未能彻底摆脱封建等级制度的樊篱和束缚,如民法总则没有采用西方各国民法的基本原则之一的平等原则,在行为能力的规定上仍以妻为限制行为能力人,在继承方面仍有嫡庶之分等。基于此,曾任北洋政府司法总长的法学家江庸提出《大清民律草案》必须修正的理由之一就是:“因草案承继外国法,对于本国固有法源,不甚措意……故其内容既未参酌吾国习惯,颇多扞格难通之处,不能认为适宜之法案也。”①的确,在中国万难一时形成西方的法律环境对移植而来的西方法律而实现法的本土化。所以,这次清末修律在当时未能实现法律移植的基本目的而发生法律移植的应有效果,正像著名学者徐道邻所说:“所有已颁布的法规,可称包罗万象,应有尽有。然而事实上发生的效果在哪里?……我们现在不是缺乏法规,而是法规太多;不是我们的法规不好,而是我们的法规不生效?”②对此,民法表现得更为突出。法学精英耗费大量心血制定的民事立法《大清民律草案》以及诉讼法《民事诉讼律草案》《刑事诉讼律草案》因清王朝的迅速覆亡还未来得及颁行就不了了之、寿终正寝。

四、小结

从以上所述内容明显可以看出,作为中国传统法律近代化中的典型代表和重要阶段的《大清民律草案》的修订,从一开始就凸显着一条不变而坚定的亮丽主线,即既移植西方先进的法律又保留中国固有法的传统。无论是《大清民律草案》修订的组织、内容、意义,还是其影响及至局限,都充溢着法律移植和本土化的问题,这既是时代的需要,也

① 杨幼炯:《中国司法制度之纵的观察》,载《中华法学杂志》,新编1卷第五、六号合刊,正中书局1937年版,司法制度专号。

② 徐道邻:《假如政府肯全面革新》,载《申报》1949年2月6日,第1张、第2张。

是历史的必然。编定《大清民律草案》移植西方法,是基于收回领事裁判权的内在动力和理想愿望,所以在法律的形式和内容上基本上是沿着西化一路前行,如前述的立法思想、立法体例、立法原则以及立法内容等;同时,这一民事立法又是在当时有着几千年礼教传统的封建大国的清王朝专制统治下而进行的,作为国之重器的法律又不能也无法完全摆脱封建统治和礼教的樊篱,所以迫于当时中外所面临的国情实际和严峻形势,制定出了中国近代中西合璧的典型代表——《大清民律草案》,也正是这一修律特点才成就了这样一部中西合璧的范例修律,并作为一百多年来研究法律的普遍现象——法律移植和法律本土化的理论和实践的一面鲜明镜鉴、一个珍贵素材,为学界所认真研究,为政界所高度重视。"正反两面的经验和教训告诉我们,被移植来的西方法制文明因素,只有扎入中国的文化土壤,得以积淀下来,进而成为本民族法文化的一部分才是成功的移植。"①这次清末的法律移植究竟是否成功,当时学界常用"寿终正寝"来形容。但是随着时间的推移,社会的发展,清末修律时移植而来的法律逐渐被接受、被推行,清末修律时废弃掉的中国传统法律逐渐被废除、被终止。可见法律移植的成与败不能一蹴而就来评判,而是需要时间、需要过程,如果只因清末修律由于清王朝迅速覆亡而没有被推行甚至没来得及颁布,因为这次移植西方法不符合当时中国的实际、脱离现实而无法实现法的本土化,无法达到法律移植的效果,而且也没有达到这次修律的直接目的——收回领事裁判权等,就断定这次修律是失败的,笔者认为是可再作重新审视,值得商榷的。笔者认为,清末修律的成与败不能只专注于清末修律一个支点下定论、作决断,而应该以此为基点,以历史的眼光、发展的眼光去考察、去探究。就民事立法而言,如果从《大清民律草案》修订之后的"第二次民律草案"的《民国民律草案》,到标志着中国传统民法近代化完成、中国历史上正式颁布的第一部民法《中华民国民法》以及新中国成立以后的《民法通则》《物权法》《民法典》等的视野去审视 20 世纪初的

① 张晋藩:《综论中国法制的近代化》,载《政法论坛》2004 年第 1 期。

民事立法的成与败、功与过。毋庸置疑,答案只有一个,《大清民律草案》的修订是成功的,是一个里程碑式的修律活动。

总的来说,《大清民律草案》颁布以来,学界对此研究颇多,成果丰硕,其中有褒扬、有贬斥,有分析、有结论。无论如何,在当时中华民族遭受西方列强殖民掠夺而山河破碎、国家危亡的危急时刻,能够制定出这样一部民事法律:一是在当时作为收回领事裁判权的重要依据,以实现维护清王朝摇摇欲坠的统治为目的;二是对后世的立法内容以及立法方法即前述的既移植西方法律又保留中国传统等而被后世倡导、学习、研究和传承;三是以近代"法学之父"沈家本为代表的近、现代法政精英怀着救国救民、实现中华民族复兴的神圣使命,披肝沥胆、呕心沥血、矢志不移,以过人的勇气、不懈的努力和高超的智慧而变法修律的精神,至今还是国人进行爱国者主义教育的典型范例,等等。所以,我们完全可以说,这一以既移植西方法律又保留中国传统为特质的《大清民律草案》已完成了其神圣使命,功绩卓著。就整个清末修律的法律近代化而言,"晚清修律的价值,不仅表现为中国人法律意识的觉醒,而且还在于它为中国法律的近代转型,确立了航标,奠定了基础"。① "没有一百年来对外国法律的移植,也就没有近现代的中国法。"②

① 张晋藩:《中国法律的传统与近代转型》,法律出版社1997年版,第475页。

② 何勤华:《法的移植与法的本土化》,法律出版社2001年版,第6页。

非洲对英国陪审制的移植实践探讨

丁　英[*]　李培锋[**]

[**摘要**]英国是近代陪审制的母国,近代以来非洲地区的陪审制也是从英国陪审制移植而来。英国的陪审制有当地居民参与司法特性、保护公民权利免受专制和压制的功能。但非洲地区的陪审制有很强的殖民烙印,是英国殖民者带到非洲的,而不是非洲地区主动移植的。在这种“殖民模式”之下,非洲地区的陪审制长期带有维护英国殖民者特权地位的工具性质,失去了当地居民参与司法的特性。而对陪审制的一些改革,也偏离了引入当地居民参与司法和维护当地居民权益这些基本理念。所以源自英国的陪审制始终没有完成服务于非洲当地的“本土化”改造,无法在非洲落地扎根。

[**关键词**]陪审制　法律移植　非洲地区

英国是近代陪审制的母国,近代以来世界各地的陪审制度大都是对英国陪审制度的移植,非洲地区也是如此。但与美国等许多国家的移植实践不同,非洲地区对英国陪审制的移植基本是失败的,一直不能扎根。本文拟对非洲地区对英国陪审制的移植实践和陪审制无法存续的成因予以初步探讨。

一、英国陪审制的创设发展过程与内在价值

英国近代陪审制度的萌芽源于欧洲大陆法兰克王国时期的宣誓调查法(sworn inquest)。1066 年诺曼征服后,诺曼人把这一习惯带入英国。[①] 陪审团的职能最初是行政事务中的事实调查。在诺曼王朝初期,

* 丁英,重庆市司法局科员。

** 李培锋,中南财经政法大学法学院副教授。

① See F. W. Maitland, *The Constitutional History of England*, London, Cambridge University Press, 1926, pp. 121 – 124.

陪审团的主要从事行政和财政管理,而不是司法中的纠纷事实裁判。在历史上有名的1086年全国土地赋役调查中,国王威廉一世就采用了陪审团调查的方法,从各百户区分别召集12名忠实可靠人士组成陪审团,经宣誓后逐一回答当地的人口、土地、牲畜、财产状况。亨利一世时,利用当地陪审团的宣誓调查法运用的范围更加广泛。例如,检查地方政府工作、监督财产估价和赋税征收、确保地方法院罚没财物及时上缴国库等,这种实践为日后利用陪审团来查明司法事实奠定了重要基础。陪审制用于行政调查时,就已透露出英国人的重要智慧:那就是在技术手段极为有限的熟人社会中,用熟悉当地情况的当地居民进行事实调查,比外来的官员更切实有效。这一智慧后来被亨利二世用于司法领域,从而在历史上首创了用陪审团查清案件事实的制度。

陪审制正式确立于亨利二世时期,其应用始于民事纠纷领域。1164年,亨利二世颁布《克拉伦顿宪章》,规定当某块土地是教会保有制还是世俗保有制出现争议时,应从当地居民中选出12名骑士或自由人组成陪审团,经宣誓后对争议问题作出裁决。① 1176年,亨利二世又制定《北安普顿法令》,规定土地保有人死亡时,如果应由何人占有该土地发生争议,须由陪审团裁定。后来,随着土地诉讼种类日益复杂多样,亨利二世又在1179年颁布了《权利法令》,规定在土地所有权争议案件中,被告有权自主选择决斗法还是由国王法庭采用陪审制审理。在刑事诉讼领域,最先建立的是陪审团起诉制度。1166年《克拉伦顿法令》规定,当巡回法庭到达某郡开庭时,郡长应从各百户区召集12名骑士或"合法自由人",从各村镇召集4名"合法自由人"出席,经宣誓后检举本地发生的一切抢劫、谋杀、盗窃、纵火等重大刑事犯罪嫌疑人,这就是大陪审团(Grand Jury)的最初萌芽。大陪审团起诉完毕后,嫌疑人将接受神判法审判。1215年第四次拉特兰宗教大会作出禁止教士参与神判的决议后,神判法开始被废止。在此情况下,大陪审团便参与到了刑事

① See F. Pollock and F. W. Maitland, *History of English Law Before the Time of Edward* Ⅰ, Vol. Ⅱ, London, Cambridge University Press, 1968, p. 137.

案件的审理中,在原来控诉职能基础上增加了审判职能。

大陪审团既负责案件的起诉又负责案件的审理,这种一身二任制度往往导致判决不公。为解决这一问题,控诉陪审团和审判陪审团开始分开,由非大陪审团成员组成的独立小陪审团专门负责刑事案件的审理,这就是一直沿用到现在的刑事陪审制度。刑事陪审团在参与案件审理的初期,既是案件的证人又是事实的裁决者。在 1500 年之后,随着英国经济的变革与社会结构的变化,陪审团对很多案件已不再是知情人,无法仅凭自己了解的信息就案件作出裁决,由此导致证人出庭成为一种必需。随着证人在普通法法庭上出庭越来越频繁,陪审团的性质开始发生了一种根本性的变化,即由原来既是案件的知情人又是裁决者这一身二任转变为一种纯粹的事实裁决人。至此,早期的知情陪审团发展成为不知情的“审判陪审团”,陪审团完全成为一个超然于诉讼双方之外的事实裁判机构。在 17 世纪的巴谢尔案(Bushell’s case)之后,陪审团又获得了不受法官压制的独立裁决权。

总之,在陪审制之下,陪审团系由当地居民组成,专门负责案件事实问题的审理,在功能上有助于保护公民的权利,防止法官把法律变成压迫戕害人民的专制工具。在 17 世纪以来的反专制过程中,陪审团在反对专制和保护公民权利方面发挥了重要作用,赢得了国内外的普遍赞誉。例如,1649 年和 1653 年在审判民主主义者、平等派领袖李尔本的过程中,陪审团顶住国王和法官的巨大压力,两次作出李尔本无罪的判决,使法庭企图将李尔本治罪的阴谋化为泡影,维护了法律尊严和社会正义。再如 1688 年,詹姆士二世发布《容忍宣言》,宣布国王有废除法律的权力,七位主教联名呈交请愿书,声明国王无权废除法律,七主教因此被指控犯有煽动性诽谤罪。主审法官罗伯特·赖特爵士是国王的顺从工具,在宣读完起诉状后,向陪审团指示说:“下一步应该考虑的是,请愿书是否是一种煽动性的诽谤。这是一个我必须向你们指出的法律问题。先生们,要知道,凡是扰乱政府或煽动不和并在人民中间进行煽动的行为当然都属于‘诽谤罪’,而且,我必须明确地向你们表明我的意见,我以为这是一种诽谤罪。"[①]随后,陪审员被关进陪审室,讨论了整整一夜,最后仍作出了七主教无罪的裁决。这个裁决不但避免了一起冤案,而且"拯救了英国宪法"。[②] 对于陪审团的分权与限权功能,布莱克斯通于1758年在牛津大学讲演中宣称:由陪审团审判,过去曾被认为而我相信今后也会被认为是英国法律的光荣,是人民自由与王权之间强有力的屏障,这是任何一个臣民都可以享有或期望享有的特权。[③] 而法国也有思想家做过如下评论:"陪审团的判决是防止司法权力滥用的唯一方式。法国的司法权力滥用之所以如此猖獗和可怕,原因就在于我们并未实行这种同阶层审判制度(即陪审制)。"[④]

正是由于陪审制这种当地居民参与司法的特性和保护公民权利免受专制和压制的功能,所以在18世纪以来的欧洲反专制背景下,陪审制在欧洲大陆受到了广泛赞誉。以法国为例,大革命后就主动引入了陪审制度,并不断经过本土化改造沿用至今。

二、英国陪审制在非洲的移植实践

在陪审制传入非洲之前,非洲盛行图腾崇拜,传统司法带有很强的宗教色彩。就诉讼程序而言,则表现为普遍采用赌咒和神判的方式。

随着非洲先后沦为殖民地,欧洲的司法制度传入非洲,英国的陪审制就是其中之一。据统计,到1914年,英国占有了非洲30%的领土和5166万人口。[⑤] 这些殖民地的特点是分布面广,各地的发展又极不平衡,有的尚处于原始社会,有的进入奴隶社会,有的已跨入封建社会。

---

① [英]丹宁勋爵:《法律的未来》,刘庸安、张文镇译,法律出版社1999年版,第53页。

② [英]丹宁勋爵:《法律的未来》,刘庸安、张文镇译,法律出版社1999年版,第53页。

③ See W. Blackstone, *Commentaries on the Laws of England*, Vol. 3, Chicago, The University of Chicago Press, 1979, p. 379.

④ 施鹏鹏:《陪审制研究》,中国人民大学出版社2008年版,第79页。

⑤ 参见艾周昌、郑家馨:《非洲通史》(近代卷),华东师范大学出版社1995年版,第623页。

再加上英国在非洲建立的殖民地是分批次的，建立的时间跨度较大，相互之间没有统一的统治模式，使陪审制度在非洲的发展呈现不同的模式。下文将根据地理划分对陪审制度在非洲几个国家的移植情况进行阐述。

（一）英国陪审制在西非的移植实践

西非的塞拉利昂是最早的英属非洲殖民地之一，也是非洲最早建立陪审制度的国家。这里的居民大多是在英国获释的奴隶。这些居民于1787年移民到此，并带来了英国的普通法和陪审制度。起初，塞拉利昂由英国1791年成立的塞拉利昂公司管辖。1799年《正义宪章》授予塞拉利昂公司在民事和刑事案件中利用陪审团审判的权利，1801年的一项法令规定了陪审员的资格、任免、总数等方面的问题。[①] 1807年，英国政府解散了塞拉利昂公司，将塞拉利昂殖民地收到英王名下。[②] 但陪审制度在塞拉利昂却保留下来，一直沿用到19世纪中期。

这段时期塞拉利昂的陪审制度基本就是英国陪审制的翻版，但在适用过程中也出现了一些问题。例如，陪审团中难免有一两个成员出于他们的愚蠢、偏见、贪污腐败或者是固执而无法与其他的陪审员达成一致意见，而且类似情况发生的频率越来越高。特别是在那些相对贫穷和无知的地方，由于某些陪审员的偏见和贪污腐败，使案件很难得到公正的审判。英国的格温（gwyn）曾在1850年说道："陪审制度完全束缚了英国司法的手脚，种族偏见的进入使法庭不再是维护正义的地方，陪审员多了，但真正的罪犯却逃脱在法庭之外，公正的审判变得越来越不可能。"[③]

为了使移植于英国的陪审制度适合塞拉利昂本土的要求，英国当

① See J. H. Jearey, "Trial by Jury and Trial with the Aid of Assessors in the Superior Courts of British African Territories: I", *Journal of African Law*, 4, 1960, p. 134.

② See J. H. Jearey, "Trial by Jury and Trial with the Aid of Assessors in the Superior Courts of British African Territories: I", *Journal of African Law*, 4, 1960, p. 134.

③ J. H. Jearey, "Trial by Jury and Trial with the Aid of Assessors in the Superior Courts of British African Territories: I", *Journal of African Law*, 4, 1960, p. 135.

局先后采取了一系列改革措施。1853 英国当局通过法令废除了大陪审团,同时在这个法令中还设立了一位初审法官以罢免持有不同意见的陪审员。1854 年,在死刑和非死刑案件中,原来的陪审员意见一致原则被 2/3 的多数一致所取代。后来又改为死刑案件的裁决实行陪审员意见一致原则,而非死刑案件实行 2/3 多数决原则。虽然进行了改革,但由于塞拉利昂自然环境复杂,不同种族和部落之间存在偏见,加之诉讼当事人往往与塞拉利昂的陪审员很熟悉,所以陪审员的枉法裁决现象仍很普遍。这使塞拉利昂终于在 1867 年在民事诉讼领域废除了陪审团审判制度。① 民事领域的陪审制度被废除后,也曾在刑事领域努力恢复陪审制,但都收效不大,最终还是参审员(assessors)协助法官审判案件的做法取代了陪审制度。参审员在案件审判中的意见只有参考作用,法官对他们有支配性。20 世纪后半期,在连续不断的战乱中刑事案件中的陪审团审判变得徒有虚名,实际上不再发挥作用。

(二)英国陪审制在东非和中非的移植实践

东非和中非一开始就好像对陪审制度缺乏热情,即使是在死刑案件的审判中也是如此。② 他们的高等法院更倾向于由参审员协助法官审判而非使用陪审团进行审判。但英国殖民者还是把陪审制度带到了这里,并试图通过陪审制度来维护他们的殖民统治秩序。所以在一些地区,比如在肯尼亚和桑给巴尔岛,欧洲人获得了由 12 名欧洲人组成的陪审团进行审判的权利。在亚丁(地理位置上不属于此区域,但司法系统属于东非),受英属印度殖民地的影响,所有的刑事审判必须先由陪审团进行审判。

现在的整个肯尼亚在 1895 年都被英国的东非公司所控制,沦为英国的东非保护国。但陪审制度在肯尼亚真正建立是在 1906 年英属殖民当局颁布的《刑事诉讼法》。该法规定,所有被指控犯罪的欧洲人和

---

① See R. Knox-Mawer, "The Jury System in British Colonial Africa", *Journal of African Law*, 2,1958,p. 160.

② See R. Knox-Mawer, "The Jury System in British Colonial Africa", *Journal of African Law*, 2,1958,p. 161.

美国人只能由欧洲人或美国人组成的陪审团进行审判。肯尼亚的非洲人没有陪审团审判的权利,这种规定加剧了种族歧视。另外,欧洲人组成的陪审团对欧洲人的审判往往过于宽松,违背司法公正的现象时有发生。据记载,"直到1959年,在欧洲人被控杀害非洲人的案件中,竟然没有一个欧洲人被白种人陪审团判决有罪"。[①] 陪审制度在肯尼亚鲜明的种族特性为其难以在当地生根埋下了种子。

1914年,新颁布的肯尼亚《刑事诉讼法》取代了之前占主导地位的《1882年刑事诉讼法》,该法规定所有被指控犯罪的欧洲人都必须接受陪审团的审判,陪审团的成员被殖民当局规定为不得少于5人,担任陪审员的资格是男性欧洲人,年龄在21~60岁。肯尼亚是为数很少的对陪审员没有任何财产资格、文化程度要求的国家之一。后来逐渐出现了一种不成文的规定,即有权享有陪审团审判的当事人,可以选择由参审员协助法官审判来取代陪审团的审判。[②] 而且,这里一直保持着由陪审团审判欧洲人和由参审员协助法官审判其他人(如非洲人、亚洲人等)的规定。这说明,陪审制度对肯尼亚当地人民来说,始终都没有发挥出它应有的功能和价值,这项制度也没有为他们带来任何的利益,更没有实现本土化,融入到他们的生活之中。

在南罗德西亚(今津巴布韦),英国殖民当局起初规定所有案件(包括民事和刑事)由参审员协助审判。英国殖民当局在1899年通过了一个陪审团法令,规定所有的刑事案件由9名陪审员组成的陪审团进行审判,如果达不到9人,也不得少于5人,实行意见一致原则。陪审员没有种族的限制,非洲人也被允许参与,但过高的财产门槛还是把非洲人排斥在了陪审团的大门之外。法令还规定,陪审员必须是居住于南罗德西亚的21~60岁的男性,且享有选举法律委员会成员的投票权的人。这种投票权的取得是依靠教育水平和财产的多寡,所以非洲人是

---

① J. H. Jearey, "Trial by Jury and Trial with the Aid of Assessors in the Superior Courts of British African Territories: Ⅱ", *Journal of African Law*, 5, 1961, p. 42.

② See J. H. Jearey, "Trial by Jury and Trial with the Aid of Assessors in the Superior Courts of British African Territories: Ⅱ", *Journal of African Law*, 5, 1961, p. 43.

无法通过这个门槛的。事实上,非洲人和欧洲人接受的都是欧洲人组成的陪审团审判。对非洲本地人而言,陪审团不是当地居民参与司法的工具,他们根本没有进入陪审团的机会。1908年的一个法令对陪审制度进行了改革,明文规定陪审员只能由欧洲人担任。① 这种强烈的种族色彩使陪审制度很难融入当地的法律体系中。

南罗德西亚殖民地后来走向了二元制的司法审判制度。这始于1912年的特别陪审团法令。这个法令规定了发生在欧洲人对非洲人或者非洲人对欧洲人之间的谋杀、强奸、抢劫等一些特定的犯罪或一些带有特定目的的攻击性犯罪的审判,由5名陪审员组成的特别陪审团进行审判。这5名陪审员由行政长官从每个高等法院所在地选出的10~25名陪审员组成的普通陪审团名单中挑选出来。同时,非洲人内部发生的犯罪则由普通陪审团进行审判。1927年实施的《刑事审判法令》使南罗德西亚的司法审判双轨制最终确立。该法令对司法审判作出两大改变:一是完全废除陪审团对非洲人的审判,改由两名参审员协同一名法官进行审判,这两名参审员必须在当地政府部门工作不少于10年。英属殖民当局的目的是利用他们在当地的威望来加强自己的殖民统治。这就使陪审制平民参与司法的初衷被彻底否定。二是规定欧洲人接受陪审团的审判,但同时又选择接受一名法官和两名参审员进行审判的权利。1927年的法令使陪审制度丧失了在南罗德西亚的统治地位。

(三)英国陪审制在南非的移植实践

南非的社会状况与上述英属非洲殖民地有所不同。南非原是荷兰的殖民地,受罗马法影响较大,在英国殖民者到来之前,南非就已经建立起了自己的审判制度。1652~1806年荷兰统治南非期间,南非存有两套法院系统。司法委员会是南非的高级法院,其组成人员不确定,政府会指派一些市民协助地方法官掌管各个地方的司法事务。但是不管

① See J. H. Jearey, "Trial by Jury and Trial with the Aid of Assessors in the Superior Courts of British African Territories: Ⅱ", *Journal of African Law*, 5, 1961, p. 44.

是高级法院还是地方法院的法官一般都没有接受过法律教育,所以很多的审判只能依照常识进行。

1806 年,英国占领了南非的好望角。起初,英国殖民当局允许南非保留原有的司法制度。但由于南非地理位置优越,促使南非的贸易及商业迅速发展,并吸引了大量的移民迁入,由此形成了一些可以抵抗外来统治的势力集团。英国殖民当局为了维护其在南非的统治地位和利益,便开始改变南非原有的司法制度,以求通过司法加强对南非的控制。1826 年公布法令设置了治安法官,1827 年建立了最高法院,1828 年又把陪审制度引入南非。到 1831 年,陪审制度完全适用于高等法院的所有刑事案件审判中。

起初,南非在很大程度上是英国殖民当局具有军事性质的殖民地,由较早移民过来的英国人管理。但是,英国殖民当局很快在纳塔尔共和国、德兰士瓦共和国和奥兰治自由邦建立了正规的司法制度。在英国司法制度的控制下,刑事和民事陪审制度于 1852 年被移植到纳塔尔共和国,1858 年移植到德兰士瓦共和国。这些制度一直持续存在到 1910 年南非联邦的建立。

南非的陪审团一般由 9 名男性组成,妇女陪审团只有在被告是妇女或者未成年人等特定情况下才可以进行审判,且担任陪审员的妇女必须被登记在特殊的妇女陪审员名单上。① 非欧洲人是没有资格进入陪审团的,陪审团只能由白种人组成。完全由欧洲男性组成的陪审团,只是英国殖民当局进行种族统治的工具而已。

陪审制度的种族偏见忽视了南非多种族的特性,抹杀了南非各种族的权利和利益,所以它从一开始就遭受到攻击和反对。1917 年,南非联邦的立法机关迈出了改革陪审制度的第一步,立法规定被告人有选择不接受陪审团审判的权利,而可以选择由一名职业法官独任审判或

① See W. T. Gilstrap, "The Great Democratizing Principle: The Effect on South Africa of Planning a Democracy without a Jury System", *Temple International & Comparative Law Journal*, 2, 1997, p. 110.

由一名职业法官及两名参审员组成的混合法庭进行审判。[①] 1935 年的法令授予司法部长有权决定那些政治性犯罪、不法经营罪、私自贵重金属罪等特定的案件可以不接受陪审团的审判。1954 通过的南非联邦法令迈出了改革陪审制度的关键一步,规定只有在被指控者要求接受陪审团审判时才使用。就陪审方式而言,由法官和陪审员进行案件审判逐渐成为南非的基本审判规则,也就是类似欧洲大陆的"参审制"。但到 1969 年,南非联邦法令又明确规定废除陪审制度。[②]

三、陪审制在非洲难以生根的原因探讨

对于法律移植是否成败的评判,美国比较法学家阿伦·沃森曾有这样的论述:"一次成功的法律移植——正如人体器官的移植——应该在新的机体内成长,并成为这新机体的有机组成部分,如同那些在其母体内继续发展的规范与制度一样。"[③]以此来评估非洲对英国陪审制的移植历史过程,可以看出该制度未能在非洲落地生根,整体上属于失败的法律移植。

陪审制度之所以无法在非洲落地生根,从上述各国的实践过程来看,首要原因是陪审制在非洲带有很强的殖民烙印。陪审制是英国殖民者带到非洲的,而不是非洲人民自己主动移植的,在移植性质上属于一种被动和被迫的"殖民模式"。有学者认为,殖民模式是指法律移植殖民者在对外扩张的过程中强加给自己殖民地的一种法律移植模式。[④]在这种法律移植模式下,受体国对输入的法律制度的接受主要或完全出于被迫,很多时候并不是基于他们法律发展的内在要求。英国陪审

① 参见施鹏鹏:《陪审制研究》,中国人民大学出版社 2008 年版,第 42 页。

② See W. T. Gilstrap, "The Great Democratizing Principle: The Effect on South Africa of Planning a Democracy without a Jury System", *Temple International & Comparative Law Journal*, 2, 1997, p. 111.

③ [美]阿兰·沃森:《法律移植论》,贺卫方译,载《比较法研究》1989 年第 1 期。

④ 参见黄金兰:《法律移植研究——法律文化的视角》,山东人民出版社 2010 年版,第 92 页。

制被移植到非洲地区,是英国在建立殖民地时传播自身文化和维持自身特权的一种重要的、行之有效的方式,它赖以存在的基础是背后的强大武力。这点也正如罗素在论述文化传播时所指出的,“武力的征服较之任何其他的力量都更有助于文明的传播”。① 这种以武力为后盾的殖民模式无疑不利于陪审制的移植。在殖民模式之下,陪审制充当了维护英国殖民者特权地位的工具。陪审制被英国殖民者引入非洲后,它保护的主要是英国殖民者的权利,没有实现“让个人接受同等阶层审判的权利”的传统职能,也没有保障人民自由权利,更没有发挥其保障当地居民参与司法的功能。所以在非洲殖民地,陪审制失去了由当地居民参与司法的群众基础,丧失了赖以生存的土壤。

陪审制的殖民模式在非洲以外的有些地区也有移植成功的事例。例如,在美国、澳大利亚等地区,陪审制已融入当地的社会之中,成为当地司法制度的一个有机组成部分。陪审制在殖民模式下能否移植成功,从比较视角看,取决于能否进行适合被移植地区的本土化改造,使其发挥有益于当地居民权益保护的功能。

法律移植中的本土化是指“在法律移植时应让受移植法律经过合理的处理与嫁接能够渗入到移植国国民的血液当中,进而得到有机的整合”。② 就陪审制在非洲地区的本土化改造而言,非洲地区对陪审制的改造程度十分有限,且严重偏离了英国陪审制的当地居民参与司法特性和维护公民权益功能。陪审制能够在英国存续并得到世界性的普遍赞誉,是因为陪审制的当地居民参与特性和保护公民权利免受专制、压制的功能。在非洲的塞拉利昂、肯尼亚和南罗德西亚,陪审制度虽也像欧洲大陆的法国一样被“参审制度”所取代,但这种参审制度对参审员有严格的要求,普通民众一般没有资格担任,从而使其缺少了当地居民参与司法的思想,这就从根本上抛弃了陪审制下当地居民参与司法

① [英]伯兰特·罗素:《权力论——一个新的社会分析》,靳建国译,东方出版社1988年版,第26页。

② 何勤华主编:《法的移植与法的本土化》,法律出版社2001年版,第115页。

这一核心价值理念。在南非,陪审制度也一度走向了类似欧洲大陆国家的"参审制",但未持续多久,到1969年就被废除了。

总之,陪审制在非洲的移植,一开始就带有很强的殖民烙印,属于一种完全被动和被迫的"殖民模式"。在这种"殖民模式"之下,非洲地区的陪审制长期带有维护英国殖民者特权地位的工具性质,失去了当地居民参与司法的特性。而对陪审制的一些改革,也偏离了引入当地居民参与司法和维护当地居民权益这些基本理念。所以源自英国的陪审制始终没有完成服务于非洲当地的"本土化"改造,无法在非洲落地扎根。非洲地区对英国陪审制的移植失败实践启迪我们,法律移植要取得成功,实现服务于当地的本土化改造,有效维护当地公民权益特别关键。

中国非洲法研究的时代意义与推进建议*

陈　钊**　吴　卡***

[摘要]在中非共建"一带一路"以构筑更紧密命运共同体的新时代背景下，中国的非洲法研究日益凸显其时代意义与现实价值。虽然中国的非洲法研究已开展二十余年，但仍然处于艰难探索阶段。为扎实推进该研究，中国法学界可以两大主题——"当代非洲法律发展"与"新时期中非合作法律问题"——为导向，以学术与实践两方面目标为引领，坚持国际化、协同化和交叉性等原则，构建中非协同创新研究机构和团队，并采用"下马观花"和"驻马种花"等方式方法，为中非合作和非洲发展提供更具解释力和前瞻性的中国法律智慧与法律方案。

[关键词]非洲学　非洲法　中非合作　治国理政

发展同非洲的友好合作关系，是我国一以贯之的基本政策和坚定不移的战略选择。① 自20世纪中叶新中国成立和大批非洲国家纷纷独立以来，中非双方在半个多世纪的治国理政实践中都积累了丰富经验；自1978年中国改革开放，尤其是2000年设立中非合作论坛以来，中非双方在近几十年的互利合作实践中也积累了丰富经验。在此背景下，近年来，非洲研究在国内逐渐得到重视和加强，其研究领域和方向不断拓展和延伸，日益成为当代我国学术研究的"新边疆"。② 不仅如此，

---

* 基金项目：国家社科基金一般项目（18BFX205）、浙江省高校重大人文社科攻关计划规划重点项目（2018GH029）。

** 陈钊，浙江师范大学法政学院硕士研究生。

*** 吴卡，浙江师范大学法政学院教授，非洲法律与社会发展研究中心主任。

① 参见《杨洁篪在结束访问非洲三国之际接受新华社书面采访》，载新华网：http://www.xinhuanet.com/2019-12/21/c_1125373359.htm，最后访问日期：2020年8月21日。

② 参见刘鸿武：《非洲研究——中国学术的"新边疆"》，载《光明日报》2009年11月9日，第8版。

2020年8月27日,以浙江师范大学非洲研究院为建设主体的“非洲学”等交叉学科经国家教育部认可和批准设立,这是全国高校第一次直接冠以“非洲”名称的学科,这一“正名”为我国非洲研究学科建设与人才培养开创了新历史。

在我国的非洲研究中,非洲法研究是不可分割的组成部分。“法律是治国理政最大最重要的规矩。”[①]非洲国家自独立以来如何推进法治建设以实现治国理政目标?“国际合作,法律先行。”中非各领域合作自开展以来如何运行在法治轨道上以行稳致远?这两大方面的法律问题,即“当代非洲法律发展”与“新时期中非合作法律问题”(为叙述便利,将二者合称为非洲法研究),随着中非共建“一带一路”以构筑更紧密命运共同体不断向广度与深度拓展,也需要我国的法学界作出理论上的回应,从而为非洲国家治国理政和中非各领域互利合作提供中国法律智慧与法律方案。基于此,本文将首先分析中国非洲法研究的时代意义,然后在略述我国非洲法研究现状与不足的基础上,重点就推进该研究提出系统性建议。

一、非洲法研究的时代意义

基于上述时代背景和重大需求,非洲法研究在当下已经日益凸显其重要的时代意义和现实价值,这体现在学术和实践两个方面。

就学术意义而言,首先,学术具有时代性与中国性。在中非共建“一带一路”以构筑更紧密命运共同体的当下,法律是助推这一战略行稳致远的重要利器。“为时而著,为事而作。”开展非洲法研究,有助于拓展我国对非洲法律的认知从而完善中国的法学学术体系,在此基础上推动构建中国的非洲法学术理论,提炼中国的非洲法学术话语,产生中国的非洲法学术影响。其次,学术具有共享性与互鉴性。构建中非命运共同体,应有支撑、解释和服务这一命运共同体的中非共建共享共

① 中共中央文献研究室编:《习近平关于协调推进“四个全面”战略布局论述摘编》,中央文献出版社2015年版,第100页。

通的知识体系。开展非洲法研究,有助于夯实中国的非洲法律知识基础,拓展中国法学的学术视野,并积累中非共享知识,为中非治国理政法治经验的交流互鉴提供学术保障和智力支持,助推中非命运共同体建设。再次,学术具有专业性与交叉性。2020 年 8 月,“非洲学”交叉学科已被国家教育部正式认可和批准。我国对非洲法律问题的研究,既涉及法学的专业性研究,又可结合“非洲学”的交叉性研究,从而使研究既更具动力与活力,又可增添特色与优势。最后,学术也强调实践性与参与性。“法学是实践知识,实践学问,它总是通过实践来获取知识,并把法学知识应用于解决法律实践问题,为此提供答案。”①开展非洲法研究,既有助于我国学者进一步开展对非洲法律的理论研究,又可推动其深入非洲社会生活和中非各领域合作的具体实践开展调研,进行应用研究。

就实践意义来说,开展非洲法研究,首先有利于推动形成中非间以法治为核心的营商环境。“水深则鱼悦,城强则贾兴。”好的营商环境犹如阳光和空气,可促进中非经贸关系健康成长,而“法治是最好的营商环境”。② 开展非洲法研究,可以畅通对非合作法律信息,推动中非法治化营商环境的形成,进一步提升中非企业在对方经商投资的信心。其次,开展非洲法研究,有助于防控对非经贸投资法律风险与纠纷。大量实践案例表明,中国企业在非洲遭遇法律风险和法律纠纷,在很大程度上是由于对非洲当地法律不了解所导致的。开展非洲法研究,提供及时、准确、有效的非洲国家法律信息,有利于我国企业了解非洲国家的宏观与微观法律环境,从而使其有效防控和解决相关法律风险与纠纷。最后,开展非洲法研究,有助于推动中非法律外交,推进中非法律共享互鉴,以更好开展治国理政经验交流。法律外交,是以法律为基础、形

---

① 舒国滢:《并非有一种值得期待的宣言——我们时代的法学为什么需要重视方法》,载《现代法学》2006 年第 5 期。

② 2019 年 2 月 25 日,习近平总书记主持召开的中央全面依法治国委员会第二次会议深刻阐述了这一重要论断。

式、内容、目的或手段的外交。① 在深入研究非洲法的基础上,可以夯实、丰富、增强中非法律外交的基础、内涵和特色,增进中非官方和民间以法治为核心的治国理政经验的交流。

二、我国非洲法研究的概况

我国对涉非法律问题的研究,主要聚焦于两个问题:一是非洲法律的历史与现状;二是中非关系尤其是经贸关系中的法律问题。

国内对非洲法律历史与现状的研究,肇始于20世纪90年代。当时,湘潭大学在国内最早成立了非洲法研究所,组建了非洲法研究团队,开始了非洲法律的翻译与研究工作。二十多年来,以洪永红为主要负责人的该团队相继出版了《非洲法导论》(2000)、《非洲法律发达史》(2006)、《非洲投资法概览》(2012)、《作为一门独立学科的非洲法》(2017)、《埃及法专题研究》(2019)等力作。这些成果,聚焦于非洲法律的历史积累尤其是当代发展,并注重与区域国别研究紧密结合,既开创了我国非洲法律研究之先河,又为我国开展非洲法研究奠定了良好基础。此外,夏新华的《美国宪政主义与20世纪非洲宪政的发展》(2005)与《非洲法律文化史论》(2013)、张怀印的《非洲宪政发展:内涵、特征及问题》(2008)、孙谦和韩大元的《非洲十国宪法》(2013)、韩良的《非洲商事法律制度精析》(2015)、朱伟东所译的《非洲经济一体化的法律问题》(2018)及所著《非洲商法协调组织》(2018)和《非洲大陆自由贸易区法律文件汇编》(2020)等专著、译著或论文,对非洲宪法、法律文化、商事法律制度等作了梳理与分析,这些成果也都属于对非洲法的基础性研究。

对中非关系尤其是经贸关系中法律问题的研究,主要是近十多年随着中非经贸关系的发展而开展的。这方面的专著或译著主要有:朱伟东和洪永红所著《非洲涉外民商事纠纷的多元化解决机制研究》(2013)、朱伟东所译《中非争议解决:仲裁的法律、经济与文化分析》

① 参见谷昭民:《法律外交》,中国法制出版社2018年版,第45~50页。

(2017)和朱伟东等人所著《中非双边法制合作》(2019);张泽忠的《新时期中非经贸合作机制研究——基于国际经济法的视域》(2013);吴卡、田峰的《中非产能合作国际法律保障机制研究》(2019)等。此外,韩秀丽、胡充寒、刘阳、郭彤荔、赵文杰、乔慧娟等学者在其著述中也就中非经贸关系所涉各领域法律风险防控和争议解决等问题作了研究。这些研究,旨在为我国提供非洲法律尤其是经贸领域法律发展现状的最新资料,并试图为中非经贸关系中的前沿性法律问题提供对策建议。

虽然我国的非洲法研究随着近年来中非各领域合作关系的发展而大有勃兴之势,但总体而言,我国的非洲法研究仍然处于初步探索阶段,还存在几个方面的明显短板:一是非洲法研究机构和人员偏少,成气候的研究团队则更少;二是研究成果偏少且影响力小;三是国内、中外尤其是中非协同研究较少。总之,非洲法研究在我国虽已有二十余年,但在研究团队、研究成果和研究方式等研究基础方面还相当薄弱。相较于非洲在政治、外交与经济等方面对我国的重要性,我国的非洲法研究现状与之极不相称,研究远远不够,尚无能力为非洲国家治国理政和中非各领域合作提供中国法律智慧和法律方案。鉴于此,我国的非洲法研究亟需先夯实基础,并向广度与深度拓展。

三、推进我国非洲法研究的建议

鉴于上述研究现状与短板,本文拟从研究思路与原则、机构与团队建设、研究内容、方式方法和预期目标等方面,为我国非洲法研究的推进提供建议。

(一)研究思路与原则

1. 研究思路。以“当代非洲法律发展”与“新时期中非合作法律问题”两大研究主题为导向,以理论与实践两方面目标为引领,坚持国际化、协同化和交叉性等原则,进一步加强中非协同创新团队建设,采用社会调查、历史分析、比较研究、跨学科等多元研究方法,依循翻译——解读——研究——建议——数据库建设的路径,扎实推进非洲法研究,为中非各领域合作和中非法治经验交流提供既有理论深度又切合时需的意见建议。

2. 主要原则。一是国际化与协同化相支持原则。研究非洲法,既不能闭门造车、自说自话又不能故步自封、妄自尊大,中非双方应以平等开放的心态,组建以中非法学学者为主体、其他领域学者为补充的国际化研究团队,对非洲法开展协同研究。

二是基础性与前沿性相结合原则。聚焦"当代非洲法律发展"与"新时期中非合作法律问题"两大主题,前者主要就非洲国家和国际组织法律的历史沿革、当代发展及其在非洲治国理政中的效能等基础性问题进行研究,后者重点对中非合作尤其是经贸合作中的前沿法律问题进行研究。

三是理论性与应用性相促进原则。与非洲法研究两大主题相对应,在研究方法上应实现理论性与应用性相互促进。就"当代非洲法律发展",需要对非洲法律开展系统化的翻译与研究,因此以理论研究为主;就"新时期中非合作法律问题",需要在翻译与研究非洲法律的基础上,具体对中非关系中的法律问题进行调研与分析,因此以应用研究为主。

四是专业性与交叉性相协调原则。开展非洲法研究,既要重视对非洲法自身的研究,也不能脱离非洲特殊的政治、经济、文化、传统、历史等因素以及中非之间独特的政治、外交、经济等各领域合作关系,因此开展跨学科研究实属必要。

(二)研究机构和团队建设

目前,我国从事非洲法研究的机构和团队还很少,这既对我国非洲法研究成果的数量与质量造成了严重制约,又不利于在国内外开展非洲法的协同研究。鉴于此,中国法学会、最高人民法院等我国法学法律界的最高机构可根据中非合作战略需要,选择有条件的法科院校或涉非科研院所,合作设立非洲法研究机构,组建非洲法研究团队。我国有条件的法科院校或涉非科研院所也可根据实际需要,自行设立非洲法研究机构,打造非洲法研究团队。设立非洲法研究机构可以采用两种形式:一是设立非洲法研究机构;二是设立非洲法查明机构。这两种机构在功能上有所侧重，前者偏向对非洲法的学术研究，后者偏向对非洲法的社会服务。但总体上，任何一个非洲法研究机构，不管其名称如何，都应兼具科学研究和社会服务等功能。

鉴于我国没有专门的非洲法人才培养机制，所以非洲法研究团队的建设，首先可以吸纳国内从事法学研究尤其是国际法研究的人员参加。这是因为，非洲法研究，特别是中非关系中的法律问题研究，大量涉及国际法问题。但是，非洲法研究也必须吸纳国内法研究人员，因为非洲法研究涉及对非洲各国各领域国内法的研究。其次，由于非洲法研究既不能脱离非洲特殊的政治、经济、文化、传统和历史等因素，又需要结合中非之间独特的政治、外交、经济等合作关系，所以非洲法研究还可以吸收上述领域的中外研究人员，这不仅有助于在中外开展非洲法的协同研究，也有利于形成跨学科研究的特色与优势。最后，非洲法研究团队建设，不能没有来自我国涉非实务部门人员的参与。涉非实务部门，如我国驻非使领馆、涉非企业、法院、律师事务所等，是开展非洲法研究的我国自己的“一流人脉”资源，可以为我国非洲法研究提供必要的课题、案例或资料，从而使我国的非洲法研究更接地气、更具实用性。

特别值得一提的是，非洲法研究机构和团队的建设，离不开和非洲机构与人员的合作。在首届中非法学院院长论坛上，尼日利亚大学法学院院长伊费奥玛·艾尼莫(Ifeoma Enemo)教授发言指出，中非法学院校间的交流尚未开展，中非在经济、政治、贸易、金融、文化等领域的合作都需要法律的支持，中非法学院校间的合作有利于促进这些领域的进一步合作。① 鉴于此，当前亟须加强中非法学院校间的交流合作，特别是建立中非法学院校间的师生交流学习机制，不仅支持非洲国家法学院校师生来华访学交流，而且更重要的是，中国法学院校应积极引

---

① 参见《中国法学院院长代表团赴南非开普敦参加“首届中非法学院院长论坛”》，载 http://www.law.ruc.edu.cn/article/? 42772.html，最后访问日期：2020 年 8 月 22 日。

导和支持师生到非洲开展访学、交换、攻读学位等活动。① 在此交流合作基础上,将非洲法学院校及其人员吸收进我国的非洲法研究机构和团队,从而搭建我国非洲法研究在非洲的"一流人脉"资源,进而形成更紧密和有效的合作关系。为加强中非间协同研究,还可与非洲知名高校法学院校合作,在非洲设立非洲法研究机构。②

总之,我国的非洲法研究首先应加强机构建设,在此基础上形成一支由我国法学研究人员为主体、各涉非领域的中非研究人员为重要补充、我国各涉非实务部门人员为基本依托的研究队伍。

(三)研究内容

"当代非洲法律发展"与"新时期中非合作法律问题"是开展非洲法研究的两大主题。前一主题,主要涉及如何提升当代非洲法律在治国理政中的效能问题。也即法律作为"治国理政最大最重要的工具",在非洲国家半个多世纪的治国理政中究竟发挥了怎样的作用?影响和制约非洲国家法律的治国理政效能的历史与现实、国内与国际、主观与客观等方面的原因是什么?中国如何与非洲国家开展法治经验交流互鉴以共同提高治国理政能力和水平?因此,当代非洲法律发展这个主题要解决的是,在非洲这样一个发展中国家最聚集的大陆,法律如何才能成为推进非洲各国主权安全、政局稳定、政府有效、经济发展、社会进步、民族融合和民生改善的基本工具。后一主题,涉及法律如何为中非合作保驾护航问题。也即,既然"国际合作,法律先行"。那么如何让中非各领域合作运行在法治轨道上?美国等第三方介入中非关系,会产生哪些法律问题?应如何解决?因此,这个重要命题要解决的是,中国这个最大的发展中国家和非洲这个发展中国家最聚集的大陆,法律如何成为助推双方互利合作关系行稳致远的利器。

① 参见吴卡、田峰:《中非产能合作国际法律保障机制研究》,社会科学文献出版社2019年版,第73~74页。

② 例如,2019年5月,浙江师范大学法政学院与达累斯萨拉姆大学法学院合作共建的"中非法律研究中心"在达累斯萨拉姆大学孔子学院进行了揭牌仪式。这是目前为止,国内高校与非洲知名大学共建的为数不多的几个法律研究中心之一。

这两个主题中,前一个更多的是基础理论研究,后一个则以应用对策研究为主。“中国非洲研究的前途在于深耕基础理论研究,如果基础理论研究‘立不住’,那么应用对策研究难能‘用得上’。”①据此,中国的非洲法研究,首先应更多重视和开展对前一个主题的研究,才能为后一个主题的研究提供坚实的理论支撑。但从现有非洲法研究实践来看,对前一个主题的研究显然还远远不够。

围绕这两大主题,中国的非洲法研究可具体开展以下工作:

1. 非洲国家法律文本的翻译。这是最基础的工作。根据中非共建“一带一路”和产能合作布局需要,可以首先在非洲各区域选取几个重点国家,就这些国家的贸易、投资、金融、税收、劳工、环保等我国急需领域的法律文本开展区域性、国别性与专题性翻译,在此基础上,翻译这些国家的其他相关法律文本,并逐步将范围扩大到所有非洲国家。须注意的是,这里所指的翻译,并非目前常见的对非洲法律的“走马观花”式的零散粗浅的翻译,而应是旨在产出翻译精准且成体系法律文本的“下马观花”式的翻译。

2. 非洲法律发展与中非法律比较研究。在对非洲法律进行精准和成体系翻译的基础上,可重点开展三方面研究:一是对非洲法律进行历史性研究,考察其产生、发展与规律;二是对非洲法律进行共时性研究,比较研究非洲各国不同的法律制度,分析它们的性质、特点以及相互关系;②三是中非法律的比较研究;通过比较研究中非法律,可发现其差异,对此可提出协调方案,从而构建中非法律协调机制。通过这三个方面的研究,可为中非间开展治国理政法治经验交流和非洲国家法治建设提供意见建议。目前,我国对非洲法律文本的翻译成果已有一些,但关于非洲法律发展和中非法律比较研究的成果还不多,而且这方面的研究属于基础理论研究,因此这方面的研究亟待加强,从而为应用对策研究提供更好的理论支撑。

---

① 张宏明:《中国的非洲研究 70 年述评》,载《中国非洲学刊》2020 年第 1 期。

② 参见张文显主编:《法理学》(第 5 版),高等教育出版社 2018 年版,第 5 页。

3. 中非关系法律问题研究。这主要属于应用对策研究。这方面的研究内容主要有:一是研究中非经贸关系法律问题。这是当前研究的重点。对此,可与我国涉非实务部门尤其是在非中资企业合作,深入非洲"驻马种花",开展实地调研,获取一手资料,并结合非洲国家的法律文本,就非洲国家的经贸投资法律环境进行全面深入的解读与分析,为中企预防和解决经贸投资的法律风险与争议提供意见建议。二是研究中非其他合作领域中的法律问题,如政治、外交、军事、科技、人文等领域。三是对第三方尤其是美国介入中非合作关系所涉法律问题的研究。随着中美在全球竞争的加剧和美国"重返"非洲,非洲将成为中美逐鹿的重要"战场"。美国等第三方介入中非合作关系所产生的法律问题与对策,将是今后我国非洲法研究的一个重要方向。

4. 非洲国际组织法律文本的翻译与研究。这也属于基础理论研究。鉴于非洲国际组织在非洲各领域的作用日益凸显,所以也需要对其相关法律开展研究。首先可选取非洲联盟(African Union,AU)、非洲经济共同体(African Economic Community,AEC)、非洲商法协调组织(L'Organisation pour I'Harmonisation en Afrique du Droit des Affaires,OHADA)等非洲区域性国际组织,其次选取东非共同体(East African Community,EAC)、西非国家经济共同体(Economic Community of West African States,ECOWAS)、南部非洲发展共同体(Southern African Development Community,SADC)等非洲次区域性国际组织,就其相关法律文本进行翻译研究。在此基础上,逐步将范围扩大到非洲所有国际组织。在对非洲国际组织法律文本翻译研究的基础上,可进一步开展应用对策研究,为我国深化与这些组织的合作提供针对性的建议。

5. 非洲国家与地区法律文本的数据库建设。上述非洲国家与地区的法律文本,可以逐步分地区、分国家、分领域、分主题地开展数据库建设,该数据库不仅储存并及时更新法律文本及其译文,而且附以相应介绍或解释。鉴于非洲国家和法律数量众多,且数据库建设需要长期、持续、大量投入,所以这将是一项长期的工作。

(四)研究方式方法

根据非洲法研究的上述原则和内容,我国非洲法研究应采用国际化、协同化、应用性和交叉性等方式方法。一方面,开展非洲法研究,宜采用国际化和协同化方式,即在中外尤其是中非间开展协同研究。对此,可将翻译"一带一路"重点非洲国家的重要法律文本作为起点,由我国涉非机构尤其是驻非使馆和中资企业委托我国法科院校组成中非联合课题组开展协同翻译。另一方面,对非洲法的研究,在方法上应把理论研究与应用研究结合起来,既要"下马观花",对非洲国家和国际组织的法律文本进行精准且成体系的翻译与研究;又要"驻马种花",深入非洲一线进行调研,拿到一手资料,拿出一流成果。为此,可由驻非使馆或中资企业提供必要的协助,并与中非法科院校开展协同研究。为形成我国的非洲法研究特色与优势,在方法上还可融合领域学、区域学、国别学和专题学,并结合非洲独特的政治、经济、文化、传统和历史等开展跨学科研究。

(五)研究目标

非洲法研究的目标有四个方面:一是从"小船出海"到"集群共生",这是研究队伍方面的目标;二是从"个小体弱"到"量多质优",这是研究成果方面的目标;三是从"低端集成"到"智能制造",这是研究创新方面的目标;四是从"本土品牌"到"国际品牌",这是研究影响方面的目标。

具体而言,这四个方面的目标可以投射到学术和实践两个维度上。一方面,在学术上,通过对非洲国家和国际组织的法律文本协同开展分领域、分区域、分国家、分主题的系统化的翻译研究和相应数据库建设,我国的非洲法研究机构与团队得以发展壮大,中外协同研究能力得以提升,我国非洲法研究成果的数量和质量都有了较大幅度的提升,我国非洲法研究的理论基础得以夯实,我国法学界对非洲法律的认知得以拓展。在此基础上,我国的非洲法学术体系得以构建,我国的非洲法学术话语权得以提升,我国的非洲法学术影响得以扩展。另一方面,在实践上,我国对相关非洲国家和地区法律文本的翻译成果与研究成果真实可靠、切合实需,我国对非合作法律信息基本通畅,对非法治化营商环境得以优化;我国企业预防和解决对非经贸投资法律风险与争议的能力得到提升;中非官方与民间尤其是法学院校间的法律交流合作实现常态化,中非间以法治为核心的治国理政经验的交流互鉴得以广泛深入开展。

四、结语

我国的非洲法研究,历经二十余年的发展,随着中非共建“一带一路”以构筑更紧密命运共同体的日益推进,已进入提质增效的新阶段。如今,“非洲学”作为交叉学科已被国家正式确认,这也将为我国的非洲法研究注入新动力、激发新活力。我国法学界尤其是非洲法学界,理应顺势而为,奋发有为,扎实推进非洲法研究,为中非合作和非洲发展提供中国法律智慧与法律方案。

从依附宗主国到本土化：智利法制进路探寻

李　洋*

智利法制进路展现着一幅既同后发型法制国家相似，又极富本国特色的法制现代化画卷。在法制传统、法律渊源以及法学教育等西班牙宗主国阴影下，仍保有其本土化特性。在拉美独立运动的改革浪潮中，智利法制本土化特色得以发扬，并引领风尚。此一法制成长经验，对于理解后发型法制国家的法制发展进路无疑提供了有力的范本，同时亦有助于从中汲取其注重本国特色发展现代化法制的经验。

一、智利法制进路的宗主国原点

与诸多后发型法制国家并无二致，智利法律发展的早期离不开西班牙殖民者的渗透与介入。就法律意义而言，自 1541 年西班牙人瓦尔迪维亚（Pedro de Valdivia）率领的远征队征服智利，建立圣地亚哥城后，便在此基础上建构起市民的代表机构——市政议会（Cabildo），①负责地方的行政管理和参与政府、社区重大事务决策。西班牙国王对殖民地拥有至高无上的统治权，不仅表现在对领土的占有，而且表现在对行政事务的管理，都拥有最高决策权。② 这种最高统治权的设立自有其法律渊源，即 1571 年 9 月西班牙国王菲利普二世颁发之训令，它以法律的形式确立西班牙王室与拉美殖民地之间的关系。随即成立的西印度事务委员会③则是拉美殖民地的实际控制者，将立法、行政与司法大权集

---

* 李洋，南京师范大学法学院副教授。

① 参见王晓燕编著：《智利》，社会科学文献出版社 2004 年版，第 61 页。

② See Luis Galdames, *A History of Chile*, Translated and Edited by Isaac Joslin Cox, The University of North Carolina Press, 1941, pp. 62 – 63.

③ 李春辉：《拉丁美洲史稿》（上卷），商务印书馆 2001 年版，第 74 ~ 76 页。

于一身。然而,由于西印度事务委员会设在西班牙国内,只能凭借驻拉美总督从而间接控制这一殖民地。为避免总督权力失控之风险,殖民者在拉美设立由王室与"印度等地事务委员会"直接指挥的检审庭。检审庭不仅对总督履行监督之职,亦充任殖民地最高司法机构的角色,负责案件的具体审判。在检审庭之外另设商业法庭、教会法庭和军事法庭,负责特殊事务的审理。

具体而言,在西班牙殖民统治时期,智利一直处于1542年设立的利马总督辖区①的管辖范围。直到殖民统治末期,1778年,西班牙政府将智利设置为都督辖区,②由督军统治。然而,在行政区划范围内,智利都督辖区并不隶属于秘鲁总督辖区,只是在重要事项上,总督具有决定权。市政议会在一定程度是当地地方自治体,伴随城市的建构同时产生。其职权主要包括掌管市政日常事务,进行审判以及维持治安、颁行法律或者法令等。在西班牙殖民者的干预下,市政议会的权力在很大程度上受限,其权利亦主要掌握在享有特权地位的少数人手中,排除了多数市民的参与权,因此与现代意义上的民主议会不可同日而语。

(一)法律渊源的宗主国延续

回顾西班牙殖民地时期的法律传统,最主要的便是法律汇编或者法律编纂的理念,因为这一时期主要适用的法律便是同样适用于西班牙母国的法律,包括《七章律》《西班牙法律新编》,以及为了更好地适用法律,在殖民地汇编的《西印度法律汇编》。这种法律编纂的传统得到了继承与发展,这也正是智利独立之后旋即开始制定本国法律的开端与理论源泉。同样具有影响的还有检审庭的设置,以及法官律师团体的传统,此为智利进行相应司法机构设置与法律职业者的培养提供了良好的传统。桑德罗·斯奇巴尼教授对在拉丁美洲生效的法律制度作了详细的论述,他认为:(1)在大学里被研究并在《七章律》中被采用的

① 参见张家哲:《拉丁美洲——从印第安文明到现代化》,中国青年出版社1999年版,第67页。

② 参见李春辉:《拉丁美洲史稿》(上卷),商务印书馆2001年版,第78~79页。

罗马法以及其他的法律;(2)西班牙人为美洲领土制定的印地安人法,尤其涉及公法的领域,且有时因地域之不同而不同;(3)在欧洲人到达之前就居住在美洲大陆上的诸民族的习惯,按卡洛斯五世皇帝的宣告,这些习惯以其不与基督教的原则相冲突为限,应继续适用于上述土著民族。①

详细地说,首先,西班牙占领美洲殖民地后,在西班牙不同时期生效的法律和法规均直接在智利等美洲殖民地生效。这些法律主要有:654 年的《裁判法》(*The Fuero Juzgo of* 654)、《1255 年皇家法典》(*The Fuero Real of* 1255)、《1310 年程式法》(*The Leyes de Estilo of* 1310)、编纂于 1256 ~ 1265 年《七章律》、1505 年颁布的由 83 条法条组成的《托罗法》(*Ley de Toro*)、1544 年开始起草于 1567 年出版的《西班牙法律新编》(*the Nueva Recopilación de Castilla*)、1805 年 12 卷本的《最新西班牙法律汇编》(*the Novísima Recopilación*)。② 此外,尚有特别规定确定,1530 年西班牙的海外殖民地中凡是西印度群岛特别法未调整的所有事项都按照 1505 年《托罗法》确定的顺序使用卡斯提尔法。该法条为菲利普二世批准,菲利普四世也曾在 1681 年《西印度法律汇编》中予以确认。③ 可见,如上法律皆可看作智利处于西班牙殖民地时期的主要法律渊源。

其次,西印度事务委员会成立后,为巩固王室对殖民地的控制,以及对殖民地进行有效管理,该委员会先后颁布一系列特别法令。这些法令受西班牙法影响严重,并且表现出杂乱无章的特点。至 1635 年,殖民地法令已达 40 万条以上。为此,1681 年,西班牙颁布《西印度法律

① 参见[意]桑德罗·斯奇巴尼:《在智利、厄瓜多尔、哥伦比亚生效的安德雷斯·贝略民法典》,徐国栋译,载《法商研究》1999 年第 5 期。

② 参见何勤华、冷霞主编:《拉丁美洲法律发达史》,法律出版社 2010 年版,第 29 ~ 31 页。

③ See Rogelio Perez-Pedomo, *Latin American Lawyers: A Historical Introduction*, Stanford University Press, 2006, p. 16.

汇编》,[①]这部汇编是将前述40余万条法令进行精简后得出的法令汇编,共9卷、218章、6377条。内容涉及:教会管理和教育;印度诸地事务委员会和检审庭;政治和军事管理,发现、殖民和市政府;省政府和下级法院;印第安人;刑法;公共财政;航海和商业等各方面。每一条法律都指出其来源、制定的时代和国王。该汇编还规定,如果针对西印度的特定立法阙如,母国的相关立法在整个殖民地都具有效力。[②]

甚至在拉美独立的初期,亦在一定程度上保留了殖民宗主国的立法传统。可以说,拉美法律近代化是从19世纪初赢得独立后以法典编纂的方式完成的。拉美诸国独立后,为避免出现法律真空,一般都保留了先前西班牙君主颁布的法律,只是排除了与拉丁美洲独立革命引入的新的共和国的价值相冲突的规则。[③]

(二)法律职业与法律教育的西班牙背景

西班牙殖民统治时期,智利文化教育水平比较落后。在宗教信仰方面,随西班牙信奉天主教,在圣地亚哥和康塞普西翁分别设立两个教区。在17世纪以前,每个教区只有一所初级学校,此外还由教会和传教士分别开设了四所神学院。这些学校和学院的教学目标是培养教士,课程内容主要是神学、拉丁文等。至1758年,在圣地亚哥建立圣菲利普大学,[④]这所大学最主要的贡献是设立了教会法系,开设包括法律、哲学、数学、神学以及拉丁文等学科专业,设置了智利最早的完整意义上的法律课程,主要讲授罗马法与教会法课程。[⑤] 1772年又设立圣卡洛斯大学(*Real Colegiode San Carlos*),其法律专业主要讲授国家法和公

---

① 参见李春辉:《拉丁美洲史稿》(上卷),商务印书馆2001年版,第76页。

② See Albert S. Golbert and Yenny Nun, *Latin American Laws and Institutions*, Praeger Publishers, 1982, p. 2.

③ See Matthew Campbell Mirow, *Latin American Law: A History of Private Law and Institutions in Spanish America*, University of Texas Press, 2004, p. 239.

④ 参见李春辉:《拉丁美洲史稿》(上卷),商务印书馆2001年版,第713页。

⑤ See Luis Galdames, *A History of Chile*, Translated and Edited by Isaac Joslin Cox, The University of North Carolina Press, 1941, p. 125.

法课程。[①] 但这种大学的准入门槛很高,无论是在种族方面还是在家庭出身方面都有着严格的限制。当时法学教育面对的群体也主要是高收入上层人群或者贵族等。据统计,当时研习法律的学生中,20%来自军队家庭,20%来自政府官员家庭,10%是议员的子女。[②] 大多数教师们都来自西班牙,所教授的课程主要是教会法以及罗马法(尤其是优士丁尼的《国法大全》)。[③] 由于其高准入门槛以及获得学位的严格要求,仅有不足10人从法律院校毕业,能够继续攻读学位的则更少。[④] 在18世纪,王室法的内容被引入原来的法律课程体系中,被列为罗马法前言部分。但是罗马法与教会法依然是这一时期法学教育的主要内容。在殖民地后期,法律教育的常规模式逐渐建立起来,并且通过各种法令来保证其学习的时间和内容。

理论上的法律教育固然重要,但是这一时期法学教育的突出特点还表现在通过设立实践性学院来提高法律学生的实务性,旨在提高律师们对于法条的运用以及对法院日常工作的熟悉。1779年智利建立了卡罗莱纳皇家法律实践学院(*the Real Academia Carolina de Leyes y Práctica Forense*)以西班牙语取代拉丁文授课,为王室法的重要渊源——《七章律》以及《西班牙法律新编》——提供引介。同时还讲授国外法律实践的著作,如被广泛使用的胡安·巴拉诺斯(Juan de Hevia Bolaños)所著的《菲利普教廷》(*Curia Philipica*)等。[⑤]

---

① See John Herry Merry and David Clark, *Comparative Law: Western European and Latin American Legal System* (*Case and Material*), The Bobbs—Merri Company, Inc. Publisher, 1968, p. 485.

② See Rogelio Perez-Pedomo, *Latin American Lawyers: A Historical Introduction*, Stanford University Press, 2006, p. 25.

③ See Rogelio Perez-Pedomo, *Latin American Lawyers: A Historical Introduction*, Stanford University Press, 2006, p. 26.

④ See Matthew Campbell Mirow, *Latin American Law: A History of Private Law and Institutions in Spanish America*, University of Texas Press, 2004, p. 35.

⑤ See Matthew Campbell Mirow, *Latin American Law: A History of Private Law and Institutions in Spanish America*, University of Texas Press, 2004, p. 37.

殖民统治时期的法律职业主要是法官。由于法律教育的昂贵与颇费周折,实际上能成功入学与毕业的少之又少,成为律师的自然更是凤毛麟角,而这也主要集中于西班牙殖民者的本国民众。另外,应当注意的是,检审庭的法官们自然是受到了良好的法律教育。他们最早是来自西班牙,这在殖民早期占有相当的比例。据调查,在18世纪上半叶之前的693名法官中,有60%以上来自于西班牙。①

二、智利法制进路的本土化尝试

智利法制化的特点凸显在借鉴外来法制时,选择适用于本国国情的原则、规则与制度,而不是对于先进法制一味盲目遵从与引进。早在殖民统治时期,在西班牙统治下的智利殖民地便发展出自己特有的法律渊源,秘鲁总督唐·弗朗西斯·托莱多(Ton Francisco de Toledo)被赋予发布统治令的权力,编订了以他名字命名的法令——《托莱多法令》(*Ordenanzasde de Toledo*),主要内容包括土地使用期限、印第安人地位、司法程序等。这也使得托莱多被誉为"秘鲁梭伦"。②

除却殖民统治时期观念的渗入之外,智利法制发展过程中积极吸取国外先进经验为己所用,因此其拥有极为强大的机构支持民主统治以及法治的确立,它被称为最能采用并接受法律改革的国家。自1810年始智利便涉入法律移植的道路,其法律的制定以及法律文化大部分源于大陆法系的法律传统。不惟西班牙,更有法国、意大利、德国甚至英国法律传统的影响,③其突出反映在其各部门法典特别是民商事立法的编纂明显带有欧洲法典化编纂体制的影子。

同时,智利独立后,为改变法律适用上的不确定性以及适用范围的

① See Rogelio Perez-Pedomo, *Latin American Lawyers: A Historical Introduction*, Stanford University Press, 2006, p. 21.

② See Matthew Campbell Mirow, *Latin American Law: A History of Private Law and Institutions in Spanish America*, University of Texas Press, 2004, p. 22.

③ See James M. Cooper, "Competing Legal Cultures and Legal Reform: The Battle of Chile", *Michigan Journal of International Law*, 29, 2008, p. 521.

广泛性与现实的不贴切,开始着手于制定新的民法规范。而通过制定新的法制,在某种意义上意味着摆脱了殖民者统治时期的限制与约束,从而实现自身意义上的真正独立。于是这一时期的拉美国家通常都会对原有民法规范进行一定程度的摒弃,或者对原有法典进行根本的修订,或者取而代之以新的法典。这方面智利走在了拉美国家的前列。这一点突出表现在制定《智利民法典》之时,安德雷斯·贝略(Andres Bello)总结《法国民法典》以及欧洲其他国家民法典的优劣,进行比较分析,并结合当时流行于世的包括萨维尼以及边沁的学术主张,参酌法国民法典的结构并进行适时调整,使其更加适用于智利国情的需要。可以说,智利民法典成功将欧洲法典尤其是 1804 年《法国民法典》、中世纪西班牙法典《七章律》以及罗马法融入一部法典之中,使得智利民法典取得极大的进步。智利民法典中杂糅了萨维尼、边沁的学术成果,更是兼容了欧洲法典的成果,包括《法国民法典》以及批评建议。① 在一定意义上说,1857 年 1 月 1 日开始实施的《智利民法典》主要是受到《法国民法典》、《荷兰法典》以及《路易斯安那州法典》的影响,当然其最主要的基干仍是在那一时期享誉盛名的《法国民法典》。甚至可以说,贝略适用《法国民法典》可被理解为将法国法完美地应用于智利法律与历史环境中。②

1855 年制定的《智利民法典》的体系与结构为:

序编:包括法律、法律的颁布、法律的效力、法律的解释、法律各种常用词的定义、法律的废除,共计 53 条;

第一编　人:包括人格法、家庭法、监护法;

第二编　财产及其所有、占有、使用和收益:包括财产分类(有体物和无体物)、所有权和他物权(用益权、使用权、居住权、役权)、占有;

---

① See Matthew Campbell Mirow, *Latin American Law: A History of Private Law and Institutions in Spanish America*, University of Texas Press, 2004, pp. 137 – 138.

② See M. C. Mirow, "Borrowing Private Law in Latin America Andrés Bello's Use of the Code Napoléon in Drafting the Chilean Civil Code", *Louisiana Law Review*, 61, 2001, p. 292.

第三编　取得财产的方法:包括法定继承与遗嘱继承等;

第四编　债的通则及各类合同:包括债(契约之债、非合意之债,质押、优先权和抵押权)、婚姻财产协议和夫妻合伙制、时效(消灭时效、取得实效);

最后为终篇,以一条文规定本法典的遵守。

法典共计2525条。

由此可见,《智利民法典》的体系与结构在很大程度上受罗马法特别是《法学阶梯》的影响,与享誉于世的《法国民法典》相比,《智利民法典》更多地继承了罗马法的传统。① 例如,其舍弃了《法国民法典》三编制的体系,而是根据罗马法和共同法上做出的对权利与取得权利的方式的区分。这样的区分尤其对自然人生前的转让行为具有意义,它使得买卖、赠与、给付等不具有物权或者取得的效力(而法国民法典则承认这样的效力),要实现取得,则还需要加上具有取得效力的交付行为。这样,类似于《法国民法典》第三编"取得所有权的各种方法"就不再出现于智利民法典中。关于真正意义上的取得方法规定在民法典第二编"财产及其所有、占有、使用和收益"之中。作为例外,由于继承涉及的问题很多,它自己也构成了独立的第三编,被称作"死因继承和生前赠与"。最后的第四编则完全是用来规定"债的一般规定及各类合同"。②

作为罗马法学家的贝略,他不拘泥于罗马法,因此没有让他的民法典成为一个守旧的产物,他特别注意到民法典中关于"所有权"法律问题的详细规范。在某种意义上说,《智利民法典》以《法国民法典》为基础,又填补了《法国民法典》关于先占、添附、交付、占有、代位继承之类等规定的许多空缺。值得称道的是,该法典采用了从其产生时代的角度来看极为独特和崭新的思想,在第一编人法中就首次以专题规定了法人,承认了利他契约并且详细规定了《法国民法典》尚闻所未闻的"信

① 参见[意]桑德罗·斯契巴尼:《在智利、厄瓜多尔、哥伦比亚生效的安德雷斯·贝略民法典》,徐国栋译,载《法商研究》1999年第5期。

② [智利]古兹曼:《关于智利民法典重新编纂的一些思考》,薛军译,载《中外法学》2004年第6期。

托所有权”(fiduziarischs Eigentum)。[①] 后来《智利民法典》得到法学家持续的阐述、研究和修改,并且带到其他国家,影响了整个美洲。

而智利对于矿产资源方面法规的规定,更是基于其国内拥有世界上领先的铜矿资源而设立的。由于智利拥有全球铜矿储备总量的1/3,所以历届政府对于铜矿的立法都是极为重视。1965年议会通过基督教民主党政府提出的“铜矿智利化”法案,主导思想是通过美国资本控制的铜矿公司股份,及建立合资公司的途径取得这些公司的部分所有权和经营权。[②] 1970年上台的智利社会党领袖阿连德执政后继续进一步推进铜矿国有化政策,得到举国上下一致支持,此举也被赞誉为阿连德政府“不朽的成就之一”。[③] 智利一直致力于狂野立法实践。据智利《战略报》2010年10月14日报道,经过数月的讨论和修改,智利新矿业税法终于获得议会通过,即将颁布正式生效。新法主要内容是从2018年起提高大型矿业企业矿业特别税(royalty)税率5% ~14%,根据企业规模浮动;2010 ~2012年为过渡期,税率为4% ~9%;作为补偿,已经与智利政府签署过合同并选择适用新税制的公司固定税率期限延长6年(2018 ~2023年);创立委员会研究智利外商投资法DL600号法令的修订问题;创建长期性质的地区投资和改革基金。[④]

三、智利法制进路中的现代化因素

智利法律的近现代发展中很重要的部分便是其紧随时代发展的步伐,无论是基础的法学教育还是各部门法的发展都融入了现代法的基

① 参见[德]茨威格特、[德]克茨:《比较法总论》,潘汉典等译,法律出版社2003年版,第175页。

② See Jose del pozo, Historia de America Latina y del Caribe, 1825 ~2001, p. 207. 转引自林被甸、董经胜:《拉丁美洲史》,人民出版社2010年版,第365页。

③ [英]莱斯利·贝瑟尔主编:《剑桥拉丁美洲史》(第8卷),中国社会科学院拉丁美洲研究所译,当代世界出版社1998年版,第249页。

④ 参见《智利新矿业税法案获议会通过》,载 http://cl. mofcom. gov. cn/aarticle/ddfg/tzzhch/201010/20101007189679. html,最后访问日期:2021年3月8日。

本精神或是观念原则,使其更与世界现代法治的基本潮流接轨。

(一)法学教育的现代化转型

独立带来的新改变不仅仅表现在国家社会、政治以及经济方面,同样体现在法学教育方面。人权平等观念的普及使得法学教育作为精英教育的藩篱被打破,越来越多中下阶层的学生同样有机会进入法学院深造。而与此同时,随着法典编纂的逐渐盛行,保守的传统法学教育面临着来自自由主义以及法律科学的新挑战。首先带来的是关于法律课程的挑战。虽然法学教师依然教授与殖民时期相同的罗马法与教会法,但是这一时期的法律课程却并不限于此。其次,学校对于种族以及家庭收入的限制逐渐消失,这就为法学教育的普及提供了更为宽广的条件。值得注意的是,天主教会势力锐减,虽然智利天主教大学等新的教会大学在这一时期成立,但是由于国立和省立大学被给予授予学位的权力,因此教会对于教育的垄断地位被打破,原本显赫一时的圣菲利普大学最终并入智利国家研究机构。①

同时,这一时期法学教育的设置倾向于学生走上政府领导人的角色而不再是简单而专一的法律实践。② 由此可见,这一时期的法学教育与国家政治有着很大程度的关联。

20世纪60年代以来在美国盛行的法律诊所教育逐渐风靡全球,自然也在拉美国家掀起了此种浪潮。表现在智利便是在20世纪60年代晚期以及70年代初期,智利诊所式法律教育开始生机蓬勃。③ 1971年智利大学在斯坦福大学以及福特基金的资助下通过国际性法律中心协助智利法律项目的建设,揭开了诊所法律教育蓬勃发展的序幕。正式的法律诊所项目即开始于之前的协助,即在智利取名为"司法诊断"的

---

① See Rogelio Perez-Pedomo, *Latin American Lawyers: A Historical Introduction*, Stanford University Press, 2006, p. 74.

② See Matthew Campbell Mirow, *Latin American Law: A History of Private Law and Institutions in Spanish America*, University of Texas Press, 2004, p. 119.

③ See Richard J. Wilson, "Three Law School Clinics in Chile, 1970 – 2000: Innovation, Resistance and Conformity in the Global South", *Clinical Law Review*, 8, 2002, p. 516.

课程设置。这些课程注重理论联系实践,而不是一味的教条主义式书本知识的灌输。这一项目在2000年之后得到进一步的发展。① 在法律诊所中,学生在老师的带领下学习实践知识,从事法律具体事务工作。可以说,这一时期法学教育的重点便在这种法律实践中。1999年7月法学院成立了计划与项目委员会,对法学院课程内容、方法进行总结,提出推进法律教育改革深入完整与全面的方针。从法学教育的实际效果看,这一时期的法律实践确实可称得上是居功至伟。同时,在威廉与弗洛拉休斯特基金会(William and Flora Hewlett Foundation)的支持下,智利天主教大学与加利福尼亚法学院西校、阿尔贝托·赫塔多大学(Universidad Alberto Hurtado)、圣迭戈州立大学(San Diego State University)建立合作关系,联合培养学生,同时还为本土法以及替代性纠纷解决机制(Alternative Dispute Resolution, ADR)的研究提供奖学金。

在法学教育方面,智利也受到德国的影响。海德堡大学在智利首都圣地亚哥附近的普罗维登斯市(Providence)开设教育机构,称之为"海德堡拉美研究中心"(Heidelberg Center for Latin American)。项目包括国际法专业(偏重于投资、贸易以及仲裁等方向)法学硕士教育(Master of Law, LLM)、与智利大学国际法研究院以及马克斯普朗克比较公法及国际法研究所(Max Planck Institute for Comparative Public Law and International Law, MPIL)联合培养计划。② 与此同时,前往智利开展学术交流的德国法学教授数量增多,例如,卡伊·安博思(Kai Ambos)教授经常作为访问学者前往智利,并成为《智利刑法学集刊》(*Collecion de Derecho Penal*)杂志的主编。此外,德国刑法学教授克劳斯·罗克辛(Claus Roxin)的著作被圣地亚哥上诉法院引用作为申请禁

---

① See Richard J. Wilson, "Three Law School Clinics in Chile, 1970 - 2000: Innovation, Resistance and Conformity in the Global South", *Clinical Law Review*, 8, 2002, pp. 535 - 555.

② See James M. Cooper, "Competing Legal Cultures and Legal Reform: The Battle of Chile", *Michigan Journal of International Law*, 29, 2008, p. 536.

止令。[①] 近年来,德国知识分子及著述在智利广受欢迎成为德国法律文化影响的一个重要方面,而这为智利法学教育、法学研究的兴盛提供诸多契机。

智利独立后,律师业很大程度上得以发展。与法科学生一样,律师职业也突破了种族、身份、地位上的种种限制,无论是从人数还是规模上都有了长足的发展。在智利独立后,律师人数由1854年的282人增长到1885年的941人[②]便是明证。值得注意的是,虽然有一定程度的增长,但是与总人口相比,律师人数占比仍较小,并且他们一般聚集在首都等大城市。这一时期的律师虽然较之殖民统治时期有了进步,但是不可否认的是律师阶层仍是以大地产抑或达官显贵的精英阶层为主,他们往往身兼两从,一方面作为国家上层社会的代表;另一方面又代表着普通民众的意愿。这一时期的律师多数成为国会议员,对于独立后智利法律的发展具有推动作用。例如,《智利商法典》的草创者奥坎普,他毕业于圣菲利普大学并获得国家律师头衔,[③]后来成为国家宪法委员会成员,更是主导起草了颇具影响的1867年商法典。

进入20世纪后,随着法学教育的进一步完善以及对于法律实践的推崇,智利律师获得了较为快速的发展。诚如瓦尔德斯所言,律师人数的增长当然归咎于近些年来新型大学的创建。[④] 在法学教育的发展下,智利律师人数由1950年的1475人增长到2000年的11,400

① See James M. Cooper, "Competing Legal Cultures and Legal Reform: The Battle of Chile", *Michigan Journal of International Law*, 29, 2008, p. 536.

② See Rogelio Perez-Pedomo, *Latin American Lawyers: A Historical Introduction*, Stanford University Press, 2006, p. 86.

③ See Matthew Campbell Mirow, *Latin American Law: A History of Private Law and Institutions in Spanish America*, University of Texas Press, 2004, p. 158.

④ See Antonio Bascunan Valdes, "Legal Education in Chile", *South Texas Law Review*, 43, 2002, p. 684.

人,[①]50 年翻了 7 倍,这一发展趋势颇为可喜。而这一时期律师的主要经营场所仍然集中在大中城市,他们往往通过设立律师事务所以及大型法律咨询公司执业。同时,有 9000 名至 12,000 名律师加入智利律师联合会这一组织,[②]从而实现对律师的有效管理。智利的律师往往分化为刑事与民事执业律师,分别处理不同性质的案件。并且由于经济的发展,大量公益诉讼成为这一时期律师的主要任务。此外,针对贫困人群的诉讼,由律师、政府官员以及社会人士倡导并由政府通过法律援助计划(Programma de Asistencia Juridica),[③]带来了良好的社会效果。

(二)部门法律的现代化转型

智利部门法的现代化转型,突出表现在宪法部分,通过宪法新文本,对 1980 年宪法作了 58 处实质性修改,在很大程度上消除了旧宪法文本中有悖于民主的规定,这是智利对完善本国民主制度所作出的重大改革和历史性步骤。新宪法规定:共和国总统任期将由 6 年减至 4 年,取消议会中终身参议员和指定参议员的设置,规定所有参议员将与众议员一样均由民主选举产生,从而否定 1980 年宪法赋予总统任命参议员的职权。[④] 此外,修改后的宪法将赋予共和国总统对军队和警察拥有绝对的领导权和指挥权,规定总统有权撤换武装部队各军种和警察部队的总司令,改变过去宪法中关于这些职务不可罢免的限制。

而智利的司法改革起步于 1997 年,在此影响下智利制定了新的

① See Rogelio Perez-Pedomo, *Latin American Lawyers: A Historical Introduction*, Stanford University Press, 2006, p. 114.

② See Richard J. Wilson, "Three Law School Clinics in Chile, 1970 – 2000: Innovation, Resistance and Conformity in the Global South", *Clinical Law Review*, 8, 2002, p. 523.

③ See Richard J. Wilson, "Three Law School Clinics in Chile, 1970 – 2000: Innovation, Resistance and Conformity in the Global South", *Clinical Law Review*, 8, 2002, p. 529.

④ See Claudio A. Fuentes, "A Matter of the Few: Dynamics of Constitutional Change in Chile, 1990 – 2010", *Texas Law Review*, 89, 2011, pp. 1749 – 1755.

《刑事诉讼法典》,该法典的制定成为智利历史上最重要的法律改革。具体说来,现行智利《刑事诉讼法典》[①]于2000年8月8日通过,规定从2000年12月16日开始陆续适用于科金博、阿劳卡尼亚地区、安托法加斯塔、阿塔卡马、马乌莱地区、圣地亚哥,并最晚于2003年10月之前在全国适用。2005年6月,刑事诉讼程序改革在圣地亚哥达到顶峰。[②] 这是智利刑事诉讼法发展中影响最为深远的一场变革,改革在司法管理中加入了人权因素,并日益同国际标准接轨。改革的目的是使智利的刑事诉讼符合十多年来智利在经济、社会和文化发展方面取得的成就。新《刑事诉讼法典》的核心是将纠问制改为控告制,刑事案件的不同阶段由不同的机构负责,以确保法官能够公正执法,案件调查能够快速、透明。此外,新的刑事诉讼程序还缩短了审理期限,案件的处理一般不超过几个月,而旧的程序中,动辄就长达三年甚至更长。法典规定对抗制诉讼完全取代纠问制控诉制度,这一改革在2000年开始的改革中初露端倪。[③] 这也就使其与美国、德国现行的刑事诉讼法类似,并且在基本诉讼原则方面更改了大量不适于现行时代的原则制度,而代之以控诉方为自治机关负责(检察署),由合议庭作出终审判决以及公开审判原则等基本理念。

---

① 该法典分为8编共有485条,主要包括第1编　刑事诉讼基本原则:包括无罪推定原则、法官独立原则、保护受害者、雇用律师辩护原则;第2编　程序活动,包括对时限等明确规定、移交案件、发放传票等具体诉讼准备程序;第3编　刑事诉讼:包括起诉、附带民事诉讼等诉讼双方,法院、检控、警察辅助司法;第4编　被告雇用律师,发回重审审理程序、书证物证的鉴定与死亡鉴定等;第5编　起诉书、上诉、行政申诉等;第6编　特别程序及实施以及简易程序;第7编　宪法豁免权、投诉、引渡及保护措施;第8编　执行程序等。参见《智利刑事诉讼法典》,载 http://wings. buffalo. edu/law/bclc/chile. html,最后访问日期:2012年3月9日。

② See Rafael Blanco, Richard Hutt, Hugo Rojas, "Reform to the Criminal Justice System in Chile: Evaluation and Challenges", *Loyola University Chicago International Law Review*, 2, 2004 – 2005, p. 254.

③ See Rafael Blanco, Richard Hutt, Hugo Rojas, "Reform to the Criminal Justice System in Chile: Evaluation and Challenges", *Loyola University Chicago International Law Review*, 2, 2004 – 2005, p. 255.

四、智利法制进路的地域性贡献

如前所述,或许在拉美影响最大的民法典便是1855年《智利民法典》,在其准备并为智利采用之后很快成为拉美地区其他国家民法的渊源。它被萨尔瓦多、厄瓜多尔、委内瑞拉、尼加拉瓜、哥伦比亚和洪都拉斯等国采用。它也成为乌拉圭、墨西哥、危地马拉、哥斯达黎加以及巴拉圭等国重要的法律渊源并产生了深远的影响。在厄瓜多尔,修订法律委员会在前期勤奋工作而不得要领,直到1855年《智利民法典》颁布之后,他们只是进行些微改动便很快适用于全国。同样的,委内瑞拉1862年朱利安·维素(Julián Viso)民法草案也是在《智利民法典》的基础之上创制而成的。[①] 在此意义上,《智利民法典》不仅仅在智利取得成功,更是享誉整个拉丁美洲。[②]

《智利商法典》的草拟者——奥坎普的价值正如美国19世纪的卡尔·卢埃林之于《统一商法典》的贡献。奥坎普起草法典颇费周折,前后共用13年之久,前8年准备初稿,后5年修改这一草稿,使得商法典最后于1865年颁布并于1867年正式生效。该法典与同时代的其他商法典在结构上有相似之处。法典分为4卷,共计1324条。第1卷主要包括商人及其组织,第2卷包括商事合同及其权利义务关系,第3卷为海商法部分,第4卷为破产法内容。《智利商法典》对于当时正在制定中的阿根廷与哥伦比亚的商法典产生了影响,并对拉美其他国家如厄瓜多尔、危地马拉、洪都拉斯、尼加拉瓜以及委内瑞拉的商法典的制定产生了深远的影响。[③]

---

① See Matthew Campbell Mirow, *Latin American Law: A History of Private Law and Institutions in Spanish America*, University of Texas Press, 2004, p. 158.

② See M. C. Mirow, "Borrowing Private Law in Latin America Andrés Bello's Use of the Code Napoléon in Drafting the Chilean Civil Code", *Louisiana Law Review*, 61, 2001, p. 291.

③ See Matthew Campbell Mirow, *Latin American Law: A History of Private Law and Institutions in Spanish America*, University of Texas Press, 2004, pp. 158 – 159.

正是因为本身在制定上的精益求精,将各种因素尽量考虑周详,使得其从体系上及内容上均领先于那个时代的其他法典,进而在拉美地区产生深远的影响,其影响力显然已经远非其原宗主国西班牙所能企及。

此外,智利自 1980 年养老金制度改革以来,其推行的养老金保障制度得到众多国家的认可与肯定。2008 年智利养老金的改革[①]本着尽力消除贫富差距为目标,在体制上进一步完善和更加适应时代发展的要求之后,其养老金制度对拉美国家抑或是其他国家的社会保障制度的完善都有着启示。

① 智利新的养老金法(第 20225 号法令)于 2008 年 1 月 16 日最终通过。改革法令由巴切莱特总统于 2008 年 3 月 11 日签署,2008 年 3 月 17 日发布于智利官方期刊。参见孙树菡、闫蕊:《2008 年金融危机下智利养老金三支柱改革——政府责任的回归》,载《兰州学刊》2010 年第 1 期。

专题论文

全球视野下审判权运行的基本原则

季金华*

[**摘要**]司法过程是审判权和诉讼权利互动的过程,也是确认法律事实、寻找法律规则的过程,还是法院发挥司法功能的过程。因此,现代法治国家都必须确立审判权的运行原则,法院只有坚持公正原则、独立原则、平等原则、理性原则,才能有效发挥解决纠纷、救济权利、推动法律发展的司法功能,才能有效建立和巩固自己的宪法地位,进而在社会生活中建立司法公信力、形成司法权威。

[**关键词**]全球视野　审判权　运行　原则

司法是法院运用国家法律处理诉讼案件或非诉讼案件的活动。司法权的本质是判断权威和裁决权威,法院应该依法独立行使审判权,对案件作出公正的裁判。① 司法过程是审判权力和诉讼权利互动的过程,也是解释法律、建构法律事实和确立审判规则的过程。在司法活动中,法院被视为司法机关的核心,监察委员会、检察机关、公安机关被视为配合法院行使审判权的辅助机关。宪法不仅对司法审判权的行使作了程序上的专门规定,而且在具体的程序原则上也有独特的要求。各国宪法明确规定了法院行使审判权必须遵循的基本原则,这些原则主要包括审判权运行的公正原则、独立原则、平等原则、理性原则。司法文明的历史表明,法院必须依据一定的程序原则行使审判权,才能充分发挥解决纠纷、救济权利、推动法律和权利发展的司法功能,进而有效地建立和巩固自己的宪法地位和法律地位。

---

* 季金华,南京师范大学教授、中国法治现代化研究院研究员、博士生导师。

① 参见孙笑侠:《司法权的本质是判断权——司法权与行政权的十大区别》,载《法学》1998 年第 8 期。

一、公正原则

公正裁决是司法行为的基本准则,是审判权运行的最高价值追求和终极目标。公正司法是法律实施的重要机制,早在希腊时代,程序公正理念在审判权的运行活动中就占有极其重要的地位。柏拉图主张,主持诉讼的官员应当给予双方当事人同等的辩护权利,“只要求当事人表达自己合法的要求,同时也听取另一方的陈述,并保持审判的规矩”。①

审判权运行的公正原则包含实体公正原则和程序公正原则。实体性公正追寻审判权运行结果的公正,如果能够保证每一个案件在审理中都能够获得实体性的公正裁决,很大程度上就实现了司法公正。由于绝对事实的不可还原性,司法审判过程中的所谓事实都是当事人和法官通过司法沟通重新构建的法律事实,企图在客观事实的基础上获得实体性的公正裁决也只能是一种司法幻想。然而,我们能够尽可能地保证每一个案件都能够得到程序性的公正审判,通过程序性的公正审判来促进实体性的公正审判是理性选择的结果。程序规则是保证实体规则正确适用的前提和基础,如果能够保证审判权严格依据程序规则和原则确定的方式、路径和机制运行,就能够最大限度地保证法律事实的建构、法律规定的解释符合实体性公正的要求。因此,司法活动的程序公正原则,不仅是当事人实体利益得到司法公正评价的需求,也是司法本质和司法规律的内在要求。世界各国都十分重视司法程序的建构,把诉讼程序运行准则上升到宪法原则的高度。美国宪法中的权利法案规定了涉及刑事诉讼的程序原则,意大利宪法规定了控诉、申诉、上诉、辩护等权利及一事不再理、无罪推定等原则,②均试图通过宪法程序方面的规定实现司法公正的价值目标。

因此,程序公正原则意味着当事人要在司法程序中获得公平的对

① [古希腊]柏拉图:《法律篇》,张智仁、何勤华译,上海人民出版社2001年版,第400页。

② 参见李步云主编:《宪法比较研究》,法律出版社1998年版,第893页。

待,当事人能够充分地行使陈述、质证、辩护等一系列程序权利,法院应该在司法程序约束下作出法律事实建构和裁决方面的司法决定。从根本意义上讲,司法是实现个别的正义的法律活动,立法是实现普遍正义的法律活动。实体性公正应该是司法活动的终极目标,但这种个别正义必须通过普遍正义的司法程序来实现,并且要通过无数个司法的个别正义实现立法规定的普遍正义。众所周知,司法程序所能实现的实体性公正是有限度的。司法程序规定了严格的期限、途径、行为次序和环节,案件事实的发现和认定必须遵循这些程序性要求,不能为了追求案件事实的绝对真实而突破程序性要求。因此,在实体性公正与司法程序规定相冲突时,法官应该优先选择遵守司法程序规定的要求,以牺牲个案的绝对真实为代价,在司法程序确定的普遍价值共识的基础上和当事人之间在程序平等的前提下谋求司法结果的公正。现代立宪民主国家司法权的运行过程具有双向交涉性,法官在当事人的对话、抗辩的基础上对争议作出独立、公正的裁决。在美国学者科尔(Cole)看来,程序公正实质是国家法律的正当过程,基于刑事诉讼程序中原告与被告的对抗性要求,必须确保刑事案件的被告人享有一定的被保护的权利,并按照同样的程序对他们进行侦查讯问。政府当局只有遵守了这些程序要求,保护了被告人的权力,才可以采取侦查、控告和审判被告人的行动。① 在双方尤其是被告一方的权利得到充分保障的前提下,法官予以裁决。司法权的运行就必须符合程序公正原则的宪法要求。许多国家宪法规定,不得因出身、信仰、性别、种族等因素的差异在司法程序上对诉讼当事人进行差别对待。至于能否在司法实践中确实坚持程序公正原则,则要视各国的历史传统、政治现实、法治环境等诸种因素而定。

英美法系国家通过正当程序原则来保障司法程序的公正性,利用正当程序原则实现对审判权运行的程序控制。正当程序原则源于自然正义理念,可以追溯到1215年《大宪章》。《大宪章》第39条规定:"凡

① 参见[美]乔治·F.科尔:《美国刑事案件中被告的权利》,刘赓书译,载《法学译丛》1980年第1期。

自由民,除经贵族的合法裁判或根据国家的法律以外,不受逮捕、监禁、没收财产、剥夺、放逐或用任何别的方式加以摧毁。"1791年通过的《美国宪法第五条修正案》规定:"任何人不得因同一罪行为而两次遭受生命或身体的危害;不得在任何刑事案件中被迫自证其罪;不经正当法律程序,不得被剥夺生命、自由或财产。"1868年通过的《美国宪法第十四条修正案》规定:"凡在合众国出生或归化合众国并受其管辖的人,均为合众国的和其居住州的公民。任何一州,都不得制定或实施限制合众国公民的特权或豁免权的任何法律;不经正当法律程序,不得剥夺任何人的生命、自由或财产;对于在其管辖下的任何人,亦不得拒绝给予平等法律保护。"正当法律程序作为概括性、弹性条款,起统率、补充司法程序的作用。

司法程序的公正需要通过法院系统内部的监督和制约来实现。我国《宪法》第132条第2款规定:"最高人民法院监督地方各级人民法院和专门人民法院的审判工作,上级人民法院监督下级人民法院的审判工作。"这表明上下级人民法院之间的关系并不是行政意义上的领导关系,而是业务上的监督关系。上级人民法院虽然不能直接指挥命令下级人民法院如何进行审判,但能够对下级人民法院认定的事实和适用的法律进行审查监督。这种监督主要体现在上级人民法院按照二审程序、审判监督程序及死刑复核程序对下级人民法院具体审理案件的监督,从而纠正错误的判决和裁定。这种司法内部的监督体制是为了在保障各级人民法院能够依法独立进行审判的前提下,确保法院所作出的最终判决符合结果公正的价值理念。

程序公正的实现不仅需要法院和法官的主观努力,而且需要借助于司法程序外部的监督力量。正义不仅要实现,而且要以人们看得见的方式实现。正是公开、透明的程序使正义不再仅仅是理想,而变成了现实的法治原则。[①] 因此,要坚持公开审判原则,把审判活动直接置于

① 参见[荷]马尔赛文、[荷]唐:《成文宪法的比较研究》,陈云生译,华夏出版社1987年版,第133页。

人民群众的监督之下,让公众了解和掌握审判权运行的状态。我国《法院组织法》规定:“人民法院应当接受人民群众监督,保障人民群众对人民法院工作依法享有知情权、参与权和监督权。”程序公开是要求法庭对案件的审理和判决应该对社会和媒体公开,不搞秘密审判。程序公开还要求将当事人之间的交涉过程或意思沟通过程均公之于众,接受社会广泛监督。程序公开强化了宪法程序的自治功能,是程序公正价值的保障。诚然,程序公正还体现在审判权的独立运行、审判秩序的维护、当事人的平等保护和裁判的民意基础等方面。

二、独立原则

司法权运行的独立原则意味着法院具有独立于立法机关、行政机关和其他机关的宪法地位,司法权只能由宪法和法律规定的法院和法官独立行使,法官在审判案件的过程中只服从宪法和法律,不受任何国家机关、社会组织和个人的干涉。因此,司法权运行的独立原则事实上是通过司法权运行的外部独立和内部独立来实现的。程序独立的观念发轫于古希腊时代,柏拉图认为:“基于当事人自己为他们的私人案件而作出的共同选择而被指定的法庭应该具有绝对的权威。”①为了当事人的利益应组成人力所能够召集的最廉洁的法庭,以期保证法官作出的判决不被外来压力所破坏。

(一)外部独立原则

审判权运行的外部独立表现为法官不受何外来的影响和干涉,根据自己对案件事实的判断和对相关法律规定的理解独立地作出裁判。我国《宪法》第 131 条规定:“人民法院依照法律规定独立行使审判权,不受行政机关、社会团体和个人的干涉。”

人的本性决定了任何权力的结合都可能产生专制的力量,依法独立行使审判权才可能产生公正的裁判结果。人类的司法制度进化历史

---

① [古希腊]柏拉图:《法律篇》,张智仁、何勤华译,上海人民出版社 2001 年版,第 180 页。

表明,司法权最早实现了与立法权的分离,其后在很长的一段时期内一直是与行政权结合在一起的。在中世纪晚期城市共和国市场经济的发展过程中,公共领域与私人领域在城市经济和政治生活中获得实现,城市商人法庭最早获得了依法独立行使审判权的权力。在绝对主义国家兴起过程中,市场逐渐打破城市共同体之间的樊篱,成为推动大型民族国家公共领域与私人领域分离的强大力量,逐步实现了政治国家与市民社会的分离。在此基础上,代议制民主取代了君主专制,司法权也从行政权中分离出来,法院才具有独立的宪法地位,也逐渐摆脱了立法机关和行政机关对司法活动的干涉,为审判权运行的外部独立提供了制度保障。国家权力配置进入了理性化的轨道,立法程序成为人民意志的凝聚和表达机制,行政程序成为人民意志的执行机制,司法程序成为人民意志的发现和确认机制。各国宪法一般都规定审判权由法院独立行使,其他国家机关、组织和个人都不能行使审判权力,政府和社会组织不得在宪法和法律规定之外另设其他审判机关,行政机关只能设置不具有终审权的行政裁判所。根据《德国基本法》第92条的规定,司法权赋予法官,由联邦宪法法院、基本法规定的联邦法院和各州法院行使;第101条规定不得设置非常法院,专门领域的法院只能由立法设置,任何人只受合法法官的审判管辖。《日本宪法》第76条第1款明确规定,所有的司法权属于最高法院及由法律规定设置的下级法院;第2款规定,不得设置特别法院,行政机关不得施行作为终审的审判。① 拥有专属审判权的法院只要在宪法和法律规定的司法程序中正确适用实体法律规则,就能有效地解决当事人之间的纠纷,给受害人提供有力的救济,为社会交往提供稳定的秩序环境。因此,法院独立行使审判权不仅是法治国家的重要标志,而且是维护人民民主、保障社会主体自由和权利、实现社会正义的基本制度安排。

依法独立行使审判权还体现为司法最终解决的理念。司法最终解

① 参见[日]杉原泰雄:《宪法的历史——比较宪法学新论》,吕昶、渠涛译,社会科学文献出版社2000年版,第61页。

决意味着任何具有法律意义的纠纷原则上只能由法院作出排他性的终局裁决,司法救济是各国宪法规定的最后救济手段。法院依据司法最终解决理念可以受理新型案件,利用司法解释填补法律漏洞,通过价值判断和价值选择赋予法律原则新的意义,并由此建构新的审判规则,及时回应新的权利要求,有效地保护新的利益关系,进而推动法律发展,促进社会正义的实现。

(二)内部独立原则

审判权运行的独立原则还体现在合议庭或法官个人依法独立行使审判权,既不受行政机关、社会团体及各级党委等组织、机构和个人的干涉,也不受其他法院或本院其他法官的影响,不仅能够保障外部独立,而且能够确保内部独立。① 当然,司法权运行的内部独立也是有前提条件的,那就是人民法院依法独立审判的范围、方式、程序,都要以其法定的职权规定为限,不能超出法律允许的范围,不得违反法定的方式和程序。属于法官个人独立审判的案件,合议庭不得越俎代庖;属于合议庭负责独立审判的案件,审判委员会、法院院长不得取而代之。同时这也意味着合议庭或法官在审理案件的过程中,不受上级人民法院及本院行政领导或者其他法官的干涉。另外,法官在审理案件中所发表的一切言论,所作的一切行为,都不受法律的追究。

世界上许多国家的宪法都明确规定了法官的独立地位和身份保障,都有法官只服从宪法和法律的内容。《魏玛宪法》第 102 条规定:“法官独立,只服从法律。”根据《德国基本法》第 94 条的规定,联邦宪法法院由联邦法官和其他成员组成,其半数成员由联邦议院选举,他们不得听从联邦议院、联邦参议院、联邦政府以及州有关机构的指示;第 97 条又进一步规定,法官拥有独立的地位,只服从法律。根据《意大利共和国宪法》第 101 条的规定,法院以人民的名义行使司法权,法官只服从法律。根据《俄罗斯宪法》第 120 条第 1 款的规定,法官独立行使审

① 参见童之伟:《宪法独立审判条款的完善及其配套改革》,载《江海学刊》2005 年第 6 期。

判权,只服从俄罗斯宪法和联邦法律。《日本宪法》第76条第3款明确规定法官依据良心独立行使职权,只受本宪法及法院的拘束。菲律宾宪法明确规定法院在财政和人事方面的独立地位,禁止国会制定任何损害法官和其他司法人员职位保障的改组法院系统的法律,明确规定国会不得以立法程序减少对各级法院的拨款,使之低于上一年度的拨款额,此项拨款经批准后应自动定期拨付;法官的薪俸由法律规定,并在其任职期间不得减少;法官在优良服务的情况下应继续任职直至70岁或无能力继续任职为止。最高法院全体法官会议有权对下级法院法官作出纪律处分的决定,或以实际参与审议并表决该处分诉讼的法官的多数票赞成形成对下级法院法官的撤职决定。①

三、平等原则

平等适用法律是司法公正的必然要求,法院在审理案件的过程中应该平等保护当事人的程序权利,应该确保当事人能够充分地行使陈述权、质证权、辩护权、上诉权,尤其要保护被告获得辩护的权利。当事人有权要求使用本民族的语言进行诉讼活动,法院应该为不通晓当地通用的语言文字的当事人配备翻译。

(一)法律的平等适用

早在罗马时代,兼听当事人双方的意见是确定而无须陈述的一个司法原则。在罗马人看来,法官在行使审判权的过程中,如果没有让其中一方当事人陈述自己的意见,哪怕判决事实上是正义的,该法官的审判行为也不具有正当性,违反了程序平等原则。② 一方面,在现代法治社会里,所有社会主体一律平等地适用法律,包括公民个人、社会组织、企业组织和国家机关。法律面前人人平等主要指的是法律适用方面的平等。在现实的立法安排方面,不是每个社会主体的所有的利益诉求

---

① 参见童之伟:《宪法独立审判条款的完善及其配套改革》,载《江海学刊》2005年第6期。

② 参见[爱尔兰]J. M. 凯利:《西方法律思想简史》,王笑红译,法律出版社2002年版,第72~73页。

都能成为法律权利,立法活动及其结果是利益博弈的产物。一旦利益分配的原则和规则上升到法律意志的高度,其权力义务安排就具有国家意志性,也就成为全体社会成员必须尊重的制度权威。另一方面,立法主要遵循机会平等、形式平等原则,只要具体的法律规定准确地体现了这些原则要求,就具有合宪性。只有在特定的情况下,某些社会交往模式中确实存在明显的主体地位不对等的问题,立法才会有条件地规定对一方当事人进行倾斜保护或者给予特别保护,以保证最低限度的实质平等。在消费者权益保护领域里,对生产者和经营者规定更多的义务,设置惩罚性赔偿制度,看似不符合形式平等原则,但正是消费者在这些商业主体面前相对弱势的地位决定了法律对于消费者需要倾斜性的保护,这才符合实质平等的基本要求。纵观古今中外的法律制度安排,法律体系总体上倾向于保护债权人和受害人的利益,当然对债务人和加害人的基本的生存权利、人身权利也给予了必要的保护。

审判权运行的平等原则不同于立法权意义上的权利义务平等安排,审判权的平等原则是保证所有的主体以平等的地位适用国家的法律法规,对于立法上先定的各主体之间的地位设置,于审判权运行过程中在所不问。因此,在通常情况下,司法裁判必须尊重成文法律对当事人权利义务的规定,不能随意改变法律的相关规定,没有得到立法支持的利益也很难获得司法判决的确认。只有在宪法案件的审理过程中,法官才能借助宪法原则和宪法规则的价值取向对这种不公平的法律安排作出无效的裁决。法律适用上的平等既意味着法官应该依照实体法律的规定平等对待当事人的诉讼请求,也意味着法官要尊重和保障当事人在司法程序方面的平等权利。尽管行政诉讼本身的目的即在于约束行政机关的行政行为,保护行政相对人的合法权益,且在行政诉讼立法上对行政相对人权益有所倾斜,规定行政机关要承担更多的举证责任,但在审判权运行的过程中,行政机关作为被告参与诉讼的整个过程,享有诉讼法上设定的程序性权利和实体性权利,在适用法律上不存在地位的不平等问题。

我国《宪法》规定:“中华人民共和国公民在法律面前一律平等。”

《法院组织法》也规定:“人民法院审判案件在适用法律上一律平等,不允许任何组织和个人有超越法律的特权,禁止任何形式的歧视。”这就要求审判机关在适用法律上,既不允许有特权,也不允许有歧视,对一切公民都必须平等对待。一切公民的合法权益,都要依法予以保护;任何公民的违法犯罪行为,都要依法予以追究。

(二)被告人有权获得辩护

无论是纠问式庭审模式还是对抗式的庭审模式,只有被告人获得应有的辩护才能保证法官的裁决建立在充分的证据事实之上。辩护权是宪法赋予被告维护自己合法权益的基本手段,是被告获得公正审判的一项诉讼权利,在任何情况下都不应该对刑事被告的辩护权加以限制和剥夺,这也是程序平等原则对审判活动的必然要求。

被告人除了自己辩护外,有权委托律师为其辩护;可以由人民团体或者被告人所在的单位推荐或者经过人民法院许可的公民为其辩护,可以由被告的近亲属、监护人为其辩护,人民法院认为必要的时候可以指定辩护人为其辩护。刑事被告及其辩护人对所受的犯罪指控有权进行申辩,力图向法官证明犯罪事实不存在或应该给予从轻、减轻、免除刑事处罚。因此,被告人的辩护权必须有严密的司法程序的保障,审判权的运行必须保证控辩双方具有平等的诉讼地位,必须平等地保护他们的程序权利。

辩护权包括了获得指控通知的权利、亲自为自己辩护的权利、选择自己律师的权利、被告知获得律师的权利、特定情况下获得免费法律援助的权利。该权利要求以被告能懂的语言口头地或者以书面的方式告知被告所受指控的性质和理由,使被告有充分的时间、条件准备辩护。这意味着被告可以亲自参加审判过程为自己辩护,免受缺席审判;当自己能选择律师辩护时,法院不应为其指定辩护律师;当司法利益有此需要,或被告人没有足够财力时,法院应为刑事被告指定合格的辩护律师进行法律援助。这些制度机制的目的在于严格贯彻审判权运行的平等原则,以促进被告人获得公正的裁判结果。

(三)诉讼语言和文字的平等使用

审判权运行的平等原则还体现在诉讼过程中语言和文字的平等使

用方面。在我国,它集中表现为各民族都有使用本民族语言文字进行诉讼的权利。在少数民族聚居或者多民族杂居的地区,人民法院应当用当地通用的语言进行审判,用当地通用的文字发布裁决书、布告和其他文件。对于不通晓当地通用的语言文字的当事人,法院应当为他们翻译。根据《公民权利及政治权利国际公约》第 14 条规定,所有的人在法庭和裁判所前一律平等,如果当事人不懂或者不会说法庭上的语言,能够免费获得译员的援助。欧洲人权法院(European Court of Human Rights)认为,为了确保公正审判,应对所有与刑事审判相关的书面材料和口头陈述进行翻译。此外,这一权利还适用于侦查阶段对犯罪嫌疑人的讯问。“免费翻译是一项绝对性的权利,它适用于外国人和语言方面的少数人。”①因此,获得免费翻译的权利之目的在于,使参加法庭诉讼的人能够实质性平等地行使其在法庭上的诉讼权利。

四、理性原则

审判权的有序运行是保证案件审判效率的前提条件。司法权的本质和属性、司法的组织结构和程序架构决定了公正是其最高的价值目标。虽然,迟到的正义非正义,但是,司法不能为了效率价值而牺牲公正价值,审判活动所追求的司法效率应该是体现公正的效率。因此,审判权运行的效率是通过司法活动的秩序来体现和实现的,公正的司法效率在这里也就转化为司法活动的理性化问题。

(一)受案权限的合理划分

法院受案权限的合理划分充分体现着审判权运行的秩序原则。案件管辖权限的理性化安排,要求诉讼法应该根据不同案件的性质和社会影响程度,将案件的管辖权在不同级别的法院之间分配,以期更好地发挥各个级别法院的审判功能,为社会提供更公正的判决。审级设置实现了案件特性与法院特点的有机结合,能够保证不同类型和不同影

① 熊秋红:《解读公正审判权——从刑事司法角度的考察》,载《法学研究》2001 年第 6 期。

响的案子分配给最适合的法院来审理,这不仅确保了审判权的有序运行,而且最大程度地降低了司法资源的损耗,最大限度地提高了公正司法的效率。由于民事、行政和刑事案件的法律性质不同,有可能适用不同的管辖原则,构建审判权运行的良好秩序,为社会提供公正高效的司法判决产品应该是它们的共同目的。

大多数国家采用属地原则、属人原则、保护原则、普遍原则划分法院管辖权的范围。我国在遵循基本的属地管辖、属人管辖原则的基础上,基于自身的国情和司法权运行现状,建立了更为具体细致的管辖权分配制度。我国法院受案权限的划分主要有级别管辖、专门管辖和特殊管辖三种形式。其一,不同级别法院受案权限的分配主要用于划分上下级法院之间的受案范围。在民事案例审理方面,《民事诉讼法》规定基层人民法院管辖第一审民事案件。重大涉外案件、在本辖区有重大影响的案件和最高人民法院确定由中级人民法院管辖的案件则由中级人民法院进行初审。高级人民法院则管辖在本辖区有重大影响的第一审民事案件。最高人民法院则管辖在全国有重大影响的案件和认为应当由其审理的案件。另外,我国还存在一些特殊情况下可以进行指定管辖的规定。其二,专门性案件的集中管辖。知识产权类案件可以统一由知识产权法庭进行管辖。行政案件则统一进行异地管辖等。其三,特殊类案件由特殊法院管辖。涉及军人犯罪的一些案件由军事法院进行管辖。总而言之,无论是怎样的管辖权制度安排,都体现着审判权运行的秩序原则之要求。

(二)案件审限的合理确定

虽然法院审理案件的审限规则直接体现了司法审判的效率需求,但也必须通过司法理性实现司法效率。按照审限规定的要求,无论是民事案件、行政案件还是刑事案件,法院都必须在一定的期限之内审结;无论是一审案件还是二审案件,都有具体的审理时间规定。司法资源是有限的,当事人的精力、财力和能力也是有限的,司法正义也是有限正义。当事人寻找和提交证据、质证和辩论都必须在法律规定的期限内完成,法官也必须在法律规定的期限内完成判断和裁决任务,这是司法有限公正的必然要求。在民事案件的审理过程中,无论是哪种形式的纠纷,都至少存在一方诉讼当事人迫切地需要法院及时进行裁判,以求最快地获取赔偿或最大程度地减少损失;因为行政权能、行政组织结构和行政过程的最高价值目标是效率,所以许多国家都有行政复议或行政诉讼不停止执行行政决定的规定,因此,行政相对人非常渴望法院能够尽快地对行政争议作出裁决,以便停止行政决定对自己权利义务的影响;而在刑事案件中,受害人及其亲属也强烈希望犯罪人能够受到及时的惩处,同样被告也不希望被长期羁押,渴求自己能够尽快获得公正的审判。因此,审限的规定是一种审判权运行秩序的体现,这种秩序的目的和价值皈依是司法公正和司法效率的有机结合。

(三)案件审级的合理规定

审判权运行的秩序原则也体现在法院审理案件的审级规定方面。某个案件只要经过法律规定的不同层级法院的一定次数的审理,其最终判决即具有完整的司法确定力,任何组织、单位和个人都不能影响和否定生效判决的法律效力。审级规定也是司法最终解决原则的内在要求,任何具有法律意义的纠纷只要经过法律规定的初审法院和终审法院的裁判就走完了法律解决的程序,法院就失去了再次管辖的权力。当事人要么诉诸政治程序解决纠纷,要么通过非讼程序解决纠纷。只有在符合再审条件的情况下,法院才有可能通过再审程序以新判决取代原来的生效判决。除此之外,审判权运行的审级秩序不可被打破。

我国采取的是两审终审制,一个案件经过两级人民法院审判即告终结。对于第二审人民法院作出的终审判决、裁定,当事人不得再提出上诉,人民检察院不得按照上诉审程序抗诉。换言之,各级人民法院对审理的一审案件作出判决或裁定后,当事人不服可以在法定期限内向上一级法院提起上诉,同级检察院可以在法定期限内向上一级法院提起抗诉。上一级法院有权受理针对下一级法院第一审判决或裁定不服的上诉或抗诉,有权在二审期间改变或维持第一审法院的判决或裁定。一旦二审法院审理终结即意味着案件处理的终结,对第二审判决、裁定,任何主体不得上诉。就审判程序而言,我国的审级设置制度是两审终审制,就法院体系而言是四级两审制,归根到底都是在维持审判权运行的秩序,保障法院能够及时、公正地处理案件。

(四)司法活动的分工制约

在人类司法制度发展的历史进程中,我们能够清晰地看到古希腊雅典城邦陪审法庭的民主基因,可以发现古罗马共和国法律体系建构和运作中的民主力量。进入中世纪后,各日耳曼王国的司法审判仍然有着民主色彩和民意的基础。尽管在现代社会里,不再探讨司法领域、司法制度和司法机制的民主因素,但是,陪审制度、法律解释和违宪审查过程中仍然存在民主的影响,具有宪法解释权的最高法院必须处理最低限度的政治案件,法院在某种意义上是人民意志的发现者和确认者,司法权被看作一种主权性权力,法院是人民缺场时的主权意志守护者。

法院审理案件的合议机制、陪审机制充分体现了司法判断和司法裁决中的民主要求。司法合议机制是多数决规则在审判权运行中的应用,陪审机制则力图借用民众的日常生活知识和经验来对案件事实进行司法判断和司法确认。从世界范围来看,几乎所有国家的审判权运行都体现着多数决原则。美国联邦最高法院由九名大法官组成,对一个具体案件的裁判,九名法官可能各执己见,但最终的裁判结果一定是九名法官中的多数意见。尽管持少数意见的法官有权保留自身的意见,并发表自己的观点,但他的意见和观点对最终的裁判结果没有任何影响。美国的陪审制度中陪审员的产生需要法官的助手从当地的选民登记手册中随机抽出候选人名单,法官再根据案件的情况确定最初陪审员候选人数,然后这些候选人通过抽签确定在法庭中的座位编号,法官再在双方律师都在法庭现场的情况下公开挑选陪审员组成陪审团。陪审团经过听取诉讼双方的意见,然后就法庭上的事实问题进行投票,陪审员最终认定的事实就是法院采定的事实,而这个认定过程仍然遵循着多数决原则。

我国法院在审理案件时,除了非常简单的一审案件可以由审判员独任审理之外,绝大多数的案件需要由法官或者法官与陪审员构成合议庭,合议庭的最终裁判意见一定是合议庭的多数意见。如果是重大、复杂或疑难案件,还需要通过审判委员会作出裁决,审判委员会最终给出的裁判意见同样是审判委员会的多数意见。因此,审判权的运行结果是一个民主过程产生的结果。

法院的案件审理也需要外部相关主体的协作和配合。我国《宪法》第 140 条规定:“人民法院、人民检察院和公安机关办理刑事案件,应当分工负责,互相配合,互相制约,以保证准确有效地执行法律。”三者之间是分工负责、互相配合和互相制约的关系。同时,《宪法》第 127 条第 2 款亦规定:“监察机关办理职务违法和职务犯罪案件,应当与审判机关、检察机关、执法部门互相配合,互相制约。”在办理刑事案件时,除法律规定由检察委员会和人民检察院侦查的案件外,其余的案件均由公安机关负责侦查、预审;人民检察院负责批捕、审查起诉和出庭公诉,人民法院负责审判,三者都是为了惩罚犯罪,保护人民。因此,必须在工作中互相配合,刑事诉讼才能顺利进行。人民检察院对公安机关提请批准逮捕的请求应当及时进行审查并作出决定,对公安机关移送起诉的案件应该及时作出决定;人民法院对人民检察院提出公诉的案件应当及时进行审理和判决。三机关在分工配合的基础上相互制约。尽管三机关的任务具有一致性,但三机关的权力属性和功能却存在差别。因此,三机关对具体案件的处理,在认定事实和适用法律上的意见可能不一致。为避免彼此可能存在的片面性和局限性,保证准确有效地执行法律,三机关必须互相制约。

审判权的外部协作和配合还体现在国家赔偿制度运行方面。根据《宪法》规定,国家机关和国家工作人员在行使权力的过程中侵犯公民的人身权、财产权的,受害人有依照法律规定取得国家赔偿的权利。在审判权运行过程之中,无论是适用法律错误还是法律事实认定错误,无论是行使审判权的主体原因还是配合审判权行使的主体原因,都有可能造成司法判决的不公正后果,从而给诉讼当事人造成损失,因此法院需要在公安机关和检察机关的配合下作出国家赔偿决定。

转型与超越：魏源法治思想研究*

陈　兵**

[**摘要**]魏源法治思想是特定时代之产物，其产生有着特殊的政治、经济、文化和社会背景。魏源是传统礼法思想向近代法治思想转型之发轫者，魏源法治思想是对传统礼法思想之超越。魏源法治思想主要包括以"民主议政"为核心的政治法治思想、以"打破垄断"为核心的经济法治思想、以"师夷制夷"为核心的军事法治思想、以"对外开放"为核心的国际法治思想。魏源法治思想在当代仍然有着重要的镜鉴价值。

[**关键词**]魏源　法治思想　民主议政　打破垄断　师夷制夷　对外开放

魏源(1794～1857年)，字默深，湖南邵阳人，近代著名的思想家。鸦片战争前后，中国的整个社会思潮开始从传统向近代发生转型，而魏源是与近代世界产生正常联络之里程碑式人物，是近代中国主张改革开放之先驱。他既继承了王夫之等早期经世派"专讲经世致用"之传统，又后启了康、梁等后期经世派在传统之上吸收西学之新风。可以说，魏源身处从传统向近代的转捩嬗递时期，他是率先跨入近代门槛的先进国人，是较早具有近代法治意识的觉醒代表。魏源具有超越于前人的近代法治思想，他的法治思想是近代史上的珍贵财富，值得深入挖掘。然当前学界对魏源法治思想之研究，仍较为简略，仅寥寥几篇文章有所涉及。① 且鲜有从

---

* 本文系湖南省社科基金重点委托项目"湖湘法治文化的传承与创新研究"(19WTB03)、湖南省法学会法学研究重点项目"湖湘法治文化的传承与创新"(18HNFX－B－003)之阶段性成果。

** 陈兵，湖南师范大学法学院博士研究生。

① 主要有曹文泽：《魏源的法治思想与时代价值》，载《光明日报》2015年12月17日，第14版；魏昕：《论魏源的法治思想》，载谭镜星主编：《纪念魏源诞辰210周年国际学术研讨会论文专辑》，《邵阳学院学报》编辑部，2004年10月，第84～86页；胡峻：《魏源的法治观及其评述》，载《船山学刊》2001年第3期；章平：《魏源的法律思想》，湘潭大学2010年硕士学位论文。

传统向近代转型之视角来论述魏源的法治思想,此项缺憾亟应弥补。

一、诸因聚合:魏源法治思想的形成背景

魏源法治思想并非凭空所生的,其产生有着较为复杂的时代背景。具体而言,专制制度弊病丛生、资本主义经济滋长、湖湘经世致用传统、封建社会日暮穷途等政治、经济、文化和社会因素是魏源法治思想形成之时代背景。

(一)政治背景:专制制度弊病丛生

在近代史的转折时期,千疮百孔的清帝国骤然面对覆舟裂岸之"西潮"时代。即便是鸦片战争亦未震醒纸醉金迷的当局者,颟顸的清廷顽固派仍醉生梦死,甚至将《南京条约》视作"万年和约"。腐败的官僚政治,致使朝堂之上,多系庸鄙乡愿之老朽大臣;省府州县,多为贪官猾吏、劣绅、莠民之天下。河、漕、盐、币等重要内政,无不弊病丛生。鸦片走私、洋货倾销、白银外流等新型问题更是动摇了整个颓朽帝国之根基。在这种前所未有的新形势下,魏源率国人之先,重新认识"世情"与"国情",阐发了自己关于"治世"与"治国"之思想,其中便包括有法治思想。

(二)经济背景:资本主义经济滋长

鸦片战争之爆发,客观上推动了自然经济之崩解,资本主义经济在近代中国逐步萌芽滋长,传统的经济形势与经济性质产生了巨大变化。伴随着生产之发展、经济规模之扩张与劳动效率之提高,在城镇尤其是在大城市出现了商品销售市场,这为传统经济体制之变革提供了基础。魏源作为传统士大夫中力主改革之一员,他与时俱进,提出了诸多触及传统经济体制的变革主张,如力主"改纲盐为票盐""习商战""漕粮海运"等,决意破除官府垄断,建立以税收、财政为主要调控手段的经济法律制度,他的主张包含了先进资本主义经济因素的发展方向。可以说,自然经济的开始崩解与资本主义经济的缓慢发展是魏源法治思想产生之经济基础。

(三)文化背景:湖湘经世致用传统

经世致用是湖湘文化之重要传统与内在品格。魏源早年曾研习

“船山之学”,湖湘文化对其影响极深。故而,魏源的思想继承了湖湘经世学风之传统,打上了鲜明的湖湘文化烙印。此外,魏源与陶澍、贺长龄等湘籍经世派之相互影响,亦是其思想形成之重要原因。① 在近代史的转型中,尽管龚自珍对外部世界亦有所触及,但他却始终未能冲出“闭关主义”之牢笼。而林则徐是从“闭关主义”走向“开放主义”的开创者,在其倡导下,“开眼看世界”才在中国形成一种相对独立之思潮。魏源的可贵之处在于,当林则徐遭受排挤贬官时,他将“看世界”之新风及未竟之事业传续下来,并再次发扬光大,圆满地完成《海国图志》之编撰。在该书中,魏源向世人提出一系列实现近代化的经世方案,其中便有“师夷制夷”“对外开放”等法治思想。这在近代法律思想史进程中无疑具有“创榛辟莽,前驱先路”之历史地位。

(四)社会背景:封建社会日暮穷途

魏源所生之世,盛世景象渐已逝去,衰败颓象愈发彰显,整个社会已然充满各种危机。这些危机具体表现为:一是封建制度腐败透顶,地主与贵族奢糜享乐、大肆挥霍。二是土地兼并日益恶化,地主与官僚攫获大量土地,农民被迫沦落为佃户,各地流民日渐增多。三是国家消耗巨额军费财政。四是外交形势日益严峻。在列强的冲击下,封建体制摇摇欲坠,社会危机日渐加剧。于此种社会背景下,魏源忧心国事,关心民瘼,力主改革。他在《明代食兵二政录叙》中,就强调“法制因革损益”之紧迫性,并明确指出当今“夷烟蔓宇内,货币漏海外,病漕、病鹾、病吏、病民之患”,均是“前代未之闻焉”。② 各种社会危机和形势前所未有,已到必须变法改革之境地,这为魏源法治思想之形成提供了社会背景。

---

① 参见[日]茂木敏夫:《「海国図志」成立の背景:十八—十九世紀中国の社会変動と経世論》,载《東京女子大学紀要論集》2013年第1期。

② 参见(清)魏源:《明代食兵二政录叙》,载《魏源全集》(第12册),岳麓书社2004年版,第195~196页。

二、民主议政：魏源的政治法治思想

在专制主义的传统中，历来奉行皇权至上和乾纲独断，而封建官僚只得唯命是从、因循守旧，这必然导致吏治百弊丛生。可以说，吏治问题最主要的根源便是专制主义集权政治。官僚由皇权而生，并非议会选举而成。在万马齐喑的封建统治下，政治权力不能为普通民众所享有。魏源抨击道："后世以其势、利、名私一身，穷天下之乐而不知忧天下之忧，故慢藏守之，而奸雄觊夺兴焉。"①魏源既对传统的君主专制进行了抨击，又对西方的民主制进行了赞美。对此，有学者指出："魏源是中国近代最先向西方寻求真理的人，他接触外国资产阶级的法律知识，开始意识到资产阶级民主制比封建君主制优越。"②笔者认为，尽管魏源并未明确提出用民主制度取代专制制度，但他确实表达了对民主制度之赞美与殷羡。③ 诚然，如有些学者所言："魏源运用中国传统的政治理念去介绍西方近代政治制度，且这些介绍多少有些牵强晦涩，甚至笨拙，对国外政治制度的认识也只停留在某些表象上。"④但是，在强调"夷夏之防"与绝对服膺于皇权的环境下，魏源对民主制度之引介、赞美与殷羡，确实体现了传统政法思想开始向近代发生转型。

魏源处在"大变之世"，讲求因宜适变以"经世致用"，自然主张世事以变为恒，这种与时俱进的精神是魏源思想的重要特点。譬如，他早期曾歌颂满清盛世之威荣以求振衰起弊，寄希望于满清当局能振作中兴。但到后期，他在编撰《海国图志》之际，与时俱进，耳目更新，分别介绍和

---

① （清）魏源：《治篇三》，载《魏源全集》（第12册），岳麓书社2004年版，第44页。

② 魏昕：《论魏源的法治思想》，载谭镜星主编：《纪念魏源诞辰210周年国际学术研讨会论文专辑》，《邵阳学院学报》编辑部，2004年10月，第86页。

③ 当然，魏源对西方民主制度之殷羡和向往，仍处在"朦胧的政治向往"阶段，他对西方民主制度还不能有全面地认识。参见易孟醇：《魏源传》，岳麓书社2018年版，第318～325页。

④ 沈大明：《魏源变革清代法制的思想》，载《上海交通大学学报》（哲学社会科学版）2007年第6期。

评价了美英等诸国的政治、法律制度。其中,通过介绍西方的民主政治制度,揭橥出君主制度之可改变性,并由衷地表达了对美国共和制度的赞赏。魏源言:

> 二十七部酋分东西二路,而公举一大酋总摄之,匪惟不世及,且不四载即受代,一变古今官家之局,而人心翕然,可不谓公乎!议事听讼,选官举贤,皆自下始,众可可之,众否否之,众好好之,众恶恶之,三占从二,舍独徇同,即在下预议之人亦先由公举,可不谓周乎!①

他又在《弥利坚国总记中》,高度赞扬了美国的民主制度:

> 数百年来,育奈士迭(美国)遽成富强之国,足见国家之勃起,全由部民之勤奋。故虽不立国王,仅设总领,而国政操之舆论,所言必施行,有害必上闻,事简政速,令行禁止,与贤辟所治无异。此又变封建郡县官家之局,而自成世界者。②

他还指出:"凡公选、公举之权,不由上而由下。"③这种民主制度乃是魏源所见除封建制、郡县制以外的第三种制度,这种制度在西方自成体系。魏源用"可不谓公乎""可不谓周乎""与贤辟所治无异"等语来形容民主制度,他的潜在之意是变世袭君主制为民选总统制,国民通过议会参与国政,上下齐心,国家遂由此变得富强,故民主政治制度是国家富强之本。此外,魏源还对美国正、副总统之选举,正、副州长之选

---

① (清)魏源:《外大西洋墨利加洲总叙》,载《魏源全集》(第6册),岳麓书社2004年版,第1585页。

② (清)魏源:《弥利坚国总记中》,载《魏源全集》(第6册),岳麓书社2004年版,第1635页。

③ (清)魏源:《弥利坚总记上》,载《魏源全集》(第6册),岳麓书社2004年版,第1613页。

举，议会之任期与选举办法，司法制度等作了详细介绍。魏源对西方的议会制度进行了详细论述，对议会之权力进行了全面介绍，认识到西方举凡国家预算以及对外战和等大事，均须由议会审议，获得多数通过方可实行。如他所言：

> 国中有大事，王及官民俱至巴厘满衙门（议会），公议乃行。民即甘文好司（下议院）供职之人。大事则三年始一会议。设用兵和战之事，虽国王裁夺，亦必由巴厘满议允。国王行事有失，将承行之人交巴厘满议罚。凡新改条例、新设职官、增减税饷及行楮币，皆王颁巴厘满转行甘文好司而分布之。惟除授大臣及刑官，则权在国王。各官承行之事，得失勤怠，每岁终会核于巴厘满，而行其黜陟。①

凡是立法和修法，官员职位之设立，税收之增减以及货币之发行，均必须经过议会之批准同意，再转交给相关的行政部门予以执行。而官员所行职权之事，成就得失，勤勉懈怠，每年年终必须接受议会之审议与考核，接受议会之监督，由议会根据结果实行黜陟。魏源说："纽惹西部……设立总领及立法之冈色尔并总会公署一所，均由民人公举。其审判讼狱者即由总领等选充，上等者七年一更，次等五年一更。"②总领和议员均由人民选举产生，法官等审判掌管者则由总领提名选任，并有一定的任期限制。魏源更赞许英美的议会制度："（英）立九官以治事，九官由众推选，以三年为秩满。贤则留，否则更。"③"（美）事无大小，必须各官合议然后准行；即不咸允，亦须十人中有六人合意然后可

---

① （清）魏源：《英吉利国总记》，载《魏源全集》（第6册），岳麓书社2004年版，第1360页。

② （清）魏源：《弥利坚国东路二十部》，载《魏源全集》（第7册），岳麓书社2004年版，第1672页。

③ （清）魏源：《希腊国》，载《魏源全集》（第6册），岳麓书社2004年版，第1349页。

行。本省之官由本省之民选择公举。"[①]魏源在1852年《海国图志》增补的百卷本中,增添了更多西方国家的政治情况。其中,还具体介绍了美国国会"两院制":

> 其国律例合民意则设,否则废之。每三〔四〕年庶民择一长统管各部,每年俸二万五千员。长领外复设户、兵、刑、水师、驿务诸部大官,俸各六千员。立两会:一曰尊会,即长领并大官办重务;一曰民会,论民人所献之议,所禀求之事,每四万人择一人,各国皆同。[②]

同时,魏源认为美国总统制:"至墨利加北洲之以部落代君长,其章程可垂奕世而无弊。……夫悉其形势,则知其控驭,必有于《筹海》之篇,小用小效,大用大效,以震叠中国之声灵者焉,斯则夙夜所厚幸也。"[③]此处,魏源使用"震叠"两字,表达了他对西方民主制度的礼赞之情与向慕之深。当然,他虽未明确表示在中国移植此制度,但实质上已有"借他人之酒,抒心中之怀"的意味。此外,魏源还称赞瑞士"不设君王""不立王侯""共推乡官理事……诸大国不得钤制",乃"西土之桃花源"。[④] 以上论述表明,魏源已较为准确地描绘出西方的议会制度。可以说,王韬等人后来主张在中国"开议院",正是对魏源民主议政思想的不断拓展与深化。当然,魏源对西方民主制度之论述,在他的著作中并非"主色调",仅系描述世界历史、地理等情况时"附带性"的轻描淡写,

① (清)魏源:《弥利坚总记上》,载《魏源全集》(第6册),岳麓书社2004年版,第1611页。

② (清)魏源:《弥利坚国总记下》,载《魏源全集》(第6册),岳麓书社2004年版,第1652页。

③ (清)魏源:《海国图志后叙》,载《魏源全集》(第4册),岳麓书社2004年版,第7~8页。

④ (清)魏源:《瑞国沿革》,载《魏源全集》(第6册),岳麓书社2004年版,第1316页。

故而未能引起时人之注意，但这确实展现了他对民主政治的向往态度。总之，魏源提出学习西方并不限于西方的军事与科技，更暗含有师法西方民主制度之意。

魏源还意识到普通民众之力量，故提倡“政治参与”和“民主议政”，这已经初步表露出某种脱离传统民本思想之痕迹，展现了早期士大夫开始接触与接受资产阶级的民主政治制度。他指出：“天地之性人为贵，天子者，众人所积而成，而侮慢人者，非侮慢天乎？”①在天子与民众的关系上，魏源认为天子乃民众“所积而成”。他将国家比喻为身体，其中天子是头脑，丞相是股肱，诤臣是喉舌，民众是鼻息。九窍、百骸、四肢之存亡，全靠鼻息。魏源曰：

> 天下其一身与！后元首，相股肱，诤臣喉舌。然则孰为其鼻息？夫非庶人与！九窍百骸四肢之存亡，视乎鼻息，口可以终日闭而鼻不可一息柅。古圣帝明王，惟恐庶民之不息息相通也，故其取于臣也略而取于民也详。天子争臣七人而止，诸侯争臣五人而止。至于彻膳之宰，进善之旌，诽谤之木，敢谏之鼓，师箴，瞍赋，矇诵，百工谏，庶人传语，士传言，遒人木铎以徇于路，登其歌谣，审其诅祝，察其谤议，于以明目达聪，而元首良焉，股肱康焉。②

因此，当政者要重视民众对国家政治之意见，特别是批评意见。魏源认为能否自由发表言论和言路畅通与否，关系到国家之兴衰。他说：“景运之世，言在都俞，其次言在旌木，其次言在庭陛，其次言在疏牍，其次言在歌谣，其次言在林薮，其次言在腹臆；言在腹臆，其世可知矣。”③

① （清）魏源：《治篇三》，载《魏源全集》（第12册），岳麓书社2004年版，第45页。

② （清）魏源：《治篇十二》，载《魏源全集》（第12册），岳麓书社2004年版，第67页。

③ （清）魏源：《治篇十二》，载《魏源全集》（第12册），岳麓书社2004年版，第68页。

“言在都俞”,表明民众可畅所欲言;而“言在腹臆”,则表明政治统治出现了严重问题。凡以上种种,皆体现了魏源以“民主议政”为核心的政治法治思想。

三、打破垄断:魏源的经济法治思想

自然经济主导下的传统中国,为政者多奉行“重农抑商”之国策。于是,商业由国家行使垄断之权,民间更不得染指重要的经济事务,漕运、盐务、矿务等莫不如是,这些经济活动无不在行政权力的直接干预下进行。此种传统经济模式之特点是:官府是经济运行的唯一筹划者与参与者;官府对经济活动掌握着绝对控制权;官府对经济干预之方式为单一的行政方式。此种经济管控模式是自然经济运行之内在需要与必然结果,但随着社会经济形势开始变革,此种模式弊端日显,危机层生,已无法适应时势之急需,故魏源的经济法治思想应此而生。

魏源不仅是伟大的思想家,亦是一位经世致用的实干家,他在担任幕僚期间始终力主内政改革。可以说,魏源是鸦片战争时期改革派经济思想之集大成者。他长期在江苏等东南沿海商品经济比较发达的地区任幕僚,实际参与了漕、盐、河等政务的筹划与处理,比其他改革派人士有更丰富的实务经验。① 清代对漕运、盐政均实行单独、直接的行政干预,但这种调控方式到晚清已弊端迭出,官方对漕运、盐政之垄断以及官吏之贪腐盘剥,使国家之漕运、盐政陷入了严峻危机。魏源在就任陶澍、贺长龄的幕僚之际,对漕运、盐政等部门进行过极有成效之改革。魏源与负责漕运、盐政的陶澍、贺长龄均为湖南人,他先后作为陶澍、贺长龄两人之幕僚,几乎全程参与过漕运、盐政改革的每个具体环节。②

① 参见刘学照:《魏源:清朝中国自强运动的先驱》,载《历史月刊》2006年第217期。

② 有学者指出:“默深官内阁中书后,侨寓江苏时,(陶)澍正督两江,延与论鹾务,默深谓‘救弊必先汰甚。请裁浮费为减官价地,减官价为杜私贩地’,于是淮北始有改票之举。默深作《淮北票盐记》二千余言。故澍之盐务政策,多默深之力也。”参见李柏荣纂:《魏源师友记》,岳麓书社2010年版,第30页。

他在任上逐渐创建了一整套包括税收、财政在内的经济法律制度，突破了传统礼法治下的经济管理理念，充分展现了他的经济法治思想。

魏源打破以往对漕运、盐政的单一行政调控模式，代之以行政、税收等综合调控方式，提升了经济、法律手段在国家治理中的地位。魏源的改革措施主要有以下：其一，停止高利贷的肆意发放。改革之前，政府以高利贷之形式将资金借予盐商，以谋取高额暴利。但是，由于食盐普遍滞销，因高利贷导致破产之人大量存在。故魏源主张通过停止、减免高利贷之发放来更加有效地发挥财政、税收等手段的调控功能。其二，充分发挥财政的调控作用。为增加漕运、销盐等经济运行之活力，对民间之商业资本，由官府财政实施补贴。其三，增加税收的调控手段。魏源指出盐政之"敝极"，继而"欲仿法更张"。他写就《筹鹾篇》等文章，建议"改纲行票"，即将旧有的"纲盐制度"改成"票盐制度"，相应地将单一的行政调控转化成以税收为主之调控。票盐"只论盐课之有无，不问商贾之南北"，①有效地打破了以往对食盐之垄断，反映了魏源反垄断的经济法治思想。此外，魏源还提议运用缓、减、免等税收手段来增加经济活力。其四，确立自由竞争的市场机制。为确立此种机制，魏源认为：首先，应当赋予商人"准入权"。应准许商人进行"漕粮海运"，并赋予其免税载运特定商货之权利。"因商道为运道，因商舟为运舟，因商估为运丁，因漕费为海运费。"②为防止食盐滞销，应赋予商人将盐转销它处之权利。应允许商民"自愿设厂以造船械"，开采"沿海之银矿山"。其次，将商业行为纳入法律调整。将商业行为、活动的各种程序、步骤明确化，颁布"票盐章程"等。最后，以法律来为商业护航。魏源建议"严置重典"，打击商业犯罪与走私，尤其对泛滥的私盐活动进行严厉打击，以维护商人与百姓之权益。

在矿产工业方面，魏源亦主张民间资本之参与。"自由开矿"在封

---

① （清）魏源：《上陆制军请运北盐协南课状》，载《魏源全集》（第12册），岳麓书社2004年版，第417页。

② （清）魏源：《筹漕篇上》，载《魏源全集》（第12册），岳麓书社2004年版，第381页。

建时代一般被明令禁止,这主要是因为开矿聚人,人聚则难散,难散则易生事端,从而影响统治。魏源指出:"凡金、银、铅、铜、铁、煤、盐,中华例禁不许私开,惟西国人人准取。"[①]于是,他对禁止"自由开矿"之规定进行了批判,并认为准许"自由开矿"具有"实边储""捍外侮"等益处。他说:"是则有矿之地,不惟利足以实边储,且力足以捍外侮,何反畏其生内患?从来但有饥寒之盗贼,岂有富足之盗贼乎?"[②]此外,他在《道光洋艘征抚记》中,就主张"以夷款夷",与外国通商,发展民族经济,但这与"抚夷论"者所主张之通商有着本质不同。魏源指出:

> 吾曰勿骤停贸易,世俗亦言不当停贸易。世俗之不停贸易也,以养痈。曰英夷所志不过通商,通商必不生衅,至于鸦片竭中国之脂,何以禁其不来,则不计也。设有平秀吉、郑成功枭雄出其间,藐我沿海驰备,所志不在通商,又将何以待之,则亦不计也。与吾不停贸易以自修自强者,天壤胡越。[③]

换言之,魏源主张通商,不是苟且偷安,养痈贻患,而是为国家之"自修自强"。总之,魏源在经济法律制度方面之改革,意欲建立一整套包括行政、税收与财政等在内的经济调控制度。尤其在漕运、盐政中引入民间资本参与到国家经济活动中,在经济运行中确立市场竞争机制,一定程度上打破了国家对经济之垄断,是漕运、盐政制度的一大革命。[④]

---

① (清)魏源:《弥利坚总记上》,载《魏源全集》(第6册),岳麓书社2004年版,第1609页。

② (清)魏源:《议武五篇》,载《魏源全集》(第3册),岳麓书社2004年版,第571页。

③ (清)魏源:《夷艘寇海记上》,载《魏源全集》(第3册),岳麓书社2004年版,第602页。

④ 当时,魏源亦认为此项改革具有"四利六便"。所谓"四利",系指"利国、利民、利官、利商"。参见(清)魏源:《道光丙戌海运记》,载《魏源全集》(第12册),岳麓书社2004年版,第394页。所谓"六便",系指"国便、民便、商便、官便、河便、漕便"。参见(清)魏源:《海运全案序》,载《魏源全集》(第12册),岳麓书社2004年版,第388页。

对此,有学者指出:“这两项改革的实质是资本主义的经济因素挤进了封建主义经济的躯体内,如果长期坚持下去,它必会在这个躯体内发酵,使躯体产生渐变。”①特别是改“纲盐”为“票盐”,其“合数省散商之财力”,以“尽革中饱囊弊之利”,使“国与民交利”。以上这些举措集中反映了魏源以“打破垄断”为核心的经济法治思想。

四、师夷制夷:魏源的军事法治思想

嘉庆道光以后,清廷吏治腐败,贪污之风盛行,财政支绌,由此导致军备废弛与军纪涣散。昏聩的清廷当局自视“天朝上国”,虚骄自大,拒绝学习任何西方的科技、制度与文化,甚至把先进的科学技术、工艺制造称为“奇技淫巧”与“形器之末”,一概予以排斥,坚决反对学习西方。② 可以说,清廷在军事上始终固守着“骑射为本”的传统军事思维,不思学习西方的先进军事法律制度。与之相对,在长期的军事实践与研究中,魏源提出全新的军事法治思想,这代表着中国的军事法渐由传统向近代发生转型。

魏源的幕僚经历为其军事法治思想之最终形成奠定了坚实基础。魏源在早期就曾与提督杨芳谈论兵事,研究边防。他在就任贺长龄的幕僚期间,主持《皇朝经世文编》之编订,其中便编订有“兵政”部分。③ 后来,他又亲自参加“抗英战争”,并深入前线审理英国战俘。④ 事实上,魏源早前就已研究过孙吴兵法,而鸦片战争则促使他进一步思考清朝的政

① 易孟醇:《魏源传》,岳麓书社2018年版,第325页。

② 陶用舒:《论魏源的军事思想》,载《求索》2000年第4期。

③ 该书在全国传播甚广,对时人影响颇大,当时凡是讲求经世致用的人士无不将其视为矩矱。有学者称:“《皇朝经世文编》不仅成为清代嘉道经世派人才群体的代表作,而且被清代中期及其以后主张经世致用、倡导改革的人士奉为圭臬。”参见周敏之、许顺富、梁小进:《近代湖湘文化与近代湘籍人才群体》,岳麓书社2017年版,第211页。

④ 事实上,自中英开战以来,魏源便密切注意较近的浙东战事。1840年9月,魏源应友人的邀请,到宁波军营,参与审讯英俘安突德,并著文《英吉利小记》,揭露英国发动侵略战争的蓄谋和罪行。这是魏源首次接触“夷”事,首次迈入近代社会的门槛。参见孙功达:《魏源——近代中国黎明的报晓者》,光明日报出版社2008年版,第146页。

治、军事等问题。此后,他又受林则徐之重托,负责编撰《海国图志》。该书无疑给清王朝及时地提供了一部"筹夷"的"资治通鉴",正如魏源自己所明确标榜的:"为以夷攻夷而作,为以夷款夷而作,为师夷长技以制夷而作。"①而在"攻夷"和"款夷"等具体问题上,魏源更是认为:

> 以守为战,而后外夷服我调度,是谓以夷攻夷;以守为款,而后外夷范我驰驱,是谓以夷款夷。自守之策二:一曰守外洋不如守海口,守海口不如守内河;二曰调客兵不如练土兵,调水师不如练水勇。攻夷之策二:曰调夷之仇国以攻夷,师夷之长技以制夷。款夷之策二:曰听互市各国以款夷;持鸦片初约以通市。②

在当时国人不屑于谈"夷"之时代,魏源大胆揭橥"师夷长技以制夷",并详细阐述其方法,成为近代中国向西方学习思潮中最为杰出的代表人物。③ 此外,在道光二十二年(1842年)秋,魏源的《圣武记》凡十四卷,初刻本付印,后又作了两次修订。这本书主要记叙了清朝从开国到道光时期之军事活动,反映了魏源对军事历史之研究与军事制度之思考。

诚然,魏源并未身居高位,却孜孜求索着富国强兵之法。鸦片战争战败,前所未有的新形势促使他由力主内政改革转变为注重抵御外来侵略。④ 在《南京条约》签署三个月之后,他便写成《筹海篇》,并在其中

① (清)魏源:《海国图志原叙》,载《魏源全集》(第4册),岳麓书社2004年版,第1页。

② (清)魏源:《筹海篇一》,载《魏源全集》(第4册),岳麓书社2004年版,第1页。

③ 参见李细珠:《魏源思想的文化背景》,载《历史月刊》2006年第217期。

④ 针对魏源思想上的这种转变,曾有学者指出:"从英国军舰进犯广东沿海开始,魏源就高度关注中英战局的发展,并把主要精力从研究国内的漕政、盐政、水利等问题转移到研究外部世界,特别是对英国这个打上门来的'外夷'加以重点研究,寻找克敌制胜之方。他同林则徐一样,开始从西方翻译过来的各种书籍、报刊、历史文献、海外侨胞等各个渠道了解英、法、美等西方国家的情况,以做到知己知彼。"参见彭大成、韩秀珍:《魏源与西学东渐——中国走向近代化的艰难历程》,湖南师范大学出版社2005年版,第81页。

提出了诸多具有真知灼见的改革之策。亦正是在《筹海篇》中，他首次提出了"师夷长技以制夷"，倡议学习包括军事在内的各项西方技术，开启师法西方之先河。魏源"读史筹边二十年"，①使他在军事法治上有着诸多独到见解。首先，是"养兵练兵之法"。魏源从"振武备"和"整戎行"的自强目标出发，主张效仿西方的"养兵练兵之法"。譬如，他主张"募养精兵"，采用西方"专以造船，驾舶，造火器、奇器取士论官"之方法，选拔真才：

> 凡承造之人，即皆驾驶之人；凡内地出洋之商，愿禀请各艘护货者听。……国家试取武生、武举人、武进士，专以弓马技勇，是陆营有科而水师无科。西洋则专以造舶，驾舶，造火器、奇器取士论官。上之所好，下必甚焉；上之所轻，下莫问焉。今宜于闽、粤二省武试，增水师一科。有能造西洋战舰、火轮舟，造飞炮、火箭、水雷、奇器者，为科甲出身。能驾驶飓涛，能熟风云沙线，能枪炮有准的者，为行伍出身。②

其次，是"从严治军之法"。魏源主张"严法治军"，认为统御军队必须"恩威并用"。针对清军纪律之松弛，具体该怎样实行"练兵之严"呢？魏源认为："调兵者，选调本省之兵而已；募兵者，选练本省之人而已。远调不如近调，远募不如近募。"③他强调"严纪律而兵事始精"。魏源建议以"募兵制"代替"世兵制"，彻底改革军事征调制度，以强化士兵的战守能力。最后，是"军费筹集之法"。魏源在军费筹集上亦有一套较为系统的制度。晚清军费拮据，导致军备废弛，故军费兵饷是朝野关注

---

① 这是魏源在1844年重游长城时，为抒发自身情怀而作的诗句，全诗为："读史筹边二十年，撑胸影子是山川。梦回汉使旄头外，心在秦时明月先。"参见（清）魏源：《居庸关》，载《魏源全集》（第12册），岳麓书社2004年版，第703页。

② （清）魏源：《筹海篇三》，载《魏源全集》（第4册），岳麓书社2004年版，第29～30页。

③ （清）魏源：《筹海篇二》，载《魏源全集》（第4册），岳麓书社2004年版，第19页。

之大政。对此,魏源提出除弊、节用、塞患、开源之补救方法。① 其中,“除弊”系指革除漕运、盐政之积弊;“节用”系指减少庆典等费用;“塞患”系指严禁鸦片;“开源”系指屯垦、采金与更币。

此外,魏源还指出:“人知鸦烟流毒为中国三千年未有之祸,而不知水战、火器为沿海数万里必当师之技;而不知饷兵之厚、练兵之严、驭兵之纪律,为绿营水师对治之药。”并强调:“善师四夷者,能制四夷;不善师外夷者,外夷制之。”②他还在《筹海篇三》中,再次表达了学习西方长技之思想。魏源认为夷人之长技在军事方面有三项:“一、战舰,二、火器,三、养兵练兵之法。”③故而,他主张:

> 请于广东虎门外之沙角、大角二处置造炮厂一,火器局一,行取佛兰西、弥利坚二国各来夷目一二人,分携西洋工匠至粤,司造船械,并延西洋柁师司教行船演炮之法,如钦天监夷官之例,而选闽、粤巧匠精兵以习之。工匠习其铸造,精兵习其驾驶、攻击。……尽裁并水师之虚粮、冗粮,以为募养精兵之费。必使中国水师可以驶楼船于海外,可以战洋夷于海中。④

可以说,这是中国近代史上最早学习外国造炮和制船,并建立近代新式海军和海防的主张,亦是中国传统军事法向近代转型之具体表现。

---

① 魏源曰:“有以除弊为兴利者,有以节用为兴利者,有以塞患为兴利者,有以开源为兴利者。”参见(清)魏源:《军储篇一》,载《魏源全集》(第12册),岳麓书社2004年版,第444页。

② (清)魏源:《大西洋欧罗巴洲各国总叙》,载《魏源全集》(第6册),岳麓书社2004年版,第1078页。

③ (清)魏源:《筹海篇三》,载《魏源全集》(第4册),岳麓书社2004年版,第27页。

④ (清)魏源:《筹海篇三》,载《魏源全集》(第4册),岳麓书社2004年版,第28页。

五、对外开放:魏源的国际法治思想

鸦片战争后,颟顸的清朝统治者仍未从“天朝上国”之迷幻梦境中惊醒,他们认为《南京条约》系“万年合约”,国家的主要危机已经消除,“夷”已“就抚”。面对列强与“夷务”,在清朝统治集团内部,亦主张不一。有主张“封闭论”者,这主要以曾望颜等人为代表,他们奏请“封关禁海”,认为“无论何国夷船,概不准其互市”乃“制夷要策”,主张断绝一切中外贸易。① 有主张“抚夷论”者,以耆英、黄恩彤等为代表。黄恩彤于所著《抚夷论》中指出:“该夷之船坚炮烈,断难力敌,亦无术破。”中国“言善后者”,即便造炮制船,亦“万万不及”,“无制彼之术”。② 当然,这些主张皆是当时“蹇陋之臣”和“腐儒鄙夫”的一孔之见。

然而,与上述见解不同的是,魏源却明确主张对外开放,并运用国际法来处理对外关系问题。曾有学者指出:“魏源之所以杰出,是因为他既是站在近代中国文化的高度审视世界,又能从近代世界的范围来关注中国,因而成了时代的先驱。”③无疑,作为时代先驱的魏源对国际关系之认识,也必然超越上述“封闭论”和“抚夷论”之陈腐见解。自鸦片战争伊始,伴随着诸多不平等条约之签署,西方控制与剥夺中国的领土权益逐步加剧。故而,打破外国不平等条约之束缚,重获“国权独立”是近代中国外交之根本任务。魏源乃经世致用之代表人物,他明确反对各种不平等条约,但他深知中国不具备与外国相抗衡之实力,于是他着手研究外国律例,寄望于运用国际法去有效处理与外国间的冲突和争端,以保障国家权益不受外国侵犯。

魏源指出,国家必须要抛弃“闭关锁国”的传统国策与“夷夏之防”

① 参见(清)曾望颜:《顺天府尹曾望颜奏请封关禁海断绝对外贸易并设法剿办折》,载中国第一历史档案馆编:《鸦片战争档案史料》(第1册),上海人民出版社1987年版,第767~769页。

② 参见(清)黄恩彤:《抚夷论》,载中国史学会主编:《中国近代史资料丛刊·鸦片战争》(第5册),上海人民出版社1957年版,第434~436页。

③ 李细珠:《魏源思想的文化背景》,载《历史月刊》2006年第217期。

的传统观念,代之以“对外开放”的国际观念。他认为国人不可将中国以外的“教化之国皆谓夷狄”,将“远客之中”的“奇士”和“良友”“称之曰夷狄”。[①] 魏源还把林则徐组织编译的《滑达尔各国律例》(当时的国际法)整体编纳进《夷情备采》里,他希望时人能对西洋法律制度有充分的认识,避免仍旧以“华夷”之理念来处理国际外交事务,从而在同列强交涉时有所裨益。可见,魏源已具备运用国际法来维护国家权益之战略眼光与法治意识。

此外,魏源对鸦片之态度,亦从侧面反映了他对国际法之独特认识。当时,英国为改变对华贸易之逆差,放肆对华倾销鸦片。魏源既反对“投降派”弛禁鸦片任其流毒的可耻政策,亦反对“顽固派”拒绝一切贸易的愚蠢主张。他认为,鸦片作为毒品,当然不具有合法性,中国可根据国际公法与英国交涉,禁止鸦片进口,依法惩处鸦片贩卖者。为此,魏源非常支持林则徐的禁烟行为,认为这遵守了国际法,他还强调与各国间进行正常的国际贸易,必须在禁烟之前提下开展。

在国际外交策略上,魏源主张要充分利用“以夷攻夷”“以夷款夷”等手段达到“制夷”之目的。以夷攻夷,是魏源建立在熟悉“夷情”基础上的一个重要的政治策略。魏源在“知夷”之后,认为英吉利敌人有三,分别是法兰西、沙俄与美利坚。这种情况下,可通过利用列强之矛盾实行“以夷攻夷”。“以夷款夷”与“以夷攻夷”同属政治策略,“以夷款夷”即是“以夷和夷”,其“和”者,和谈、洽谈之意也。[②] 这表明了魏源对国际关系的全新构思,是近代国际外交思想较为完整的初次表达,比之“剿夷”“抚夷”来说,无疑是一个历史性进步。

在国际贸易方面,魏源主张加强与外国的友好往来,在维护国家主权的基础上极力扩充对外贸易。他主张通过贸易方式,互通有无,凡有

① 参见(清)魏源:《西洋人玛吉士地理备考叙》,载《魏源全集》(第7册),岳麓书社2004年版,第1866页。

② 参见焦宗烨:《现代性视域下的龚自珍、魏源的经学思想及其影响探微》(下),载《鹅湖月刊》2016年第5期。

益国计民生、国家富强的东西都应进口。① 他倡导扩充对外贸易，进口“洋米”，购买军火。

今与夷约，果能铲除鸦片之地改种五谷者，许其多运洋米入口，并援例酌免其货税，则夷喜于地利之不荒，其必乐从者一。……今与夷约，果鸦片不至，则尽裁一切浮费，举以前此贡使所屡求，大班所屡控者，一旦如其意而豁除之，俾岁省数百万，夷必乐从者又一。……今中国既裁浮费，免米税，商本轻省，则彼国不妨于进口之茶、丝，出口之棉、米、呢、羽，酌增其税，以补鸦片旧额。此外，铅、铁、硝、布等有益中国之物，亦可多运多销，夷必乐从者又一。②

魏源之意在“不停贸易以修自强”，通过拓宽贸易来克服“银荒”，增加入超，增强国力。对“出洋之商”，魏源主张政府要派遣军舰护航，以确保国家与私商的海外贸易。他建议：“江、浙舟师宜专护海运。”③“凡内地出洋之商，愿禀请各艘护货者听。”④此外，魏源还非常重视“贸易差额”之问题，他反复提及“补银”和“补货价”，即在国际贸易中，若产生差额，便以“银”来补充“货价”。虽然他并未提及“贸易差额”之概念，却采纳“差额理论”来探讨实践中的对外贸易，是近代国人对贸易理论认识之飞跃。魏源以上关于对外开放之创见，在《筹海篇》中得到集中展现。故有学者称：“《筹海篇》是近代中国第一个对外开放的纲领性文献。”⑤的确，自魏源肇始，洋务派和改良派的领导人纷纷将目光投向世界，他们开始走上接轨世界的道路，从而形成近代中国对世界认识之原

---

① 参见林凤娅：《清季自强运动兴起的一项动力：论魏源的经世思想》，载《兴大人文学报》2007 年第 38 期。

② （清）魏源：《筹海篇四》，载《魏源全集》（第 4 册），岳麓书社 2004 年版，第 42 页。

③ （清）魏源：《筹海篇三》，载《魏源全集》（第 4 册），岳麓书社 2004 年版，第 34 页。

④ （清）魏源：《筹海篇三》，载《魏源全集》（第 4 册），岳麓书社 2004 年版，第 29 页。

⑤ 钟觉民：《试论魏源的开放观》，载《邵阳学院学报》（社会科学版）2007 年第 3 期。

型。可以说,在魏源思想的引领下,他们逐渐突破了“用夏变夷”和“严夷夏之防”的传统思想文化窠臼,直接触动了“天朝上国”无所不有的华夷观念。[①] 无疑,魏源主张对外开放之思想,反映了中国传统闭关自守的天朝观念开始向近代国际法治方向发生转型。

六、当代价值:魏源法治思想的镜鉴

有学者指出:“魏源以特有的实务经验,以融入了社会视野的微言大义观与今文学立场,发挥公羊变动哲学地要求时政改革,空前地突出了学习西方之时代课题。”[②]其实,在学习西方之时代课题下,魏源法治思想对近代中国产生了极为深远之影响,近代先进国人站在他的肩膀上不断将改革向前推进。譬如,王韬认为魏源所提师夷之说,系近代改革开放之“先声”;[③]梁任公指出魏源的师夷主张,“实为变法之萌芽”;[④]张之洞则说,魏源介绍的西政知识,“为中国知西政之始”。[⑤] 即便是在当今,魏源法治思想仍蕴含着重要的镜鉴价值。

第一,以“民主议政”为核心的政治法治思想对政法理念与工作具有镜鉴价值。魏源较为深刻地认识到清朝政治之腐败与法制之黑暗,

---

① 参见戚文闯:《超越与局限:魏源“师夷长技以制夷”的再考察》,载《船山学刊》2018年第3期。

② 张麗珠:《乾嘉道从论学到议政的今文学发扬》,载《清华中文学报》2011年第6期。

③ 参见(清)王韬:《漫游随录·扶桑游记》,陈尚凡、任光亮校点,湖南人民出版社1982年版,第202页。

④ 梁任公对魏源之评价极高,他有言:“魏源著《海国图志》,倡‘师夷长技以制夷’之说,林则徐乃创译西报,实为变法之萌芽。”参见梁启超:《戊戌政变记》,岳麓书社2011年版,第31~32页。梁启超亦言:“数新思想之萌蘖,其因缘固不得不远溯龚(自珍)、魏(源)。”参见梁启超:《论中国学术思想变迁之大势》,上海古籍出版社2019年版,第151页。梁启超还言:“清季思想界,默深筚路蓝缕之功高也。”参见梁启超:《近代学风之地理的分布》,载《清华学报》1924年第1期。

⑤ 张之洞所说原文为:“近人若邵阳魏源,于道光之季,译外国各书、各新闻报为《海国图志》,是为中国知西政之始。”参见(清)张之洞:《劝学篇》,载苑书义、孙华峰、李秉新主编:《张之洞全集》(第12册),河北人民出版社1998年版,第9744页。

对君主专制进行了抨击,提出“变古愈尽”“便民愈甚”之变法观点,同时主张广开言路,实行民主议政,这无疑是魏源的睿智之见,对当前的政法工作依然具有重要镜鉴价值。我国作为社会主义国家,人民系国家之主人。我国的政法工作在中国共产党的领导下开展,必须树立人民民主议政之理念,必须尊重人民民主议政之权利。无论是在各级人大代表的选举上,还是在各级政府官员的选任上,均应发挥人民的议政和监督权利,调动人民的政治参与,以进一步提升政治参与性与民主性。

第二,以“打破垄断”为核心的经济法治思想对经济立法与执法具有镜鉴价值。魏源作为一名实务家,实际参与漕、盐、河等政务之筹划与改革,率先挑战“重农抑商”之传统政策,打破官府对经济的绝对垄断,吸引、鼓励私人与民间资本进入经济领域,减少官府对经济的不当干预,这对我们建立公平自由的市场经济秩序具有重要启示。在当前简政放权的改革背景下,行政权力应从相关领域逐步退出,以减少行政对经济活动的不必要垄断。为此,在经济立法上,应当最大限度地调动经济主体的自由竞争意识,打破行政权力或某一市场主体对非关乎国民经济命脉之领域的垄断。在经济执法中,亦应当最大限度地保障经济秩序之自由,降低对市场主体与市场活动之不当干预,以促进公平自由的经济秩序之形成。

第三,以“师夷制夷”为核心的军事法治思想对军事工作与战略具有镜鉴价值。魏源在幕僚经历中广泛地接触和参与军事实践,通过不断地研究,提出“养兵练兵之法”、“从严治军之法”和“军费筹集之法”等一系列具体的军事法治措施,意欲通过“师夷长技”达至“制夷”之军事目的,最终实现富国强兵之目的。军事既是国家实力的重要象征,亦是国家安定的保障力量,尤其是在严峻的国际形势下,学习和借鉴外国并不断自我革新养兵之法、练兵之法、治军之法等思想,对发展军事实力与实现国家富强具有重要的镜鉴意义。

第四,以“对外开放”为核心的国际法治思想对国家改革与开放具有镜鉴价值。魏源作为早期“开眼看世界”之国人,他抛弃了“闭关锁国”的“夷夏之防”论,避免以“华夷”的理念来处理国际关系。魏源主张对外开放,研究国际法,充分利用法律手段来保障国家利益,这对我国处理国际关系具有重要启示。当前,我国面临着极为复杂的国际形势,商业贸易纠纷、边境领土争端等问题层出叠见,在不断深化对外开放之进程中,须最大限度地保障、维护和捍卫国家利益,这不仅要掌握政治主动权,更要充分运用国际法,用法律手段来为对外开放事业保驾和护航,在维护主权之基础上逐渐深化对外开放。

七、结语

总之,魏源主张以"民主议政"为核心的政治法治思想、以"打破垄断"为核心的经济法治思想、以"师夷制夷"为核心的军事法治思想、以"对外开放"为核心的国际法治思想,均代表着中国近代法治发展之潮流,对近代中国之变革产生了深刻影响。魏源主张"民主议政"、"打破垄断"、"师夷制夷"与"对外开放"的近代法治思想,既体现了传统礼法思想之转型,又超越了传统礼法思想之范畴。可以说,魏源法治思想是传统礼法思想向近代法治思想发生转型之标志。但亦应看到,魏源作为士大夫具有无法逾越之阶级局限,其法治思想存在不违背封建体制之根本倾向,他主张"因势变法""变法改良"之思想,更多的是着眼于挽救大清帝国之统治。尽管魏源表达了对民主制度的殷羡之情,但并未明确其将取代专制制度;他推崇西洋军事之学,亦更多处在器物阶段;他主张打破垄断并对经济进行综合调控之思想,亦由于战争动荡而无法有效实现;他对国际法之提倡与运用,不能改变"弱国无外交"之现实。当然,今人不宜苛责先贤,毕竟魏源对法治之体认受到历史条件之限制,但作为早期"开眼看世界"之国人,他已从传统礼法思想向近代法治思想迈出了一大步,体现出传统国家治理思想之转型与新型国家治理思想之发轫,这是我们认识魏源法治思想必须注意到的。

1935 年《中华民国刑法》之保安处分制度

蔡东丽*

[**摘要**]1935 年《中华民国刑法》中规定“保安处分”专章，其理论源自近代刑事实证学派与国际刑法会议的推动；以主观主义、社会防卫主义、人身危险性、教育刑主义为其理论基础。近代中国刑事立法吸收了保安处分思潮与各国立法实践经验，最终在 1935 年刑法中正式确立这一制度。但在实践中遇到颇多困难，并未能发挥实效。当前我国应顺应世界潮流与社会需要在刑法中确立保安处分制度。

[**关键词**]1935 年《中华民国刑法》　保安处分　刑事实证学派

南京国民政府时期制定的 1935 年《中华民国刑法》在总则中专设了第十二章（第 86～99 条）“保安处分”，这一制度是在移植外国刑法理论与制度的过程中逐步发展起来的，经历了一个不断修订、完善的过程。保安处分制度之理论来自于西方 19 世纪末 20 世纪初兴起的新派刑法思潮，民国时期制定刑事立法时采纳了当时世界上最新的刑法研究成果并将保安处分制度付诸立法实践。本文将探讨 1935 年《中华民国刑法》中保安处分制度的理论渊源、制度演变与实践困境。

一、理论之渊源

（一）保安处分理论的起源

欧洲中世纪后期的文艺复兴、启蒙运动与资本主义的兴起促使了近代刑法理论的出现，最早出现的刑事古典学派以罪刑法定主义为其理论核心，其主要观点是犯罪的本质在于客观行为，主张报应刑、道义责任论。这种理论与自由资本主义时期的经济关系和社会现象是相适

* 蔡东丽，华南理工大学法学院教授。

应的,但随着垄断资本主义的发展,资产阶级法律由偏重于保护个人本位、个人利益向注重社会本位、社会利益转变,法律的重心转化为对社会秩序和集体人权的保障。刑法理论中旧的报应刑理论让位于新派的教育刑论,主张一个人即使在法律上尚未构成犯罪,但当其确有实施犯罪的危险时,社会就有责任采取必要的改造和防范措施。保安处分即是以预防犯罪、防卫社会为目的和宗旨而出现的。

18世纪末德国刑法学家克莱因(E. F. Klein)首先提出了“保安处分”的理论,他在著作《保安处分的理论》中指出,在刑罚之外,对行为者的犯罪危险性加以评量,其危险性不属于恶害性质时,可科以保安处分。克莱因对刑罚与保安处分作了区分,刑罚的本质包含对行为即行为人的否定评价,而保安处分则仅仅是根据行为人的犯罪危险来确定的。① 克莱因所提出的理论超越了他所处的时代,在当时并未受到重视,不为占主导地位的刑事古典学派所接受。

到19世纪末期,刑事实证法学派诞生并逐渐取代刑事古典主义学派的主流地位,以意大利犯罪学家菲利与德国刑法学家李斯特为代表,他们关注犯罪的社会原因,提倡以社会防卫取代传统的刑罚概念及其内容。菲利提出了“社会防卫”的概念,他认为“迄今为止,刑法一直以来被认为是救治犯罪疾患最好的方法,但它的实际效果要比人们期望的要小得多”。② 1882年,李斯特提出:对具有犯罪性格的罪犯应当适用不定期刑;为了防卫社会,不仅应当对犯罪人进行改善教育,使他们不再犯罪,而且应当对有犯罪危险的人采取预防措施。

刑事实证学派研究的重点逐渐从犯罪行为转向犯罪人,更加关注犯罪人的人身危险性及人格改造;认为刑罚只是社会自卫的次要手段,必须寻求替代措施,即采用矫正、隔离、治疗、禁戒等手段对行为人进行改造,并以此作为防卫社会的主要手段。刑事实证学派的主张为保安

---

① 参见[德]弗兰茨·冯·李斯特:《德国刑法教科书》,徐久生译,法律出版社2006年版,第403~404页。

② [意]恩里科·菲利:《犯罪社会学》(第2版),郭建安译,中国人民公安大学出版社2004年版,第60页。

处分的全面发展奠定了坚实的基础，由此形成了教育刑论、特殊预防论和新的刑事政策观念。

国际刑法与监狱会议对保安处分制度的研究与发展有着重要的影响。国际刑法与监狱会议原称“万国监狱会议”，[①]最早在1846年由欧洲国家发起召开。此后国际社会举行了多次国际刑法会议，对保安处分危险性成立的条件、刑罚与保安处分的关系进行了讨论，推动保安处分成为世界刑法改革的潮流，促使其理论日益成熟完善。

1925年在伦敦召开的第九届万国监狱会议讨论了短期自由刑的弊端及改进、犯罪预防、刑罚个别主义等一些当时最受关注的问题，为保安处分制度得到广泛认可奠定了基础。1926年在布鲁塞尔召开的国际刑法会议[②]宣称单靠刑罚已经不敷社会防卫的实际需要，刑法中应当也有保安处分的规定，以正犯罪者之人格，使其能重新适合社会生活。[③]自这次会议通过“将来的刑法典中须有保安处分的实体规定”的希望性条款以后，保安处分不仅为西方国家刑法普遍采纳，也为不少东亚国家所采用。会议议决希望：“刑法典须有刑罚与保安处分的实体规定，刑罚与保安处分均须由裁判机关宣告；保安处分应根据犯罪行为与行为人的人格对社会生活的适应力的大小来确定；裁判机关须根据犯罪行

---

① 万国监狱会议最早于1846年在德国法兰克福特召开第一次会议，1947年于比利时布鲁塞尔召开，1858年于法兰克福特召开。1872年在美国政府的号召下在伦敦召开第一届万国监狱会议，因之前三次会议范围太大，不利于解决实际问题，故确定会议主题、注重实务，涉及保安处分的内容较多，如警察监视、惯行犯之处置、少年犯罪之处遇等。后于1878年在瑞典斯德哥尔摩、1885年在罗马、1891年在圣彼得堡、1895年在巴黎、1900年在布鲁塞尔、1905年在布达佩斯、1910年在华盛顿、1925年在伦敦召开会议。1930年在布拉格会议上更名为“国际刑法及监狱会议”。参见翁腾环：《世界刑法保安处分比较学》，商务印书馆2014年版，第56～80页。

② 1926年7月26～28日在布鲁塞尔召开第一次国际刑法会议，经大会决议，于1927年在瓦萨召开第一次刑法统一会议。后1928年于罗马，1930年于布鲁塞尔，1931年于巴黎，1933年于马德里，1936年于丹麦召开六次刑法统一会议，参见翁腾环：《世界刑法保安处分比较学》，商务印书馆2014年版，第91页。

③ 参见翁腾环：《世界刑法保安处分比较学》，商务印书馆2014年版，第90页。

为及其人格来确定是否应科以保安处分或者保安处分与刑罚并科适用。”①

1928 年在罗马召开的第二次国际刑法统一会议则集中讨论了保安处分的性质和法律结构、保安处分的分类及其方法、保安处分的执行方法等问题。在此基础上议决拟就了 16 条的《保安处分统一立法案》,对保安处分理论的发展起到了重大的推动作用。②

1930 年在捷克布拉格召开的国际刑法与监狱会议明确作出了关于保安处分的决议,即“保安处分足以补刑罚之不足,而保障社会之安全,对于犯人能改善者则改善之;否则,隔绝之,使不致危害社会,司法者按其情节选用之。”③这一决议明确了保安处分作为刑罚的补充而与刑罚并存的性质,此后各国刑事立法大都采纳了这种二元模式。例如,1930 年法国刑法草案、1930 年意大利刑法、1931 年日本刑法改正案、1932 年波兰刑法等。当时南京国民政府派法学家刘克儁参加此次会议,刘先生后来成为 1935 年中华民国刑法起草委员会成员之一。

经过实证派刑法学者以及国际刑法会议的推动,保安处分理论被各国立法者广泛接受并不断完善。到 20 世纪初期,保安处分逐渐成为刑法改革的时代潮流,它与缓刑、假释一起被称为 20 世纪刑法改革的“三驾马车”。

(二)关于保安处分的主要理论

区别于早期刑法学派中的客观主义理论,20 世纪的西方刑法中出现了主观主义和社会防卫主义的思潮。主观主义,是指主张犯罪的实质以及刑事责任的基础在于行为人对社会潜在的危险性,而不在于其行为以及行为造成的危害结果的理论。贯彻主观主义的刑事政策,势必强调以刑罚为中心,辅之以其他一些针对特殊犯罪者的措施,要求体现刑罚个别化,重视预防犯罪制度的建立。社会防卫主义,是指主张刑

① 林纪东:《刑事政策学》(第 4 版),台北,中正书局 1979 年版,第 301 ~ 302 页。
② 参见林纪东:《刑事政策学》(第 4 版),台北,中正书局 1979 年版,第 311 页。
③ 翁腾环:《世界刑法保安处分比较学》,商务印书馆 2014 年版,第 80 页。

罚的主要目的不在于惩罚罪犯，而在于预防犯罪，以保卫社会安全的理论。刑罚的目的在于防卫社会、预防犯罪，国家对有反社会行为的人科之以刑，以达到防卫社会、预防犯罪的目的，然而仅有刑罚尚不足以防卫社会、预防犯罪，所以在刑法之外设置了保安处分。此两种学说认为，传统的报应刑罚已不足以保障社会安全，对那些不能以刑罚处罚但具有社会危害性或潜在社会危险性的人，应在刑罚之外施以一定的保安措施，即保安处分，以保卫社会安全。

“人身危险性”是保安处分制度的核心概念，是实施保安处分的依据和基础。关于人身危险性，一般认为是指行为人反复犯罪的可能性。这一概念归功于实证学派对“犯罪人”的高度关注，以“犯罪人”为学派研究的支点，建构实证学派的社会防卫理论。如何通过对犯罪人的人身危险性作出适当的刑法评估，进而将犯罪人的人格因素纳入刑罚配置之中，以达到罪刑均衡就成为实证学派刑罚理念和矫正理念的核心。

“教育刑主义”认为，应从改善犯人的立场来研究刑罚的作用，主张“刑罚的本质就是教育”，无论何种犯人都有善良的品质，在适用刑罚的时候应当诱发这种善良品质，从而将犯人改造为对社会有用的人；主张社会防卫最有效的方法就是刑法教育化，受刑者应当参加劳动，单纯的刑罚不能起到教育的效果，而应当采用感化的方法。旧派报应刑理论无力应对突增的犯罪率，亦不能提出有效的解决办法；新派的教育刑则坚持实证主义，更加注重改造犯罪者使其回归社会，认为刑罚的目的侧重于预防犯罪，使犯罪人积极改造从而回归社会，新派教育刑理论对保安处分的产生有着至关重要的作用。

二、制度之更迭

（一）国外“保安处分”的立法实践.

19 世纪末 20 世纪初，西方国家迎来了保安处分的法典化时期。当时各国的刑法典和刑法草案关于保安处分的立法模式有二元论与一元论之分。

二元论认为刑罚与保安处分在法律性质上是不同的,应于刑罚以外规定保安处分,使保安处分成为刑事制裁体系的组成部分,以弥补单一刑罚手段的不足;使两者互补为用,从而维持良好的社会秩序。1893年,瑞士刑法学者、柏林大学教授卡尔·斯托斯(Carl Stooss)起草《瑞士刑法第一预备草案》,开创了刑罚与保安处分并列的二元立法模式,除了规定犯罪与刑罚外,还专门规定了保安处分制度,把保安处分规定为刑罚的一种代替和补充措施。1908年瑞士刑法草案、1909年奥地利刑法改正草案及1909年德国刑法典预案也都先后效仿之。1930年正式颁行的《意大利刑法典》①被认为是保安处分制度全面法典化的标志,是保安处分立法发展史上的里程碑,法典采二元论立法模式,将保安处分与刑罚并列。其后,德国亦适应其社会需要,采"双轨制"原则,于1933年颁布《惯犯法》将保安处分措施正式写入刑法。采取二元立法体例的国家较多,包括奥地利、日本、捷克、法国、罗马尼亚、比利时、荷兰、挪威、西班牙、波兰、匈牙利等国家制定刑法或刑法草案时都采取了二元的立法模式。

一元论则认为,刑罚与保安处分都是刑事制裁措施,二者目的相同,都是为了预防犯罪、矫正人格;手段相似,没有质的区别。与其耗费人力、物力施以刑罚不如注重旨在矫治、感化的保安处分,应在刑法中只规定保安处分而不规定刑罚。1921年意大利法学家菲利起草《意大利刑法预备草案》,即菲利草案,创立了刑罚与保安处分一元论的立法模式,把传统的刑罚方法融于保安处分体系,以保安处分代替刑罚。1927年,菲利草案被洛克(Rocco)采二元模式的《意大利刑法草案》代替而未能成为正式立法。采用一元立法体例的国家占少数,但菲利草案亦对各国刑事立法产生了一定的影响,后来1926年《苏联刑法典》、1926年《古巴刑法草案》、1929年《墨西哥刑法典》和1930年《比利时社会防卫法》都是采用的一元立法模式。

① 1930年10月19日《意大利刑法典》正式颁布,于1931年7月1日实施。

(二)近代中国“保安处分措施”及其立法尝试

受外来法律制度与文化的冲击,清末在修订新律时已经开始移植西方的法律制度。修订刑律乃法制变革的重中之重,必然会受到西方刑法观念的影响。沈家本等人在《奏进呈刑律草案折》中指出,新律于旧律变通者“厥有五端”:“一曰更定刑名。一曰酌减死刑。一曰死刑唯一。一曰删除比附。一曰惩治教育。”[①]其中,“惩治教育”即仿效西方刑法进行感化教育。沈家本针对幼年犯罪的刑罚原则指出:“丁年以内,乃教育之主体,非刑罚之主体……凡幼年犯罪改用惩治处分,拘置场中,视情节之重轻,定年限之长短,以冀渐收感化之效,明刑弼教,盖不外是矣。”[②]即使对成年人犯罪,感化教育也可以使用。例如,《大清新刑律草案》总则第十三章关于假出狱的规定,即包括配置相应设施对成年人实施感化教育。

1912 年 3 月 10 日,北洋政府公布《中华民国暂行新刑律》(以下简称《暂行新刑律》),除与民国国体相抵触条失效外,其余均暂行援用《大清新刑律》。因此《暂行新刑律》中涉及保安处分措施的规定实际上与《大清新刑律》之规定大体相同。其中第 11 条规定:“凡未满十二岁人之行为不为罪,但因其情节,得施以感化教育。”第 12 条规定:“凡精神病人之行为不为罪,但因其情节,得施以监禁处分。”第 63 条规定:“受缓刑宣告之人,缓刑期内,须有亲属或故旧监督其品行。”第 67 条规定:“假释出狱人,假释期内,应守假释管束规则。”《暂行新刑律》中有关“感化教育处分”、“监禁处分”、“监督处分”和“管束处分”的规定,充分体现了“不能适用刑罚的时候,或仅用刑罚不够的时候,建立保安处分体系,以补充刑罚体系,实为不可避免的处置”的刑法理念,其目的在于改善犯人、隔离犯人使其不再重新犯罪。[③]《大清新刑律》与《暂行新刑律》中的这些规定开启了我国保安处分措施的先例,在一定程度上迎合

---

① 《大清光绪新法令》(第 19 册),商务印书馆 1909 年版。

② 光绪三十三年(1907 年)8 月 26 日,修订法律大臣、法部右侍郎沈家本《为刑律草案告成分期缮具清单恭呈御览并敬陈修订大旨折》。

③ 参见(清)沈家本:《大清刑律总则草案》,法律馆 1907 年版,第 62 页。

了世界刑法的潮流,体现了主观主义的立法思想,对具有社会危害性或潜在社会危害性的人施以一定的保安处分措施,以达到防卫社会、预防犯罪的目的。

1914年北洋政府成立法律编查会,开始修订《暂行新刑律》,1915年4月13日完成《修正刑法草案》。1918年7月,北洋政府撤销法律编查会,改设修订法律馆,任命董康、王宠惠为总裁,在王宠惠的主持下于1919年完成《刑法第二次修正案》。由于时局动荡,这两部刑法修正案都没有得以正式审议通过,但它们为后来南京国民政府时期修订刑律打下了基础。

1927年4月,时任南京国民政府司法部长的王宠惠以北洋政府时期拟定的《刑法第二次修正案》为基础加以删修,编成《刑法草案》。经国民党中央常务委员会审议通过,国民政府于1928年3月10日公布为《中华民国刑法》(1928年《刑法》)。1928年《刑法》第30条针对未满13岁的人、13~16岁之人规定了"感化教育处分""监督处分",第31条针对心神丧失之人、心神耗弱之人规定了"监禁处分"等涉及保安处分的条款。虽与之前的《暂行新刑律》相比,1928年《刑法》在保安处分内容的规定上有一定的发展与进步,但1928年《刑法》未能吸收西方关于保安处分的最新研究成果。时有学者指出:"最近刑事政策注重社会之防卫,各国新订刑法关于保安处分一章规定颇详。现行法对于少年犯即精神病人虽有感化教育、监督品行及监禁处分之规定,然嫌范围太狭。"①对比当时世界各国立法中已经出现的保安处分制度,1928年《刑法》中规定的保安处分措施种类偏少、范围较狭隘,不能充分发挥保安处分对刑罚的补充作用,难以承担改善与隔离的任务。

(三)1935年《刑法》正式规定"保安处分"

20世纪30年代前后,世界刑事立法的潮流由客观主义向主观主义转变,注重贯彻社会化的一般预防政策,尤其注重个别化的特别预防措施的引进。1935年《刑法》即受此影响,将保安处分制度引入刑法之中,

① 郭卫校勘:《现行六法全书》,上海法学书局1935年版,第273页。

采取刑罚与保安处分双轨制,互为补充适用。

由于1928年《刑法》不能体现国际上最新的刑法发展成果,1931年12月,南京国民政府立法院组织刑法起草委员会,决定对1928年《刑法》进行改订。刑法起草者试图修订出一部能趋附当时刑事立法潮流,继受各国最新立法例的刑法典。[①] 因此,在1933年12月拟定的《中华民国刑法修正案初稿》(以下简称《初稿》)中新设立了"保安处分"一章,将保安处分的种类增加到了七种。随后《初稿》被分送各报馆、各法学杂志社、各大学、各地律师公会,并咨送司法行政部发送各级法院,征集对于该稿的批评或意见。社会各界进行了广泛的讨论,学者们针对刑法修正案纷纷发表文章表达自己的意见。保安处分作为刑法修正案的重大改革之一,成为当时刑法学界的一个热点话题。

《初稿》中新增的"保安处分"获得社会各界的普遍认同,有学者认为,《初稿》中关于保安处分的规定"大都采自各国最新颖最进步的法例,极能符合于现代刑法之主观主义和社会防卫主义的精神"。[②] 对《初稿》中保安处分的争议主要集中在是否保留"剥夺公务员资格"和"没收财产"两类处分上,以及保安处分能否得到有效施行的问题上。经过争论,最终1935年《刑法》中的保安处分制度取消了对"剥夺公务员资格"和"没收财产"的规定。历经3年对初稿的修改完善,先后举行会议148次,四易其稿,直到1934年10月《中华民国刑法修正案》才最终完成。经立法院三读通过后于1935年1月1日公布,1935年7月1日正式施行。

1935年《刑法》吸收了刑法实证主义和社会法学派的思想,以社会防卫论为基础。刑法起草委员会曾作明确的表述:"刑事学理阐发益精,国际刑法会议复年年举行,因之各国刑事立法政策自不能不受其影响,变动较大者,为由客观主义而侧重于主观主义,由报应主义而侧重

---

① 参见黄源盛:《回顾与动向——1935年民国刑法及其八十年来修正述要》,载《法治现代化研究》2018年第2期。

② 梅汝璈:《刑法修正案的八大要点述评》,载《法令周刊》1935年第235期。

于防卫社会主义。"[①]因此,1935年《刑法》中增设"保安处分"一章,详细规定了保安处分的适用原则是作为刑罚的补充,即由"报应主义"改为侧重"社会防卫主义",以强调发挥刑法的"保全与教育机能"。明确规定保安处分的种类主要包括七种:感化教育处分、监护处分、禁戒处分、强制工作处分、强制治疗处分、保护管束处分、驱逐出境处分。

针对1935年《刑法》中的保安处分制度,国民政府颁布了一些配套的实施细则。如1935年颁布《保护管束规则》详细规定了保护管束的适用范围、保护管束的执行人、保护管束执行人的权利及义务、检察官的监督权、受保护管束人的义务等问题。[②] 根据1935年《刑法》保安处分制度的规定,假释者应受保护管束处分,国民政府颁布了对假释执行的新规定,即《假释审查规则》和《假释人出狱注意事项》。[③] 其中《假释审查规则》规定的是对符合假释条件的犯人的审查规则,《假释人出狱注意事项》则详细规定了假释出狱人应遵守的义务。1929年《假释管束规则》、《假释者须知事项》和《监狱呈请假释办法》等由于和1935年《刑法》相抵触而被废止。除此之外,国民政府对于1935年《刑法》中规定的感化教育处分、监护处分、禁戒处分、强制劳动处分、强制治疗处分、驱逐处分等保安处分措施都没有相关的实施规则出台。

三、实践之困境

1935年《刑法》设立的保安处分制度具有时代性与进步性,其采纳世界最新的主观主义与社会防卫主义的刑法思想与立法精神,虽然这些立法精神早在1911年《大清新刑律》、1912年《暂行新刑律》、1928年《刑法》中已有不同程度的呈现,但是1935年《刑法》在这方面做了更多、更具体、更明确的规定。

一方面,保安处分在实施过程中有一些积极的意义:如对规制青少

① 黄源盛:《回顾与动向——1935年民国刑法及其八十年来修正述要》,载《法治现代化研究》2018年第2期。

② 蔡鸿源主编:《民国法规集成》(第66卷),黄山书社1999年版,第146页。

③ 蔡鸿源主编:《民国法规集成》(第66卷),黄山书社1999年版,第162页。

年犯罪具有一定的现实意义,提供了有效的途径;民国时期创立的感化教育是近代少年司法领域最重要的变革,对规制青少年犯罪的探索与尝试有着积极的意义;保安处分的实施在一定程度上维护了社会治安,对于预防和控制犯罪、维护社会秩序有积极的作用;对出狱人也起到了一定的救济作用。

另一方面,由于1935年《刑法》成于政治转型期,应时代、社会需求而制定,大部分内容是对1928年《刑法》立法上的疏漏、欠妥之处的补充与修整。实施以来,中国一直处于不安定的非常状态,战争连连,社会、政治、经济发生剧烈动荡,世界刑事思潮也有较大的变化。刑法中的保安处分制度难以实现防卫社会、消弭犯罪的功能。具体而言,受制于当时的历史条件,保安处分制度缺少相对应的实施细则,制度保障不足;政府财政经费不足、保安处分制度配套场所数量不足;专业矫正人员不足、法官的素质不足以担当法律所赋予的自由裁量权。由此导致1935年《刑法》中规定的保安处分制度没能得到真正有效的实施,没能真正实现矫正和预防犯罪的目的,没能实现制度设计的初衷。

1935年《刑法》所规定的保安处分既不是正式的刑事处罚,也不是一般意义的行政处分,它是由法院对于特定的人或特定的犯罪所实施的的一种司法处分。因此,保安处分的实施既不需要有犯罪事实,也不讲究诉讼程序和证据,法官拥有相当大的自由裁量权,在具体实施过程中有较大的灵活性。在当时时局的影响下,国民政府日益法西斯化,保安处分因此被一些反对人民革命、反对共产党的人所利用,成为镇压共产党、民主人士和人民群众的工具。国民政府对于保安处分制度的滥用,让世人视其法律如德、日等法西斯国家的法律同一性质,在相当长一段时期内被人诟病。

鉴于保安处分在法西斯国家被滥用的惨痛历史教训,第二次世界大战后,保安处分的发展进入反思期和再发展时期,各国在法治国原则和教育改善主义的基础上,对保安处分制度进行了重大的修改和完善,既重视社会防卫价值也要体现人权保障的价值。保安处分制度不仅没有从各国立法中消失,反而得到了更全面、更完善的发展。

当前我国并不存在国外的那种保安处分制度,我国的法律和实践中虽然没有明确使用"保安处分"一词,但不乏类似的规定。我国刑法和行政法上存在与西方国家保安处分类似的预防犯罪的措施,如强制医疗、强制戒毒、收容教养、从业禁止、宣告禁止令等。这些规定存在明显的缺陷与不足,如没有通则性的规定、缺乏系统性和稳定性;形式不一,多为行政性措施,刑法化不够;内容过于简单不够具体、种类设置不合理;缺乏严格的程序规定,在具体适用过程中有很大的随意性且缺乏有效监督措施等,导致这些预防犯罪的措施在实践中难以实施且容易被滥用。

基于世界刑法潮流的发展及对刑事政策的考虑,十分有必要在我国刑法中正式确立保安处分制度。我们既要顺应当前国际保安处分发展的趋势,充分借鉴民国时期1935年《刑法》中保安处分制度的积极成分,完善我国预防犯罪的机制;又要以保安处分被滥用的历史教训为戒,以法治国原则和教育改善主义为指导,从而建立起具有中国特色的保安处分体系。

美国最高法院对总统权力扩张的影响研究
——以20世纪上半叶美国最高法院的司法判决为考察中心

方瑞华*

[**摘要**]20世纪上半叶,美国总统权力在立法、外交、军事和社会事务领域实现了前所未有地扩张,这一扩张改变了建国之父设计的宪政格局,也对美国社会产生了重要影响。作为美国最高法院在20世纪上半叶对总统权力扩张所采取的立场支持多于限制,这一做法固然是"大政府"时代政府职能转变的时代需求,但也从某种程度上暴露了最高法院制约总统能力的减弱。而且,最高法院的立场及其"后遗症"也使紧急状态下的美国公民权利保护问题成为始终难以权衡的宪法难题。

[**关键词**]总统　总统权力　权力扩张　最高法院

自唐纳德·特朗普(Donald Trump)当选美国总统以来,其国内外政策一直是社会各界关注的焦点,而"通俄门"事件和民主党对特朗普发起的弹劾则像聚光灯一样将美国总统职位及其权力推向了"高光"时刻。这一"高光"时刻使人们再度将老生常谈的总统权力扩张问题作为研究对象,美国总统权力扩张可以追溯至建国时代,但不同时期显现出不同的特点:20世纪以前的扩张比较有限且具有反复性,而20世纪以来的扩张则在深度、广度和持久度方面表现出了前所未有的势头。与这一问题相关的研究成果比较丰富,这些成果又以研究影响总统权力扩张的因素的成果居多,其研究角度大致可以归纳为以下几类:

第一,宪法的模糊性表达为总统权力扩张提供了机会。美国联邦宪

---

* 方瑞华,东北财经大学马克思主义学院讲师。

法在权力授予和划分上存在诸多模糊之处,这成为"府会之争"的原因之一。美国学者特里·莫伊(Terry M. Moe)认为,宪法的模糊表达为总统不断行使单边权力提供了可乘之机。[①] 理查德·皮古斯(Richard Pious)认为,"宪法对总统行政权规定的含糊,实际上为总统无限制地扩展和行使行政权力提供了机会"。[②] 美国宪法史专家爱德华·考文(Edward S. Corwin)则把这种容易引起歧义的宪法权力划分看作发给国会与总统在外交问题方面"发生争执的邀请函"。[③] 乔尔·弗莱什曼(Joel L. Fleishman)和亚瑟·奥弗斯特(Arthur H. Aufsest)认为"宪法在设置严格限制——定义权力入侵和职能退位——方面毫无助益。它广泛地分配职能和权力,为政治斗争留下了相当大的空间"。[④] 詹姆斯·伦德奎斯特(James L. Sundquist)将宪法设计形象地比喻为"把两个格斗者送入了拳击场并敲响了使他们进入无休止战斗的钟声"。[⑤] 威廉·奥尔森(William J. Olson)和阿伦·沃尔(Alan Woll)则更加细致地分析了宪法规定的弊端,"宪法对总统权力的定义非常笼统,除了提及一般性语言和结构性功能之外,宪法对总统权力的限制极小。这一问题在总统利用行政命令进行立法时会变得更加尖锐,因为这将篡夺国会的权力,也会引起人们对分权体制的关注。总统篡夺立法权在建国之初就已经存在,进入20世纪则随政府权力的扩张而倍增。一个接一个的立法项目,国会将越来越多的权力授予行政机构。因此,国会非但未能制止反

① See Terry M. Moe and William G. Howell, "The Presidential Power of Unilateral Action", *Journal of Law, Economics, & Organization*", 15, 1999, pp. 132 – 179.

② Richard Pious, *The American Presidency*, Basic Books, 1979, p. 38.

③ Edward S. Corwin, *The President: Office and Powers 1787 – 1948: History and Analysis of Practice and Opinion*, New York University Press, 1948, p. 208.

④ Joel L. Fleishman and Arthur H. Aufsest, "Law and Orders: The Problem of Presidential Legislation", *Law & Contemporary Problems*, 40, 1976, pp. 1 – 45.

⑤ James L. Sundquist, *The Decline and Resurgence of Congress*, Bookings, 1981, p. 16.

倒支持了总统权力的扩张”。①

第二,国会自身结构特点应对复杂社会形势的弱势。国会在府会之争中常常处于下风,这一事实使学者将关注点转移到国会自身结构上,并认为这一弱势是总统权力扩张的重要原因。美国学者阿尔弗雷德·葛拉齐亚(Alfred De Grazia)认为“总统的强大是因为他的统一性,而国会则因它的分散性而软弱”;②爱德华从选举方式、内部结构、信息和专业水平不对等等因素入手分析国会与总统的结构差异,并总结了国会在外交政策和国家安全政策方面处于不利地位的原因。③ 中国学者对美国国会自身的弱势问题有着丰富的研究成果,如李道揆教授分析20世纪30年代以来总统权力扩张原因时将国会的弱点描述为局限性,④刘学政先生在探讨美国总统与国会的战争决策权之争时将这一现象概括为机构特点,⑤等等。其中石庆环教授的观点较具代表性,石教授指出,行政权的优势在于总统与国会权力结构的相异性:权力布局上,总统为一元主角,而国会是多元性的政治决策结构;选民范围上,总统代表选民的广泛性决定了其作决策时比较果断,而国会因为代表选区和利益集团的利益,整个决策过程复杂而缓慢;这种差异在建国早期尚不明显,随着美国国际地位的提高、国际事务增多,总统的优势逐渐显露。⑥

---

① “Executive Orders and National Emergencies: How Presidents Have Come to ‘Run the Country’ by Usurping Legislative Power”, William J. Olson and Alan Woll, *Policy Analysis*, October 28, 1999.

② Alfred De Grazia, *Republic in Crisis: Congress against the Executive Force*, Federal Legal Publications, 1965, p. 72.

③ See George C. Edwards, “The President and Congress: The Inevitability of Conflict”, *Presidential Studies Quarterly*, 8, 1978, pp. 245 – 257.

④ 参见李道揆:《美国政府和美国政治》(上册),商务印书馆1999年版,第404页。

⑤ 参见刘学政:《美国总统与国会的战争决策权之争》,北京外国语大学英语系2005年博士学位论文。

⑥ 参见石庆环:《现代美国总统行政权来源及其制约因素解析》,载《西南大学学报》(社会科学版)2013年第6期。

此外,将危急形势①和总统个人行为风格②作为影响总统权力扩张的分析对象的成果也比较丰富。现有的研究成果都直接或间接地将总统权力扩张与府会之争紧密联系起来,而且通常认为总统权力的扩张是以国会权力的削弱为代价的,这一现象无疑在美国政治史中比较常见。但是,总统权力扩张维度的变化导致影响其扩张的因素也在变化,国会可能作为其扩张的合作者,而最高法院摇摆的态度则成了影响总统权力扩张维度和持久度的重要因素。20世纪上半叶的美国政治实践便呈现上述特点,这也是本文的研究重点所在。

从学者的关注角度来看,总统权力扩张似乎始终与府会之争如影随形,而最高法院则受到了"冷遇"。实际上,最高法院在20世纪上半叶的总统权力扩张过程中的作用不可小觑。本文选取了20世纪上半叶若干具有代表性的司法案例为研究对象,试析最高法院在该时期对总统权力扩张的影响,以期为相关问题的进一步研究提供视角和思路。

一、20世纪上半叶总统权力的扩张

独立后的北美殖民地为解决邦联危机,十二个州③齐聚费城召开了对美国乃至对世界而言都具有重大意义的制宪会议,美国联邦宪法应

① 如美国宪法学者考文直言不讳地说:"战争使宪法权力的天平倾向总统。" See Edward S. Corwin, "The War and the Constitution: President and Congress", *The American Political Science Review*, 37, 1943, pp. 18 – 25. 学者伯恩斯等人指出,在20世纪这样一个"危机成了惯例而不是例外"的世纪,频频爆发的各种危机给予总统"通过对危机的反应以及对事务轻重缓急的安排"强化总统机制及权力的机会。参见[美]詹姆斯·M. 伯恩斯,杰克·W. 佩尔塔森、托马斯·E. 克罗宁:《民治政府》,陆震纶等译,中国社会科学出版社1996年版,第606页。

② 例如,美国学者加里·沃塞曼根据总统的行为风格将划分为布坎南型、林肯型、艾森豪威尔型和现代总统。参见[美]加里·沃塞曼:《美国政治基础》,陆震纶等译,中国社会科学出版社1994年版,第42~44页);詹姆斯·巴伯从心理学角度对美国总统进行了分类:主动—肯定型、积极—否定型、被动—肯定型、被动—否定型。参见詹姆斯·戴维·巴伯:《总统的性格》,赵广成译,中国人民大学出版社2015年版)等。在这一点上,中国学者青睐于作个案研究,通常以某一位总统作为研究对象。

③ 罗得岛因担心大州会损害其利益而拒绝派出代表参加会议。

运而生。美国联邦宪法的诞生标志着第一部成文宪法的诞生,也标志着新的政府体制——总统共和制——的诞生。根据美国联邦宪法规定,总统享有行政权、赦免权和部分立法权与外交军事权,之所以说是“部分立法权与外交军事权”,是因为国父为防止总统走向行政集权而规定总统与国会共享立法和外交军事权。自建国至19世纪末,美国联邦政府立法、行政、司法部门的权力格局除了在特殊时期出现过相互僭越的情形外(主要发生于国会与总统之间),基本上恪守着宪法赋予他们各自的权限。但是,20世纪上半叶的危机常态化使总统权力出现了大幅度扩张,这种扩张呈现纵横交织、历史性与即时性并存等特点。

(一)总统权力向立法领域的延展

19世纪总统权力扩张的领域实际上是围绕模糊性权力展开的,权力的扩张实际上也有确认行政权边界的意味。20世纪上半叶,总统权力的扩张从行政权领域开始向立法权领域延伸,这与宪法规定不无关系。宪法将立法权授予国会的同时,规定“总统应不时向国会报告联邦情况,并向国会提出他认为必要和妥善的措施供国会审议”,①从措辞来看,这一条款实际上是总统的义务,但历届总统则将其视为权力的授予,总统因而也成为发起、推动立法的立法者。据美国学者劳伦斯·张伯伦(Lawrence H. Chamberlain)统计,1890~1940年,国会通过的90部立法中,其中有19个法案是由总统施加了主要影响而通过的,29个法案是总统和国会合作的结果。② 一半以上的立法与总统有关,这在20世纪以前简直是不可想象的,这一事实在美国学者查尔斯·比尔德(Charles Austin Beard)那里得到了进一步验证:“可以毫不夸张地说,1929年以来制定的各项应付国民经济重要问题的重要立法中,没有一项的起源和形式是完全归功于参议院或众议院的明智而有创见的筹划

① 《美国宪法及其修正案》,朱曾汶译,商务印书馆2014年版,第10页。

② See Lawrence H. Chamberlain, “The President, Congress, and Legislation”, *Political Science Quarterly*, 61, 1946, pp. 47–49.

和决断。"[①]行使立法建议权的同时,总统还通过频繁发布行政命令取代立法。据统计,截至1943年,西奥多·罗斯福(Theodore Roosevelt)发布了1081条,威廉·塔夫脱(William Howard Taft)发布了724条,威尔逊(Wilson)发布了1803条,胡佛(Hoover)发布了968条,富兰克林·罗斯福(Franklin Delano Roosevelt)则发布了3556条行政命令,[②]这些行政命令涉及美国社会的方方面面,成为管理国家事务不可或缺的一部分。立法否决权也成为总统干预国会立法的重要工具。20世纪上半叶,西奥多·罗斯福使用82次,威廉·塔夫脱使用39次,威尔逊使用44次,卡尔文·柯立芝(Calvin Coolidge)使用50次,胡佛使用37次,富兰克林·罗斯福总统使用次数最多为635次。[③] 被否决的法案只有经参、众两院的2/3多数才能否决总统之否决,这决定了国会立法时必须慎重考虑总统的立法建议。

(二)总统权力向社会事务领域的扩展

总统权力向社会事务领域的扩张包含两层含义,一是联邦政府权力的扩大,二是总统权力的扩张,而总统权力在该领域的扩张则是以联邦政府权力扩大为前提的。宪法的"保留条款"规定,宪法授予联邦政府或未禁止各州行使的权力均由各州或人民保留,社会事务的管理权即属此类。在建国以后的一百多年里,联邦政府基本上遵守了这一规定。进入20世纪以后,垄断资本迅速发展且弊端丛生,使人们不再盲目信奉自由资本主义,转而呼吁政府干预经济事务,加之进步运动的兴起也为联邦政府干预经济提供了舆论支持,联邦政府借此开始积极管理社会事务。总统作为联邦政府首脑,积极领导联邦政府干预经济生活,这种干预从反托拉斯开始,后来延伸到调节劳资关系和系统地管理

① [美]查尔斯·比尔德:《美国政府和政治》,朱曾汶译,商务印书馆1987年版,第240~241页。

② 参见贾圣真:《总统立法——美国总统的"行政命令"初探》,载《行政法学研究》2016年第6期。

③ 资料来源:"Presidential Vetoes, 1789 to 1988", The U. S. Government Printing Office, February 1992,最后访问日期:2020年7月19日。

经济生活。

西奥多·罗斯福打响了反托拉斯的第一枪,他不等国会有行动便在1902年指示联邦司法部以违反1890年谢尔曼《反托拉斯法》的罪名起诉北方证券公司(Northern Securities Company),打响了总统大规模干预社会生活事务的第一枪。随后,联邦司法部又在罗斯福的支持下审理了其他40多桩反垄断案。继罗斯福总统之后,塔夫脱和威尔逊总统继续深入开展反托拉斯工作,塔夫脱总统任期(1909～1913年)内审理的反垄断案件比西奥多·罗斯福执政时代多出一倍,威尔逊总统则敦促国会相继通过两项重要的反托拉斯法案——《联邦贸易委员会法》(The Federal Trade Commission Act)①和克莱顿《反托拉斯法》(Antitrust Act)②——对谢尔曼《反托拉斯法》进行补充。这些反托拉斯措施在维护资本主义经济发展的同时,也扩大了联邦政府对经济事务的管理范围。与托拉斯问题共存的问题是劳资矛盾日益尖锐,按照宪法的规定,联邦政府只有得到州长或州立法机构的请求才能插手地方经济事务。1902年,无烟煤工人举行大罢工,老罗斯福总统并未经过州政府的许可直接出面压服了矿主而使事情得以解决。这一做法成为总统干预劳资关系的先例,其后总统纷纷效仿,威尔逊、哈定和富兰克林·罗斯福总统干预产业纠纷的次数分别为8次、2次和11次。③

该时期总统权力在社会事务领域的扩张与国会直接或间接的支持密不可分。宪法授予国会"规定合众国与外国、各州之间以及与印第安部落之间之贸易"的权力,④国会则借此将"商业"的概念无限放大,拓

① See "U. S. Congress, An Act to Create a Federal Trade Commission, to Define Its Powers and Duties, and for Other Purposes", in Statutes at Large, 38, 1914, pp. 717 – 724.

② See "U. S. Congress, An Act to Supplement Existing Laws against Unlawful Restrains and Monopolies, and for Other Purposes", in Statutes at Large, 38, 1914, pp. 730 – 740.

③ See Edward S. Corwin, *The President: Office and Powers* 1787 – 1948: *History and Analysis of Practice and Opinion*, New York University Press, 1948, p. 191.

④ 《美国宪法及其修正案》,朱曾汶译,商务印书馆2014年版,第5页。

宽了联邦政府干预社会事务的领域。当仅有立法权而无执法权的国会想要解决某一社会问题时,只能采取通过立法成立相应的部门或授予总统部分"任意性"权力的方式,这两种方式无一例外地为总统管理经济事务提供了便利。威尔逊政府的《联邦储备法》建立了联邦储备银行体系、《联邦贸易委员会法》设立的联邦贸易委员会和"新政"期间的《全国工业复兴法》设立的国家复兴管理局均为联邦政府通过立法而设立政府部门管理经济生活的体现。到了富兰克林·罗斯福总统时期,总统管理经济生活的权力进一步加强,在"百日新政"中,他敦促国会通过了一系列管理经济的法案,这些法案涉及工业、农业、银行业等众多事关国家经济命脉的行业。在第二次"新政"中,他又敦促国会先后通过了《全国劳工关系法》①《社会保障法》②《国民住房法》③《公平劳工标准法》。④ 这些法案在调整劳资关系、提供社会保障方面起到了巨大作用,也扩大了总统干预经济事务的权力。

(三)总统军事外交权的扩张

联邦宪法既没有将涉外事务的权力完全授予国会,也没有将其完全授予总统,而是将涉外事务的权力分割成若干部分分别授予了总统

① See "U. S. Congress, AN ACT to Diminish the Causes of Labor Disputes Burdening or Obstructing Interstate and Foreign Commerce, to Create a National Labor Relations Board, and for Other Purposes", in Statutes at Large, 49, 1935, pp. 449 - 457.

② See "U. S. Congress, AN ACT to Provide for the General Welfare by Establishing a System of Federal Old-Age Benefits, and by Enabling the Several States to Make More Adequate Provision for Aged Persons, Blind Persons, Dependent and Crippled Children, Maternal and Child Welfare, Public Health, and the Administration of Their Unemployment Compensation Laws; to Establish a Social Security Board; to Raise Revenue; and for Other Purposes", in Statutes at Large, 49, 1935, pp. 620 - 648.

③ See "Joint Resolution to Extend for a Period of Two Years the Guarantee by the United States of Debentures Issued by the Federal Housing Administrator", in Statutes at Large, 50, 1937, p. 20.

④ See "U. S. Congress, An Act To Provide for the Establishment of Fair Labor Standards in Employments in and Affecting Interstate Commerce, and for Other Purposes", in Statutes at Large, 52, 1938, pp. 1060 - 1069.

与国会。宪法第1条规定国会拥有“宣战，颁发捕拿敌船之许可证及报复性拘捕证，制定陆上及海上俘获条例”，“规定合众国与外国、各州之间以及与印第安部落之间之贸易”，招募军队并供给军需，以及“制定为执行以上各项权力及依据本宪法授予合众国政府或政府中任何机关或官员之其他一切权力所需之必要与恰当之法律”的权力。[①] 宪法第2条规定总统是“合众国陆海军总司令，并于各州民兵被征调为合众国服役时统率民兵”，拥有“任命大使和缔结条约”的权力，但必须经参议院批准。[②] 宪法对外交事务权力的分配，一方面使国会与总统相互牵制；另一方面也使得总统与国会就外交事务的争执不可避免。美国学者爱德华·考文（Edward S. Corwin）因此将宪法对外交权力的规定称为“就外交政策制定问题而发生争执的邀请函”。[③]

由于外交军事权的特性，总统在国家处于紧急状态时更容易实现外交军事权的扩张，但老罗斯福总统则“将行政权力扩展到了和平时期宪法许可范围的极致——如果不是更广”。[④] 借助他提出的“罗斯福推论”，老罗斯福通过秘密协定的方式调停日俄战争，使美国第一次以国际仲裁者的身份出现在国际政治舞台上。打着“门罗宣言”的幌子，罗斯福在美洲挥舞着大棒行使他的警察权：通过以武力相威胁而迫使委内瑞拉皇帝尽快解决内乱、支持古巴独立、干预圣多明各骚乱、推动巴拿马独立等。

老罗斯福总统在美国置身战争之外的国际环境下实现了外交权的扩张，两次世界大战则为威尔逊和富兰克林·罗斯福总统扩张外交权提供了机会。第一次世界大战爆发后，威尔逊总统充分诠释了总统在

---

① 《美国宪法及其修正案》，朱曾汶译，商务印书馆2014年版，第5~6页。

② 《美国宪法及其修正案》，朱曾汶译，商务印书馆2014年版，第9页。

③ Edward S. Corwin, *The President: Office and Powers 1787 – 1948: History and Analysis of Practice and Opinion*, New York University Press, 1948, p. 208.

④ Samuel Rosenman and Dorothy Rosenman, *Presidential Style: Some Giants and a Pygmy in the White House*, Harper & Row, 1976, p. 123.

对外战争中应承担的角色:先是发表宣言声明美国中立,[①]然后力图促成交战国之间的和谈,调停失败后又带领美国人民参战。美国对德宣战之后,总统获得了管制生产、控制工业经济和根据需要在美国以外的地区部署军队的权利。国会也因为战争需要通过立法授予总统多项权力,1917 年《利弗粮食与燃油管制法案》授予总统可以根据需要"颁发许可证管制必需品的进口、制造、储备、采矿或销售"的权力。[②]

第二次世界大战爆发后,富兰克林·罗斯福总统面对的是孤立主义盛行、反战情绪高涨的美国社会,所以他的首要任务不是如何行使总统职权,而是如何扭转美国人民的反战观念。当欧洲在大战边缘时,国会率先通过《中立法》[③]以求将美国置身于欧州战争之外,罗斯福总统则通过敦促修改法案、行使自由裁量权和促成《租借法案》的通过使美国从中立到名义上的中立,再到参战。从第二次世界大战的进程来看,美国最终参战不可避免,但罗斯福总统的行为将美国参战的日程提前了,他争取的护航让德国与美国的矛盾过早激化,而他调整禁运物资范围则使日本提前实施与美国作战的计划。美国参战后,罗斯福总统充

---

① Woodrow Wilson, "Executive Order 2011—To Enforce Neutrality of Wireless Stations", August 5, 1914. Online by Gerhard Peters and John T. Woolley, *The American Presidency Project*, Accessed July 28, 2020. https://www.presidency.ucsb.edu/documents/executive-order-2011-enforce-neutrality-wireless-stations.

② See "U. S. Congress, An Act to Provide Further for the National Security and Defense by Encouraging the Production, Conserving the Supply, and Controlling the Distribution of Food Products and Fuel", in Statutes at Large, 40, 1917, pp. 276 – 287.

③ See "U. S. Congress, Joint Resolution Providing for the Prohibition of the Export of Arms, Ammunition, and Implements of War to Belligerent Countries; The Prohibition of the Transportation of Arms, Ammunition, and Implements of War by Vessels of the United States for the Use of Belligerent States; for the Registration and Licensing of Persons Engaged in the Business of Manufacturing, Exporting, or Importing Arms, Ammunition, or Implements of War; and Restricting Travel by American Citizens on Belligerent Ships During War", in Statutes at Large, 49, 1935, pp. 1081 – 1051, 1081. 法案规定"禁止对一切交战国运输或试图运输武器、弹药和军需品,违者将面临最高 10,000 美元罚款或最长 5 年监禁或两者兼之,授权总统规定哪些属于军需品和何时实施禁运"。

分发挥了他作为军队总司令的职能。通过国会授权,总统获得了管制经济的权力,他先后成立了国防咨询委员会、科学研究和发展办公室、战争信息局、战争动员办公室、战争人力委员会、战时生产委员会和物价管理局。这些新成立的机构由总统领导,从而使罗斯福成为美国政府领导指挥战争的唯一决策者。在充分行使军事权的同时,罗斯福总统还进一步扩张了总统外交权,他通过行政协定而不是签订条约的方式与其他国家达成协议,其中最著名的就是《大西洋宪章》。

美国从中立走向参战的过程中,罗斯福总统没有直接侵占国会的宣战权,但他通过自己的行动左右了美国对外政策的进程,也决定了美国与其他国家的关系。而且,总统行使的这些权力全部得到了最高法院的支持,竟然也包括总统下令将11万日裔公民关入集中营的行为。从美国参战到战后国际安排计划,富兰克林·罗斯福总统重新诠释了总统这一职位在涉外事务领域的权力与地位。

二、最高法院对总统权力扩张的支持

1803年,马歇尔大法官通过马伯里诉麦迪逊案(Marbury v. Madison)使最高法院这一政府中“危险最小的部门”获得了司法审查权,从而使最高法院成为“一切与法律有关问题的最终仲裁者……宪法的最终解释权属于司法部门”。[①] 从此,联邦政府层面立法、行政与司法部门的制衡局面才真正形成。但是,从20世纪上半叶的司法实践来看,最高法院更多的是对总统权力扩张的确认而非否决。

(一)迈尔斯诉美国案:最高法院对总统免职权的确认

官职任免权是总统与国会权力之争的焦点之一。归根结底,这一争论还是由宪法的模糊规定造成的。宪法规定总统“得提出人选,在征得参议院意见和同意后任命大使、公使、领事、最高法院法官以及其任

① 任东来、陈伟、白雪峰等:《美国宪政历程——影响美国的25个司法大案》(第2版),中国法制出版社2005年版,第33页。

命手续未经本宪法另行规定而须以法律加以规定的其他一切合众国官员”。① 宪法将任职权同时授予了总统与国会,但却没有任何关于免职权的条款,第一届联邦政府就该问题上引发了争论,虽然华盛顿总统在第一次交锋中取得了胜利,但有关这一权力的争夺却贯穿于美国历史,迈尔斯诉美国案(Myers *v.* United States)即因此而起。

1917年,威尔逊总统为奖励迈尔斯的忠诚而任命他为俄勒冈州波特兰市的第一等级邮政局长,任期四年,但总统在迈尔斯任职不到三年时要求其辞职。迈尔斯因拒绝辞职而被威尔逊总统免职,于是迈尔斯以“免职未经国会同意是违法的”为由而将总统告上法庭。当时联邦最高法院首席大法官是美国前总统威廉·塔夫脱,他最终代表多数从建国之父的意图、政治传统和宪法文本三个方面解释了该案判决意见的理由。从制宪者意图来看,塔夫脱认为,“制宪会议的辩论表明代表们想建立一个强有力的行政机构”,将行政权集于总统一身就是为了避免立国前的那种混乱。② 随后,塔夫脱又以英国政治体制为切入点说明总统同时拥有任命和罢免权的合理性。塔夫脱的论据是英国的行政权属于国王,国王同时拥有任命和罢免的权力,美国联邦宪法既然将行政权授予总统,那么总统也应该像英国国王一样拥有官员任免权。最后,塔夫脱从宪法内容入手给出了总统拥有免职权的理由,“总统负责确保法律得到切实执行,但他自己无法完成”,这意味着“他必须拥有权力选择那些执行法律的人从而在他的指示下执法”。③

在阐释完这些理由后,塔夫脱又纠正了两种错误观念:一是参议院同意总统提名官员的权力意味着国会同样拥有免职权;二是总统是站在人民的对立面行使行政权力的。塔夫脱从宪法设计的意图出发,说明宪法将审查总统任命权授予国会的目的,即“在于防止总统在任命上偏向大州而剥夺了小州的平等代表权……同意任职只能说明参议院同

① 《美国宪法及其修正案》,朱曾汶译,商务印书馆2014年版,第9页。

② Myers *v.* United States, 272 U. S. 52 (1926).

③ Myers *v.* United States, 272 U. S. 52 (1926).

意了总统的提名,但关于该名官员最终能否胜任这一工作,总统显然比国会更了解官员的真实水平”。① 对于第二个错误观念,塔夫脱引用麦迪逊的话说:“从某种程度上讲,总统是由全体人民所选,比国会更能代表人民。”②塔夫脱的主张得到其他五位法官的支持,③最高法院最终以6∶3的结果宣布总统拥有对官员的免职权。

(二)柯蒂斯—赖特出口公司案:最高法院对总统的涉外事务主导权的确认

柯蒂斯—赖特出口公司案(United States *v*. Curtiss-Wright Export Corporation)是一个因行政立法问题而起,最终却影响了总统外交权的著名案件。1935年,最高法院先后判决“新政”的多部法案违宪,这直接导致了许多因国会授权行政部门立法而致使利益受损的公司对行政法规有效性的质疑,柯蒂斯—赖特出口公司案就是因此而起。柯蒂斯—赖特公司原本是一家美国本土的飞机生产销售商,由于经济危机导致国内市场缩水,便选定了正在与巴拉圭交战的玻利维亚政府作为海外市场。应国际联盟的要求,富兰克林·罗斯福总统要求国会授权他禁止将武器出售给交战国以制止这场战争继续扩大,柯蒂斯—赖特公司则因违反总统禁令而受到了制裁。为此,柯蒂斯—赖特公司主管以最高法院在巴拿马案(Panama Refining Co. *v*. Ryan)和谢克特家禽公司诉美国案(A. L. A. Schechter Poultry Corporation *v*. United States)中的判决为由,将总统告到联邦地区法院并获得胜诉。联邦政府的律师则认为,自建国以来,国会赋予总统外交领域自由裁量权的先例早已有之,因而将此案上诉到联邦最高法院。

最高法院以8∶1的压倒性票数判决联邦政府胜诉,萨瑟兰(Sutherland)首席大法官代表了多数派宣读了判决意见。首先,萨瑟兰阐明了联邦政府在国内事务和涉外事务权力上的区别。从权力起源来

① Myers *v*. United States, 272 U. S. 52 (1926).

② Myers *v*. United States, 272 U. S. 52 (1926).

③ 这五位支持他的法官中,有三人是塔夫脱担任总统期间任命的。

讲,“联邦政府除了宪法中具体列举的权力,以及实施列举的权力所必须和适当的隐含的权力,不能行使任何权力,这一广泛声明只有在我们内政方面才是绝对正确的”;而涉外事务的权力则与国内事务领域的权力有着本质性的区别,“各州从来就未拥有过涉外事务的权力,这些权力也就不可能从各州的权力中分离出来,而是源于其他”。萨瑟兰指出,这个“其他”因素可以追溯至殖民地时期,当时“这一权力为国王独有。通过《独立宣言》,‘美利坚合众国代表’宣布美国(而不是几个)殖民地是自由和独立的国家,因此,美国整体拥有‘发动战争、缔结和约、缔结同盟、建立商业和独立国家可以做的其他一切活动的全部权力’”。萨瑟兰继续说道,既然殖民地作为一个整体与大不列颠分离,涉外事务的权力就不可能由王国分别传给各殖民地。萨瑟兰接着强调了联邦政府作为一个整体的重要性,“一个政治社会如果没有一个至高无上的意志,就不可能持久下去。作为整体的主权从来不需要被质疑”。①

“国家存在的前提是联邦政府的最高权威”这一点已然明了,萨瑟兰趁热打铁,从国际上的普遍现象入手找到了联邦政府拥有外交权的依据。他指出,美国“作为国际大家庭的成员,美国政府在外交领域的权利和权力应该与这个大家庭的其他成员的权利和权力相等”,否则美国便不是完全意义上的国家。因此,即便“宪法中没有提到通过宣战、发动战争、媾和、缔结条约的方式与其他主权国家维持外交关系的权力”,必要时仍应将此权力授予联邦政府。通过对涉外事务权力起源的解释,萨瑟兰点明了外交权力“从国家的概念上来说是固有的”②这一主旨。

继找到联邦政府拥有外交权力的依据之后,萨瑟兰将外交权力从联邦政府具体到了总统手中,“在这个事务繁重的领域,由于它的重要性、复杂性、微妙之外和多方面的问题,只有总统才有权作为国家的代表发言或倾听”。萨瑟兰给出的理由有二:一是宪法赋予总统的权力,

① United States *v*. Curtiss-Wright Export Corporation, 299 U. S. 304 (1936).

② United States *v*. Curtiss-Wright Export Corporation, 299 U. S. 304 (1936).

“总统在参议院的建议和同意下签订条约”意味着“总统独自谈判且进入谈判阶段后，参议院不能介入谈判领域，而且国会也无权介入”。二是总统行使外交权力具有其他政府部门不具备的优势，“是总统而不是国会，有更好的机会了解国外的情况，特别是在战争时期，他有他的机密情报来源，他在外交、领事和其他政府部门都有自己的代理人”。①

综上所述，最高法院认为地区法院对国会授权总统执行武器禁运的判决是站不住脚的，“我们可以得出结论，无论在原则上还是在先例上，总统都有充分的自由裁量权以决定该法令的执行是否会对重新建立国家的和平秩序有益，有权决定是否执行该决议，和是否停止以及何时停止执行该决议”。② 此外，还需要强调一点，萨瑟兰大法官认为总统宣布禁运的权力并非来自国会授权，他指出，“我们在这里不仅要处理通过行使立法权而赋予总统的权力，而且要处理这样一个权力加上……总统的权力……在国际关系领域……它不要求将国会法案作为其行使的基础”。③ 最高法院通过对柯蒂斯—赖特出口公司案的判决确认了总统在涉外事务方面的权力，并且重申了联邦政府的最高权威。

(三)美国诉贝尔蒙案：最高法院承认行政协定的法律地位

美国诉贝尔蒙案(United States v. Belmont)是因原告为追回存入奥古斯特·贝尔蒙(August Belmon)所在的俄罗斯公司的一笔存款而起。原告在苏联的奥古斯特·贝尔蒙公司存有一笔款项。1918 年，苏联政府正式颁布了一项法令，解散、终止和清算公司并将公司的所有财产和资产收归国有，其中也包括贝尔蒙的存款账户，一直由苏联政府保管到 1933 年。1933 年，苏联政府决定归还属于美国公民的财产，而奥古斯特·贝尔蒙于 1924 年就去世了，其遗嘱继承人贝尔蒙拒绝执行而成为

① United States *v*. Curtiss-Wright Export Corporation, 299 U. S. 304 (1936).

② United States *v*. Curtiss-Wright Export Corporation, 299 U. S. 304 (1936).

③ United States *v*. Curtiss-Wright Export Corporation, 299 U. S. 304 (1936).

本案被告。联邦地区法院以原告陈述不足以构成诉讼理由为由驳回了原告的诉讼请求,终上诉到了联邦最高法院。

因为苏联政府归还美国人民资产的决定是美国与苏联政府通过外交函电协商的结果,联邦地区法院认为,银行存款的地点在纽约州,它绝不能被视为苏联领土内的无形财产,如果实施国有化法令,就必须通过实施一部没收的法令来完成。这个问题最终变成了总统的行政协定是否对国内或地方政府具有约束力的问题,因此,萨瑟兰作为首席大法官对待此案非常慎重并最终作出了支持总统的判决,萨瑟兰代表多数派传达了判决意见。萨瑟兰开篇就已经为最终判决意见定了基调,他说,"首先,我们不能止步于询问纽约州是否有任何政策受到侵犯,因为我们认为,没有任何州的政策可以凌驾于这里涉及的国际契约之上"。接着,他援引奥特仁案①的判决说明,"对外关系的处理是宪法赋予政府政治部门的,在行使这一政治权力时可以采取的措施的适当性不受司法调查或决定的约束,领土主权问题不是一个司法问题"。如果允许一个主权国家的行为受到合法性的重新审查,或者被另一个主权国家的法院所宣判,那肯定会"危及政府之间的友好关系,并破坏国家的和平"。②

对外关系的权力属于联邦政府的政治部门不假,但总统的行政协定为何具有法律效力呢?萨瑟兰接着分析到,苏联政府既然已经与美国政府建交,外交承认、建交和其他安排都属于这一事务的一部分,也就构成了两国政府之间的契约,而协商、接受政治安排和协议则理应属于总统的职权范围,这一点是不容置疑的。与柯蒂斯—赖特出口公司案中的观点一致,萨瑟兰再次强调了对外事务的权力为联邦政府独有,与国内事务的权力是有本质区别的。显然,总统是美国政府对外发声的唯一法定代表。关于这项行政协定的性质,萨瑟兰认为,"前述的政治安排与协议并不像条约那样,需要参议院的批准","国家之间的契约

① See Oetjen *v.* Central Leather Co. ,246U. S. 297 (1918).

② United States *v.* Belmont,301 U. S. 324 (1937).

关系也不都是需要经过参议院批准的条约,还有许多其他形式,如草案、临时妥协、邮政条款等”。虽然上述协定可能不是一项需要参议院批准的条约,“但它是在总统授权下谈判和宣布的契约,因此,它是《巡回上诉法院法》(26 Stat. 826)含义内的‘条约’,这一问题可直接上诉到本法院”。柯蒂斯—赖特出口公司案已经表明,州并没有在涉外事务领域的权力,那么,“当援引法院对涉外事务权力进行裁决时,州的宪法、法律和政策就不能作为判决的依据”。①

至此,最高法院的判决意见呼之欲出:首先,州宪法、法律和政策应该让步于联邦政府的权力,因此该案完全可以上诉至最高法院;其次,总统作为美国政府处理对外关系的唯一代表,他与外国签订的行政协定具有法律效力。实际上,这个案件的意义所在不是原告是否有权利上诉或能否追回存款,而在于继柯蒂斯—赖特出口公司案之后再度强调了联邦政府作为整体的外交权力的权威性,并且在此基础上做了进一步延伸,即总统的行政协定具有法律效力。这一判决的直接影响就是“总统的权力远远被扩大了”,②此后的总统更愿意以行政协定代替条约来构建与其他国家的外交关系。

(四)是松诉美国案:最高法院对总统紧急权力的承认

1941 年 12 月 7 日,日军偷袭珍珠港,重创了美国的太平洋舰队,罗斯福总统和国会随即对日宣战。对日宣战后,国会通过立法授权总统、战争部长、军事长官可以对进入、逗留和离开军事区域的行为进行惩罚,③罗斯福总统发布行政命令授权战争部长和各军事指挥官将他们认

---

① United States *v*. Belmont, 301 U. S. 324 (1937).

② Stefan A. Reisenfeld, “The Power of Congress and the President in International Relations: Three Recent Supreme Court Decisions”, *California Law Review*, 25, 1937, pp. 643 – 675.

③ “U. S. Congress, An Avt To Authorize the Federal Works Administrator to Acquire Title, on Behalf of the United States, to Not More Than Thirty-Five Acres of Land Subject to Certain Reservations in the Grantors”, in Statutes at Large, 56, 1942, p. 173.

为有必要转移走的居民强行移走。① 1942 年 3 月,西防区指挥官下令对西海岸线的日裔美国人和日本、德国、意大利侨民实行宵禁。同年 5 月又将所有日侨和日裔美国人移至西部和南部的 10 个集中营,共有 11 万左右的日裔美国公民被关入了集中营,其中有 7000 人出生在美国或已经归化为美国公民。

美国军队的这一做法激起了日裔美国人的反抗,他们纷纷将联邦政府告上法庭,认为联邦政府的这种做法侵犯了他们作为美国公民的权利。最高法院审理这类案件时的态度都比较审慎,他们一般拒绝对美国政府的这种做法的合宪性作出判决,如平林诉美国案②和远腾案。③ 是松诉美国案是最高法院明确表态的案例,最高法院首席大法官雨果·布莱克(Hugo Lafayette Black)宣读了多数派意见,他首先表明政府的这种行为与种族无关。他说,"所有限制一个种族群体公民权利的法律都应受到怀疑。这并不是说所有这些限制都是违反宪法的。也就是说,法院必须对他们进行最严格的审查。有时可以证明压制公共需要的限制确实存在,但绝不能以种族为由"。随后,他承认了强制性的转移和囚禁"与我们政府的基本原则并不一致",但是在现代战争中,敌人可以对美国的沿海造成威胁,因此"(对于国家的)保卫的力量必须与(国家面临的)威胁相对称"。④ 布莱克称,被强行赶出家门对日裔美国人来说是一种"痛苦",但这是"战争的一部分"。⑤ 虽然大法官墨菲和罗伯茨因认为这种行为"是对(日裔公民)宪法权利的侵犯"而反对这一判决意见,但他们无力改变判决结果。

---

① Franklin D. Roosevelt:"Executive Order 9066—Authorizing the Secretary of War to Prescribe Military Areas", Online by Gerhard Peters and John T. Woolley, The American Presidency Project, Accessed July 25, 2020. https://www.presidency.ucsb.edu/documents/executive-order-9066-authorizing-the-secretary-war-prescribe-military-areas.

② Kiyoshi Hirabayashi *v.* United States, 320 U. S. 81 (1943).

③ Ex Parte Mitsuye Endo, 323 U. S. 283 (1944).

④ Toyosaburo Korematsu *v.* United States, 323 U. S. 214 (1944).

⑤ Toyosaburo Korematsu *v.* United States, 323 U. S. 214 (1944).

是松诉美国案的判决由此确认了总统的紧急权力，为以后的历届总统要求行使紧急权力提供了先例，而在行使这一权力时所面临的问题与该案相同——紧急状态下的公民权利将如何得到保障。虽然最高法院在第二次世界大战后纠正了这一带有污点的判决，但该案对美国宪政体制的影响却极为深远，而非个别判决就能彻底根治这一“后遗症”。

三、最高法院对总统权力扩张的抑制

20 世纪上半叶，美国总统通过单边行动或国会授权的方式在内政外交领域大大扩张了权力范围，最高法院也在国家危急时期确认了总统已经扩张的权力，为总统采取及时有效的措施解决危机提供了便利。然而，一俟危机度过，最高法院便会重新审视总统的权力，通过司法判决抑制总统权力的扩张。1934～1936 年先后通过案例判决“新政”多项立法违宪便是最高法院这一做法的体现。

1935 年 1 月 7 日，最高法院在巴拿马炼油公司诉瑞安公司案中，以“该法授予总统以不适当的管理石油工业的权力”为由判决《全国工业复兴法》第 9 条第 3 款无效。① 自此开始，最高法院陆续展开对“新政”的全面进攻，先后宣布《全国工业复兴法》《铁路养老金法》《农场房屋贷款法》《农业调整法》《全国烟煤管理法》《城市破产法》等违宪。其中最为激进的一天是 1935 年 5 月 27 日，这一天最高法院扼杀了 3 项“新政”立法。由于当日是星期一，“新政”支持者将此日称为“黑色星期一”。“黑色星期一”里最重要的判决当属谢克特家禽公司诉美国案，②该判决宣布《全国工业复兴法》违宪。

谢克特家禽公司是纽约布鲁克林区的一个肉食公司，被联邦检察官控告违反了《全国工业复兴法》的肉类商业规则。这个因为谢克特家禽公司“卖了一只从外州进货的、不合适的鸡”引起的诉讼本来没有什

---

① See Panama Refining Co. *v*. Ryan, 293 U. S. 388 (1935).

② See A. L. A. Schechter Poultry Corporation *v*. United States, 295 U. S. 495 (1935).

么法理意义,但最高法院需要一个契机对《全国工业复兴法》作出判决,此案恰好为法院提供了一个好机会。在该案中,9名大法官一致认为《全国工业复兴法》违宪,理由有三:首先,《全国工业复兴法》缺乏牢固的立法基础和充分的宪法依据;其次,《全国工业复兴法》将大量本属于国会的立法权授予总统,而总统又将权力交给私人公司使用;最后,家禽行业规则应属于地方经济行为,而不是国会有权管制的州际贸易行为。① 该案之所以意义非凡,是因为《全国工业复兴法》对经济活动的影响之大,在该法执行的两年时间里,有750个与《全国工业复兴法》相关的规则建立起来,直接关系到2300万人的经济活动。② 最高法院仇视《全国工业复兴法》最主要原因在于该法授予总统巨大的权力,通过国会的授权,总统不仅加强了管理行政机构的权力,还获得了管理联邦政府与地方经济生活的权力,这是以往任何总统都无法企及的。由于总统与最高法院都对《全国工业复兴法》的看重,谢克特家禽公司诉美国案的判决使双方势同水火。

最高法院没有就此罢手,而是进一步扩大其司法"战果"。1936年1月在巴特勒案中判决《农业调整法》无效,③《农业调整法》是"新政"处理农业经济危机的重要法律。在该案判决后,国会很快又通过了《土壤保护法》以继续发挥《农业调整法》的功能。同年,最高法院又在艾西万德诉田纳西河流域管理局案中对《田纳西河流域管理局法》持保留的支持态度,④在卡特诉卡特煤矿公司案的判决中宣布《全国烟煤管理法》无效。⑤

从判决理由和依据来看,保守法院对"新政"立法作出的违宪判决

---

① See A. L. A. Schechter Poultry Corporation *v*. United States, 295 U. S. 495(1935).

② 参见王希:《原则与妥协——美国宪法的精神与实践》,北京大学出版社2014年版,第413页。

③ See United States *v*. Butler, 297 U. S. 1(1936).

④ See Ashwander *v*. Tennessee Valley Authority, 297 U. S. 288 (1936).

⑤ See Carter *v*. Carter Coal Co., 298 U. S. 238 (1936).

是基于“非授权原则”(Non-authorization)。[①] 根据这一原则,“新政”立法及一系列与之相关的行政法规和“新政”措施归于无效,使得总统乃至联邦政府干预经济和管理社会事务的权力都受到了极大限制。自由派法官斯通(Stone)为此慨叹道:“(法院的判决)已经把山姆大叔结结实实地捆起来了。”[②]

最高法院通过一系列司法判决限制总统权力扩张的行为也影响了罗斯福总统“新政”的施政根基,罗斯福终于在大选之后向最高法院发出了挑战。1937 年 2 月 6 日,罗斯福向国会提出了司法改革方案,最主要内容是“联邦最高法院法官人数最多可由原来的 9 名增至 15 名”,理由是最高法院因为人手不足和法官的老龄化而效率低下,低级法院随意颁发禁令造成混乱。虽然保守法院确实已经表现出了落后于时代的迹象,但罗斯福此时的“法院填充计划”难免有报复之嫌,这一计划以失败告终。罗斯福总统的“填充法院计划”失败后,最高法院在后来的判决中也发生了转向,开始转向支持“新政”立法的立场上来。

四、结论

综上所述,最高法院在 20 世纪上半叶对总统权力扩张的支持多于抑制,而且采取抑制立场的仅限于国内事务领域,即便是抑制总统权力扩张的“新政”违宪判决,最终也在转向后推翻了之前的判决。从中可以看出,最高法院该时期制约总统权力的力度和能力都有所减弱,一方面是由最高法院自身“不告不理”的被动审查的特点导致的;另一方面则是出于现实的考量,整个 20 世纪上半叶的美国时刻面临着内政外交的严峻考验,需要一个强有力的部门带领美国走出重重困境,而最佳人选就是美国总统。无论是从当时还是长远来看,最高法院“配合”总统的结果就是总统权力的持续扩张,在这个“非常态”趋于常态化的时代,

---

① 一原则不允许国会将立法权授权总统,认为这是“公认的对维护宪法所规定的政府体制的完整性的至关重要的原则”,参见 Field *v*. Clark,143 U. S. 649 (1892)。

② [美]拉尔夫·德·贝茨:《1933 ~ 1973 年美国史》,南京大学历史系英美对外关系研究室译,人民出版社 1984 年版,第 146 页。

总统总是有各种机会和理由要求行使“紧急状态”时所拥有的权力,一旦总统行使权力成为既成事实,宪政格局就再也不可能回到扩张之前的样子。而且,公民权利在“冷战”期间的“反共浪潮”和“9·11”事件中一次又一次地被践踏,暴露了最高法院在保障公民权利方面的滞后性与乏力,这也成为当今学界和美国社会各界激烈争论的宪法难题。

美国《所有残疾儿童教育法案》与“适当教育”的界定

李晓光*

[**摘要**]1975 年《所有残疾儿童教育法案》将“免费的适当的公共教育”定义为“根据孩子的个别化教育计划提供的特殊教育和相关服务”。“特殊教育”是“专门设计的指示,无需父母付费,可以满足孩子的独特需求”。残疾儿童“相关服务”是发展,矫正和其他支持性服务。因此,要提供“免费的适当的公共教育”,学区必须准备满足孩子教育需求的“个别化教育计划”,并使孩子从该教育中受益。但是,《所有残疾儿童教育法案》却未定义两个关键短语:“满足”和“受益”。而这两个短语却是界定“适当教育”的范围和程度的核心概念,即适当教育提供哪些服务范围以及提供的“适当教育”达到什么效果,获得什么收益。根据《所有残疾儿童教育法案》颁布后的法律实践,本文试图对此进行分析和界定。

[**关键词**]《所有残疾儿童教育法案》　适当教育　个别化教育计划　萝莉标准

一、残疾人受教育权的早期发展

公民权利运动产生了保护残疾学生权利的联邦立法。事实上,最高法院在布朗诉教育委员会案(Brown v. Board of Education of Topeka)(1954 年)中宣布公立学校种族隔离为非法,这为特殊教育倡导者辩称排斥残疾学生也违反了第 14 条修正案的平等保护条款铺平了道路,但是最初的立法回应范围有限。1958 年《智障儿童教育扩大教学法案》,国会利用该法案拨款培训智障儿童的教师;1959 年《专业人员培训法》

---

* 李晓光,华东政法大学博士研究生,安徽农业大学法学系教师。

帮助培训智力障碍儿童的项目管理人员和教师;1961 年《聋人教师法案》为失聪或听力有障碍的儿童培训教学人员。此外,1965 年,《初等和中等教育法》(Elementary and Secondary Education Act,ESEA)和《州立学校法》向各州提供了直接赠款援助,以帮助教育残疾儿童。

1966 年,国会修订了《初等和中等教育法》,法案第六章向各州提供联邦拨款,以"启动,扩展或改善计划,以满足残障儿童的特殊教育和相关需求"。[①] 当此计划在四年后的后续修订中被废止时,1970 年《残疾教育法案》(EHA)取代并扩大了该计划,为地区资源中心和高等教育机构增加了资金,以向特殊教育教师提供培训和帮助。直到 1972 年,审理宾夕法尼亚智障儿童协会(PARC)诉宾夕法尼亚州和米尔斯诉教育委员会一案(以下简称智障儿童协会案)的两个联邦地方法院都同意,历史上一直剥夺了残疾学生在公立学校有接受平等教育的机会。更具体地说,审理智障儿童协会案的法院提出了"严重怀疑是否存在此类排除的合理依据",由此产生的当事方之间的和解协议要求学校向残疾学生提供免费的公共教育计划,提供适合儿童能力的教育和培训。同样,米尔斯法院下令学校提供适合学生需要的公共教育。此后,有 28 个州作出了类似的裁决,要求学校向残疾学生提供教育服务。但是,这些计划的质量不一,促使特殊教育倡导者推动更严格的立法。[②] 1974 年,对《残疾教育法案》进行了修订,要求各州向所有残疾学生提供"充分的教育机会",修订后的《残疾教育法案》更名为《所有残疾儿童教育法案》(Education for All Handicapped Children Act,EAHCA),又称"94 - 142公法"。

《所有残疾儿童教育法案》于 1975 年 11 月 29 日由杰拉尔德·福特总统签署成为法律,并于 1977 年生效。《所有残疾儿童教育法案》是

---

① EW Martin,R Martin,DL Terman,"The legislative and litigation history of special education",*The Future Of Children-Spring* 1996,pp. 26 - 39.

② See Katsiyannis, Yell and Bradley, "Reflections on the 25th Anniversary of the Individuals with Disabilities Education Act.", *Remedial and Special Education*, 22, 2001, pp. 324 - 334.

国会的一项英勇努力,成为要求所有残疾学生平等获得公共教育机会的第一部联邦法律。目的是平息公众对公共教育的愤怒,特别是公共教育缺乏足够的特殊教育。《所有残疾儿童教育法案》的目的是改善所有被贴上“残疾”标签的学生的受教育机会,更好地“协助州和地方努力提供计划来满足残障儿童的教育需求,以确保得到平等的法律保护”。联邦、州和许多下级法院的裁决反映出,联邦政府从未考虑过这些残疾学生的差异如此之大,以至于不可能采取整齐划一的方法来帮助残疾学生。这些残疾对每个有特殊需要的学生的影响也各不相同,进一步加强了像《残障人士教育法》(The Individuals With Disabilities Education Act,IDEA)这样的立法的必要性。①

《所有残疾儿童教育法案》在教师及其直接管理人员手中保留了实施学校改革的大部分权力。事实上,老师被认为是专家,因此被认为是最有资格决定什么方法对残疾学生有效的。教师凭借《所有残疾儿童教育法案》赋予的合法权力,可以自由决定其在教学方法方面想要遵循的规则。老师们开始在同一时间用同样的方法教授残疾的学生,因为这样更省力。然而,“一刀切”的做法没有奏效,《所有残疾儿童教育法案》的缺点开始浮出水面。《所有残疾儿童教育法案》影响了贫穷和少数族裔儿童以及中产阶级,事实上,它没有察觉其影响的社会经济背景,给所有相关家庭带来了巨大的问题。②

二、《所有残疾儿童教育法案》的“适当教育”的范围

国会根据以前的判例法和专业意见,在制定《所有残疾儿童教育法案》时通过了对教育的宽泛定义。

《所有残疾儿童教育法案》将“免费的适当的公共教育”定义为“根据孩子的个别化教育计划提供的特殊教育和相关服务”。“特殊教育”

---

① See Ruth Colker, *Disabled Education—A Critical Analysis of the Individuals with Disabilities Education Act*, New York, NYU Press, 2013, p. 224.

② See Ruth Colker, *Disabled Education—A Critical Analysis of the Individuals with Disabilities Education Act*, New York, NYU Press, 2013, pp. 42 – 43.

是“专门设计的指示,无需父母付费,可以满足孩子的独特需求”。残疾儿童“相关服务”是发展、矫正和其他支持性服务。因此,要提供“免费的适当的公共教育”,学区必须准备满足孩子教育需求的“个别化教育计划”(Individualized Edncation Program,IEP),并使孩子从该教育中受益。但是,《所有残疾儿童教育法案》却未定义两个关键短语:“满足”和“受益”。这两个短语是界定“适当教育”的范围和程度的核心概念,即适当教育提供哪些服务范围以及提供的“适当教育”达到什么效果,获得什么收益。

适当的教育是由“特殊教育”和“相关服务”组成的。特殊教育被定义为:“为满足残疾儿童的独特需要而专门设计的、不向父母或监护人收费的教育,包括课堂教学、体育教学、家庭指导以及医院和机构的指导。”[①]这一措辞表明,在教育的标签下所需的教学类型应足够广泛,以满足不同程度残疾儿童提出的广泛特殊需要。同样,“相关服务”也非常全面,包括“帮助残疾儿童受益于特殊教育所需的发展、矫正和其他辅助服务”。这类服务被贴上教育的标签,可以包括交通、心理服务、物理治疗、娱乐、咨询和社会工作服务。国会对教育的广泛看法也体现在该法案对“残疾儿童”的定义上。它的覆盖面很广,包括弱智、重听和聋人、言语障碍、视力障碍、骨科障碍、严重情绪障碍、学习障碍、其他健康障碍和多项残疾。[②] 这一定义可以包括严重弱智儿童、自闭症儿童、精神分裂症儿童、患有两种或两种以上障碍的儿童(如聋人和盲人),甚至包括抑郁或表现出不适当行为的儿童。[③] 这也突出了该法在教育的标签下可能需要广泛的服务,以满足患有这些障碍的儿童的各种独特需要。《所有残疾儿童教育法案》的立法史还表明,国会认为,通过要求免费、适当的公共教育,残疾儿童将获得更大程度的独立性,从而减少对

① 20 U. S. C. § 1401(a)(16) (1982) & Supp. Ⅲ 1985.

② See 20 USC § 1401(a)(1) (1985).

③ See 34 C. F. R. § 300. 5 (1987).

国家的依赖。[1] 要迈向自给自足,许多严重残疾儿童必须从学习最基本的自助技能开始,例如如厕、穿衣、进食和洗涤。其他一些残疾程度较轻的儿童必须掌握额外的生活技能,如使用公共交通工具和在社区中以社会可接受的方式互动。因此,国会认为教育服务包括的不仅仅是学术指导,为了达到提高自给自足的教育目标要求全面的服务。然而,行政和司法部门的决策者在教育服务的范围上存在分歧。许多行政决策者只是想当然地认为,对弱能人士来说,各种各样的服务必须被视为教育的一部分,以此达到自给自足的教育目标,使得残障人士能够做到生活自理。在萝莉案中,美国最高法院认为,每个儿童都有权获得教育福利,让残疾儿童能够提高他们的自给自足能力。同时法院指出,对于一些轻度残疾儿童来说,自给自足的目标是不够的;而对于一些严重残疾儿童来说,这将是过度需求。这种对个人水平和需要的强调以及法院提到的自给自足证据表明,最高法院认为适当的教育方案必须包括广泛的服务。法院毫不犹豫地推翻了违反该法案强调满足个人需求的州政策。例如,在巴特尔诉宾夕法尼亚一案中,法院挑战宾夕法尼亚州一项对学年长度的 180 天限制的法规。州政府应全年为残疾儿童提供培训。暑假造成的长时间中断导致孩子们的技能水平下降。将学年限制在 180 天的做法违反了一些残疾儿童对全年服务的需要。[2] 第三巡回上诉法院在要求为一个严重弱智的多残疾儿童提供一个 24 小时的结构化课程,强调基本自助技能的培训时指出:"对于这些人来说,教育的概念必然是广泛的。"[3]第三巡回上诉法院在处理严重情绪紊乱和严重智力障碍者的教育时指出:"在缺乏基本自助和社会技能,例如,如厕训练、穿衣、进食和交流的情况下,正式教育就从那时开始。"[4]同样,第

---

① See Weiker, "The Need for a Strong Education for All Handicapped Children Act", *Connecticut Law Review*, 14, 1982, pp. 471 - 472.

② See Battle v. Pennsylvania, 629 F. 2d 269 (3d Cir. 1980).

③ Kruelle v. New Castle County School Dist., 642 F. 2d 687, 693 (3d Cir. 1981).

④ Battle v. Pennsylvania, 629 F. 2d 269 (3d Cir. 1980).

六巡回上诉法院强调社会技能的获得应视为教育。① 事实上,甚至有的法院认为,露营、野外旅行、游泳和其他运动、游乐场和娱乐活动、园艺和工作技能培训等活动计划也是对自闭症儿童的教育。② 总而言之,《所有残疾儿童教育法案》的无条件措辞、立法历史和行政意见有力地表明,国会在颁布《所有残疾儿童教育法案》时打算需要广泛的教学和非教学服务。③

三、萝莉标准(1982):对《所有残疾儿童教育法案》的"适当教育"程度的阐释

(一)萝莉案简介

萝莉案是联邦最高法院根据《所有残疾儿童教育法案》对残疾儿童"个别化教育计划"的实质性内容进行评估的第一个判决。

原告艾米·萝莉(Amy Rowley)1978年9月在纽约亨德里克·哈德森学区(Hendrick Hudson Central School District)弗莱斯·伍兹小学正式就读小学一年级。虽然艾米听力受损,但是她的智商高于平均水平,是一位出色的唇读者。由于她的智力、兴趣和友好的性格,她在学校表现很好,成绩高于平均水平,很容易从一个年级晋升到另一个年级。从艾米最初入学起,学区就对她的独特需求作出了回应,提供了专门的助听器、聋人指导教师的帮助,以及每周三个小时的语言治疗。艾米的父母同意这些服务,"但坚持要求艾米在所有的学术课程上也要有一名合格的手语翻译"。经过短暂的试用期,学区拒绝提供翻译服务。萝莉夫妇要求举行正当程序听证会。听证官员发现艾米的计划满足了她的需要,而且不需要翻译。纽约州教育专员确认了听证官员的决定。

① See Ronker *v*. Walter, 700 F. 2d 1058, 1061 (6th Cir. 1983).

② See Birmingham and Lamphere School Dist. v. Superintendent of Pub. Instruction, 120 Mich. App. 465, 467, 328N. W. 2d 59, 60 (1982).

③ Dennis E. Cichon, "Educability and Education: Filling the Cracks in Service Provision Responsibility under the Education for All Handicapped Children Act of 1975", *Ohio Stafe Law Journal*, 48, 1987, p. 1089.

萝莉夫妇用尽了行政补救措施,最终,这对父母向纽约南区联邦地区法院提起诉讼,声称他们的女儿被剥夺了“适当的”教育机会。初审法院得出结论,艾米是一个“适应良好的孩子,与她的同学很好地互动和沟通,与她的老师建立了非同寻常的融洽关系”。然而,与她的非残疾同学相比,她对教室里发生的事情了解的少得多。她的潜力和她的成就之间的差距导致法院认为她没有接受“适当的”教育。在没有翻译的情况下,她被剥夺了“充分发挥她潜力的机会,这与提供给其他儿童的机会相称”。于是法官推翻了听证官员和州审查委员会的决定,认定亨德里克·哈德森学区未能向艾米提供“免费的适当的公共教育”。法官文森特·布罗德里克(Vincent Broderick)推断,尽管艾米是一个聪明、有学习能力的孩子,但如果不是聋子,她就能学到尽可能多的东西。法官制定了一个标准来作出裁决,“这个标准要求每个残疾儿童都有机会充分发挥他的潜力,与其他儿童获得的机会相称”。该学区就这一裁决向美国第二巡回上诉法院提起上诉,该法院以 2∶1 的裁决维持了地区法院的裁决,即亨德里克·哈德森学区未能向艾米提供“免费的适当的公共教育”。该学区随后向美国最高法院提出上诉。1982 年,美国最高法院在教育委员会诉萝莉案中作出裁决。这是最高法院审理的第一起有关特殊教育的案件,所以它非常重要。首席大法官威廉·伦奎斯特(William Rehnquist)撰写了这份意见书,以 6 票赞成、3 票反对的多数推翻了下级法院的裁决。最高法院推翻了下级法院的裁决,该裁决将“免费的适当的公共教育”定义为“为残疾学生提供的机会,使与提供给其他儿童的机会相对应”。法院认为颁布《所有残疾儿童教育法案》时,国会试图为残障学生提供“基本的机会基础”。在总结国会仅寻求为残障学生提供教育机会的基础时,法院严格解释了《所有残疾儿童教育法案》中“免费的适当的公共教育”的定义。在定义“免费的适当的公共教育”时,国会使用了“受益”一词。法院认为国会表示任何教育利益都足以满足《所有残疾儿童教育法案》的要求。

在 1982 年 6 月 28 日发布的这项裁决中,首席大法官伦奎斯特写道:“我们认为,州政府通过提供足够的支持服务来满足‘免费的适当的公共教育'的要求,从而使得儿童从该教育中受益。"他进一步写道:"如果'个别化教育计划'的教学提供了足够的支持性服务,使孩子能够从教学中受益,那么孩子就接受了免费的适当的公共教育。"多数人认为,国会寻求的主要是让残疾儿童接受公共教育。但是,在寻求提供这样的公共教育机会的过程中,国会并没有强加给各州任何更高的实质性教育标准。①

(二)"基本机会底线"的萝莉标准

在《所有残疾儿童教育法案》颁布后,不同的法院开始制定各种不一致的标准,以帮助他们确定学校是否根据该法案提供"适当的教育"。在这些标准中,最受欢迎的是自给自足标准,②要求向非残疾儿童提供与之相称的教育机会的平等标准,③要求最大限度发挥儿童潜能的标准,④和要求消除残疾影响的标准。⑤ 1982年,最高法院在教育委员会诉萝莉案中首次将重点放在《所有残疾儿童教育法案》上,并明示或含蓄地拒绝了所有这些先前的标准。最高法院认为,确定"适当教育"的标准是孩子是否接受了一些教育福利。提出的理由如下:国会提供免费、适当的公共教育的目的中隐含着这样的要求,即所提供的教育必须足以给予残疾儿童一些教育福利。国会花费数百万美元提供公共教育,却让残疾儿童得不到任何好处,这对国会没有什么好处。因此,我们得出结论,《所有残疾儿童教育法案》提供的"基本机会底线"包括获得专门的指导和相关服务,这些服务是单独为残疾儿童提供的。就聋哑儿童艾米·萝莉来说,教育福利意味着她的表现比普通儿童更好,而且在没有手语翻译的情况下很容易从一个年级提升到另一个年级,尽管她理解的程度比她会的要低。法院在很大程度上依赖于《所有残疾儿童

---

① See Rowley *v*. Board of Education of the Hendrick Hudson School District, 483 F. Supp. 528 (S. D. N. Y. 1980), 632 F. 2d 945 (2nd Cir. 1982).

② See Armstrong *v*. Kline, 476 F. Supp. 583, 603 (E. D. Pa. 1979).

③ See Springdale School Dist. *v*. Grace, 656 F. 2d 300, 304 (8th Cir. 1981).

④ See Rabinowitz *v*. New Jersey State Bd. of Educ., 550 F. Supp. 481 (1982).

⑤ See Harrell *v*. Wilson County Schools, 58 N. C. App. 260, 293 S. E. 2d 687 (1982).

教育法案》中的一节,该节要求提供必要的相关服务,以允许儿童从他的指导中受益。法院驳回了自给自足本身可以成为一种标准的想法,因为这既是一种不充分的保护,也是一种过于苛刻的要求。立法史上提及实现自给自足,证明国会的意图是,为残疾儿童提供的服务在教育上是有益的,无论他们的残疾性质如何。由于学校并不要求最大限度地发挥儿童的潜能,即使对非残疾儿童也是如此,法院认为没有理由对残疾儿童实施这样的标准。地区法院的意见承认,即使是最好的公立学校也缺乏资源,使每个孩子都能充分发挥其潜力。尽管该案的裁决在评论员和残疾人教育倡导者中引起了很大的恐慌,他们认为法院偏离了国会的意图,但有几个因素表明,这实际上是一个符合国会所希望的那种标准的裁决。法院承认,残疾儿童之间存在着巨大的能力差异,一个儿童在学习环境中可能没有什么困难,而另一个儿童在获得甚至最基本的自我维持技能方面可能会遇到很大困难。因此,法院的裁决仅限于残疾儿童正在接受大量专门指导和相关服务,并且在公立学校系统的普通教室中表现高于平均水平的案件。在这样做的过程中,法院相信对一些表现不佳的残疾儿童的教育包括生活技能的教学。事实上,这项意见的基调显然与立法关注的一致,即所有弱能儿童都应获得不分伤残的服务,并优先照顾目前未受教育的儿童。根据法院对立法历史的解读,并考虑到资源稀缺,法院认为,已经从公立学校教育中获得一些好处的儿童在国会优先事项清单上的排名较低,因为他们至少接受了一些教育,而其他儿童则没有。最有能力的残疾儿童可能承担有限财政资源的负担,这是萝莉裁决的一个不幸结果。一位评论员得出结论,该法案的扩张性目标与美国公立学校在20世纪80年代遇到的财政限制根本不一致。因此,各州和地方被迫做出艰难的分流决定,牺牲某些目标来实现其他目标。这些分流决定往往对不同的残疾群体产生不同的影响,使一个群体与另一个群体对立。[①] 最高法院不能不顾州

① "Enforcing the Right to an 'Appropriate' Education: The Education for All Handicapped Children Act of 1975", *Harvard Law Review*, 92, 1979, p. 1103.

教育资源有限的现实,盲目执行《所有残疾儿童教育法案》的授权。在作出裁决时,法院是在执行它认为是该法最明确的优先事项,即最严重残疾儿童的教育,并为经济限制牺牲最低残疾儿童。①

(三)萝莉标准存在的问题

萝莉标准将门槛定得太低,实质上是将学校必须满足的要求提高到仅略高于微不足道的教育利益。② 在几乎所有其他法律文本下,法律制度要求法院考虑什么对孩子最好,或者至少什么情况对孩子更好。然而,当一个孩子的特殊教育需求受到争议时,萝莉创造了一种潜在的对立局面,父母希望他们的孩子得到最好的教育,但学校却认为不必达到那么高的水平。换言之,学校可以向学生提供最低限度的服务,只要他们得到的不只是一些微不足道的教育利益。这种情况还有另一个不利因素。特殊教育提供者对他们向学生提供的服务没有完全的控制权,学校行政人员往往很难在没有法律要求的情况下证明额外服务的费用是合理的。③ 因此,特殊教育提供者可能被夹在中间,他们希望与家长一起为学生辩护,但没有得到校区的授权,在家长、特殊教育提供者和学校行政人员之间制造紧张关系。

四、有意义的利益标准——后萝莉时代巡回法院的突破

萝莉案后美国各巡回上诉法院开始采用不同的标准来决定一个学区授予"免费的适当的公共教育"所需的教育福利。

萝莉案判决语言模糊,导致在法院在评估"个别化教育计划"时应

① LA Larson,"Beyond Conventional Education:A Definition of Education Under The Education for All Handicapped Children Act of 1975",*Law and Contemporary Problems*,48,1985,p.63.

② Amy J. Goetz et al.,"The Devolution of the Rowley Standard in the Eighth Circuit:Protecting the Right to a Free and Appropriate Public Education by Advocating for Standards-Based IEPs",*Hamline Law Revien*,34,2011,p.503,508.

③ Scott F. Johnson,"Rowley Forever More? A Call for Clarity and Change",*Journal of Law & Education*,41,2012,p.25,27.

采用何种标准存在分歧。① 美国总检察长将巡回法院之间的这种分歧称为“根深蒂固的和公认的冲突”。② 尽管所有巡回法院都同意萝莉的整体标准,即“个别化教育计划”必须“合理计算以提供教育福利”,但法院之间的差异在于满足最高法院“免费的适当的公共教育”要求的教育利益的程度。

在 ex rel. Michael S. 诉 Fairfax County School Board 的裁决中,第三巡回上诉法院解释说:“虽然不要求一个州最大限度地发挥每个残疾儿童的潜力,但它必须为儿童提供‘有意义的学习’和‘有意义的利益’的教育。”③第三巡回上诉法院使用了这种精确的语言来证明采用比萝莉案建立的标准更高的标准是合理的。但是,最高法院在萝莉案中使用的语言是如此混乱和不精确,以至于巡回上诉法院一直在努力准确地阐明他们所采用的标准。结果,学者们对遵守不同标准中的一种或几种标准的巡回上诉法院认定上有所不同。④ 尽管对于巡回上诉法院适用哪种标准存在分歧,但学者们普遍认为第三巡回上诉法院始终采用更高的标准。第三巡回上诉法院最初在 Polk 案中制定了有意义的福利标准,该标准要求学校在制定“个别化教育计划”时考虑学生的潜能。重要的是要注意这并不需要学校发挥学生的最大潜能。此外,尽管评论员通常认为这是一个单一的标准,但第三巡回上诉法院已经明确拒绝了把具有如此多样化需求的学生的适当教育“简化为单一标准”。然而,第三巡回上诉法院确实通过设定了通用标准,在 Polk 案提出,要对学生进行“免费的适当的公共教育”专业教育,必须有证据表明,对学生

---

① See “Too Much or Not Enough: How Have the Circuit Courts Denied a Free Appropriate Public Education After Rowley?”, *Suffolk University Law Review*, 39, 2005, p. 1, 6.

② See Endrew F. ex rel. Joseph F. *v*. Douglas Cty. Sch. Dist. RE – 1, 137 S. Ct. 988 (2017) (No. 15 – 827), http://www.scotusblog.com/wpcontent/uploads/2016/08/15-827-US-Amicus.pdf.

③ 680 F. 3d 260, 269 (3d Cir. 2012).

④ See Scott F. Johnson, “Rowley Forever More? A Call for Clarity and Change”, *Journal of Law & Education*, 41, 2012, p. 25, 27.

的好处不只是最低限度的或微不足道的。①

五、结语

根据《所有残疾儿童教育法案》及其“适当教育”的要求，残疾儿童不仅有权进入公共学习机构，而且有权接受专门为满足其独特的个人需要而设计的教育。为实现这一目标，该法案为儿童提供了“个别化教育计划”和程序性保障，以执行该法案规定的权利。《所有残疾儿童教育法案》却未定义两个关键短语：“满足”和“受益”。而这两个短语却是界定“适当教育”的范围和程度的核心概念，即适当教育提供哪些服务范围以及提供的“适当教育”达到什么效果，获得什么收益。“适当教育”要考虑到残疾儿童不同程度的能力，使教育适合每个儿童的需要。这也符合联邦最高法院在教育委员会诉萝莉案中的裁定，即所有残疾儿童都有权享受教育福利。这样一个定义不包括任何残疾儿童的基础上的成本，父母的过错，或严重的残疾，因此，避免了任意区分残疾儿童。它基于平等和个别化的概念，符合立法意图。然而，“基本机会底线”只是平权运动的初步结果，随着社会的进步和对教育效益的追求，仅仅提供接受教育的机会远远不够，所有残疾学生还应有权接受高质量的教育。需要教育团队制定合法可靠的“个别化教育计划”，这些“个别化教育计划”还应经过合理的计算，使学生能够根据他们的情况取得适当的进步。为了确保独立教育计划达到高等教育效益标准，并让学生取得实际进步，“个别化教育计划”团队需要：(1)评估和分析学生所有独特的教育需求；(2)制定有意义和可衡量的年度目标；(3)依靠以研究为基础的特殊教育程序；以及(4)收集实际数据，并根据这些数据作出教学决策，这一点至关重要。“个别化教育计划”的目标必须是让(学生)取得进步。毕竟，“个别化教育计划”的基本功能是制订一个追求学术和功能发展的计划。

① See Polk *v.* Cent. Susquehanna Intermediate Unit 16, 853 F. 2d 171, 181 – 82 (3d Cir. 1988).

孟德斯鸠“中国法律观”及知识来源考略

张　旭*

［摘要］法国思想家孟德斯鸠作为一位视野开阔、学识渊博的学者，虽并未到访中国，但对中国知识把握深刻，并在其论著中多次引用他的“中国观”。孟德斯鸠不囿于前人留下的已有游记或通信资料来源，积极对人类命运及人类社会建构形式进行理性思考并构筑其理想蓝图，这是对当时欧洲的来自中国知识所进行的理性反思。“中国法律观”在孟德斯鸠渊引大量来华人士白描与资料研究的基础上得到较为清晰的呈现。文章采用文献与比较分析方法，旨在通过对孟德斯鸠中国知识来源相关问题的考略，从某种程度上廓清孟德斯鸠“中国法律观”及知识来源考略的基本根据，检视孟德斯鸠“中国法律观”及知识来源的真伪，为寻求当下西方人眼中的中国提供依据。

［关键词］孟德斯鸠　中国知识　考略

一、问题的提出

14、15 世纪以降，中西方文化碰撞相对频繁与集中。影响最大的当属《马可·波罗游记》，其在欧洲的出版发行，首次让外国人较为真实地知悉远在东方的“中国印象”。此时欧洲文明正从封建社会开始转型为资本主义社会，这两百年欧洲各国总趋势是民族国家在崛起，帝国分裂，资本主义生产制度逐渐成为主要生产方式，各君主国的统治趋向开明君主制。在这样大环境下，法国经路易十四批准向中国派遣五名耶稣会传教士，甚有一批传教士来访康熙皇宫，中西文化交流步入正轨。在当时，传教士除了本职传教外，同时也成为西方了解中国的法律、宗教、风俗的中法文化交流使者。在延续百余年中国礼仪之争的论战期

* 张旭，武汉大学博士研究生，主要从事法律史、法理方面研究。

间,一些域外传教士在与欧洲来往的大量信件中以主观视角描述了当时的历史与现状,并从中国古籍中引章摘句,持之有据地用以论证各自对中国“法律观”及知识的理解,他们将儒家礼教的知识甚或东方经典译成域外文字,使描述中国知识的册子在欧洲出版。据不完全的统计,在礼仪之争①延续数百年期间,仅在欧洲出版的有关中国的译作和著述就多达四百余种(见图1),从侧面视角给欧洲人提供了熟知“中国法律观”及知识的重要路径。

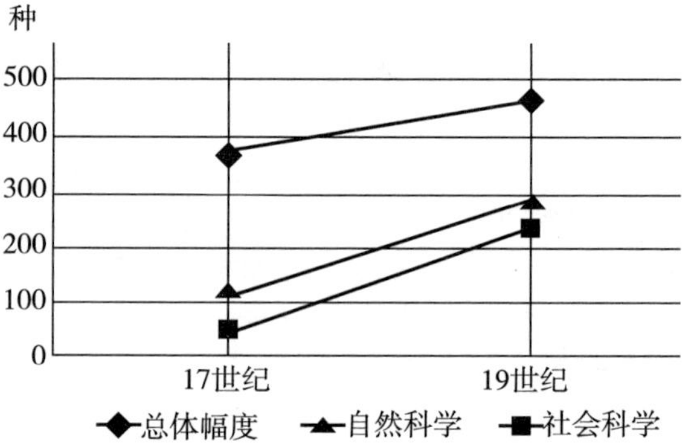

图1　17世纪到19世纪中国知识传入欧洲数量

基于上述交代的背景,域外的法国刮起了一场历时数十年的中国风。法国的大众与精英,尤其是启蒙思想家开始对中国产生兴趣,其中大多数侧重关注中国物态文化,而启蒙思想家则较为偏爱中国精神文化,从中找到自己政体思想的支撑点,“中为西用”。孟德斯鸠(以下简称孟氏)笔下的“中国法律观”及知识当属诸多研究中的典型代表。孟氏并未到访中国,亦未专门就中国问题加以研究,然其论著中关于中国

① 礼仪之争主要是17世纪至18世纪西方天主教传教士就中国传统礼仪是否违背天主教义的争议。是指康熙与传教士就儒教崇拜引发的争论,教皇克雷芒十一世当时认为中国儒教的帝皇及祖先崇拜违反天主教义,支持多明我会,打压耶稣会,结果引发清朝廷反制,严厉限制传教士活动。直到1939年,罗马教廷才撤消禁止中国教徒祭祖的禁令。

知识究竟渊于何处？他并非闭门造车，而是在充分利用手头珍贵的间接资料基础上描述“中国观”，其中关于中国问题的基本论述颇多，尤其在《论法的精神》一书中就有二十一章之多谈论中国，以中国为专题的就达五节，如《中华帝国》《中国的奢侈》《中国人的礼仪》《中国的良好风俗》《中国政体的特质》。此后，孟氏化名“波尔·马多”发表《波斯人信札》。该书用讽刺的笔调勾勒出法国上层社会人物的总貌，书中表达法国的专制。

学界以往研究中国法律观主要沿寻思想评述并阐述影响。本文更注重以孟氏[①]中国“法律观”及知识的来源问题作为考略究视角，探讨有关路径与来源问题。行文在对《中华帝国》《中国文化西传欧洲史》《罗马盛衰原因论》《黄嘉略与早期的法国汉学》《传教士与法国早期汉学》中收录的杜赫德[②]著作、李天纲的《中文文献与中国基督宗教史研究》、黄一农的《明末清初天主教传华史研究的回顾与展望》、徐宗泽的《明清间耶稣会士译著摘要》（上海书店出版社 2006 年版）、张国刚的《明清传教士与欧洲汉学》（中国社会科学出版社 2001 年版）、［法］谢和耐和戴密微等的《明清间耶稣会士入华与中西汇通》（耿昇译，东方出版社 2011 年版）、［法］杜赫德的《耶稣会士书简集：中国回忆录》（Ⅳ、

---

① 笔者认为有必要对孟德斯鸠生平进行简要概述，使读者更为深刻了解其中国知识的来源背景。孟德斯鸠（Charles de Secondat，Baron de Montesquieu）（1689 ~ 1755 年），18 世纪法国启蒙时代的伟大启蒙思想家、法学家，出生在法国波尔多附近的拉伯烈德庄园的贵族世家，生长在法国路易十四和路易十五时代，大致等同于清朝的康、雍、乾三个时代。1726 年，他迁居巴黎，专心写作研究。1731 年，潜心著作研究，1734 年发表《罗马盛衰原因论》，利用古罗马的历史资料阐述自己的政解。1748 年，他最重要的也是影响最大的著作——《论法的精神》发表。他身后发表的各类笔记中，对中国的论述也达百余处，相当详细地描述了中国的地理环境、政制、法律、经济、宗教、人口、礼仪、风俗等，甚至连中国的奢侈情况也作了介绍。1755 年，于旅途中染病去世。

② 让·巴普蒂斯特·杜赫德（Jean Baptiste du Halde，法国，1674 ~ 1743 年），1674 年 2 月 1 日生于巴黎，1692 年 9 月 8 日进入耶稣会，1708 年在巴黎书院任教。随后杜赫德被选为郭弼恩的继承人，郭弼恩是皇帝的忏悔神甫勒特利（P. Le Tellier）的秘书，专门负责收集整理各国耶稣会士们信函。1729 年脱落梧（P. Trevou）去世后，杜赫德担任雷让之子奥尔良公爵的忏悔神甫。1743 年杜赫德逝世于巴黎。

Ⅴ、Ⅵ)(耿昇译)、方豪的《中国天主教史人物传》及史彤彪的《中国法律文化对西方的影响》等相关文献资料直接研读的基础上,给孟氏中国知识来源找到一个合理的解答,力图采撷政体本质、礼教文化、中国知识的理性启蒙三个层面有关孟氏"中国法律观"及知识进行考略,可以对当下中西方文化交流过程中,西方人眼中的中国一个新的启示,并对本土文化有一番新认知。

随着我国经济的飞速发展,文化交集圈越来越大,跨文化比较学习的能力已成为研究中国文化思想交流的重中之重。众所周知,文化差异造成了语言的差异,①因此注重中西文化内涵与文化差异,中西方才能更加有效、便利地进行理性沟通。关于孟氏中国知识来自何处?关于此三个方面的论述最能佐证的史实应是孟氏关于中国知识来源考略。文章拟从该视角并结合相关文献逐一考略。

二、孟德斯鸠中国"法律观"及知识来源考略

(一)政治本质:"法律东方主义"的虚构

文章借用络德睦《法律东方主义》一书中的法律的东方,是对"中国是否有法"及为何西方认识论的梗概而言,并不涉及"法律东方主义"反语。塞缪尔·亨廷顿以发展政治学视角,孟氏政体的论述则主要依据机关职权集散程度。② 从统治中国的历代王朝更替现象中得出:中国并非自古始终完全统一的国家,其"一治一乱"的怪圈不可破除,疆域更是频繁更迭,当初中国完整的版图早已不复返。与孟氏处在同时代的中国频繁处于分裂势态,但从历史长河看来,宏观上中国保持统一,未分

---

① 这里特别强调的是像孟德斯鸠、伏尔泰这些18世纪的作家可能不太了解在中国发生或所思考的事。因为当时没有任何人或者说很少有人懂汉语,他们主要依靠多明我会士或方济各会士,尤其是据耶稣会士那些好奇性书简、论著和译著,因此造成了理解上的差异。

② 此处是塞缪尔·亨廷顿以发展政治学视角,依据政治参与程度从高到低将政治体制划分为传统型、过渡型和现代型。其中关于孟氏政体体制的论述则主要是依据机关职权集散程度予以考证。

裂为诸多分散国家。究其根源在于集权统治发挥的关键性作用。①

孟氏在《罗马盛衰原因论》中谈及，凯撒时代的倾覆并非个别的英雄人物所致，认为这些人仅是工具原因，在对法国当时的政治腐败现象的讽刺也集中体现其观点。② 毋庸置疑，作为新兴资产阶级代表的孟氏在《论法的精神》中借助对中国政体的再次鞭挞，给法国提供了反照的标本，乃突破专制体制。作为君主立宪的支持者，其一生都对君主专制政体十分痛恶。他认为专制制度是一种完全由君主个人独断专横的政治制度。因此，笔者认为孟氏的观点是："专制政体本质为恐怖。"在专制政体国家，"法律存在即虚无"。中国乃是由君主专制体制所辖专制大帝国。此处的论断是孟氏在人与人之间的直接经验交流和人对文献资料查阅分析总结的间接交流基础上得出的。援引德麦兰和巴多明神父的书中的话："统治中国实质乃棍子。"引用杜尔亚德神父的话说："中国只有使用棍棒才能使人民做些事情。"③孟氏在杜赫德参与编写描述中国观的《耶稣会中华图书简辑》一书中否认了一些传教士有关中华帝国的政体是"畏惧、荣誉和品德兼之"的片面描述；孟氏在通过来华传教士与黄嘉略数次交谈中得知中国的专制主义是极其凶暴的，其原则是恐怖的。④ 在《中华帝国》《中国文化西传欧洲史》的记载中集中论述：他赞同中国政治学家对于中国政体腐化根源分析，君王不愿仅执行普通监督，而所遇之事均躬亲管理，这种情况就导向了"一个人专制主义"。⑤ 他认为中国是一个没有外来敌人入侵或者自信自己的边界已经阻碍敌人入侵脚步

① ［法］孟德斯鸠：《论法的精神》（上），张雁深译，商务印书馆 1995 年版，第 54 ~ 71 页。

② ［法］孟德斯鸠：《罗马盛衰原因论》，北京商务印书馆 1995 年版，第 44 ~ 61 页。

③ ［法］孟德斯鸠：《论法的精神》（上），张雁深译，商务印书馆 1995 年版，第 29 页。

④ ［法］孟德斯鸠：《论法的精神》（下），张雁深译，商务印书馆 1995 年版，第 172 页。

⑤ ［法］孟德斯鸠：《论法的精神》（下），张雁深译，商务印书馆 1995 年版，第 116 ~ 117 页。

的国家。因此,他进一步认为中国法律的现实目标是实现和平。①

此外,深受中国传统儒家文化的影响,中国人把君主看作是人民的父亲。② 专制政体较为契合于严峻的刑罚,而不宜于以荣誉和品德为动力的孟氏所指涉的君主政体与共和政体。一个良好的立法者关心预防犯罪多于惩罚犯罪,注意激励良好的风俗多于施用刑罚。学者阎宗林在《传教士与法国汉学》中亦言:"刑罚越增加,将有革命爆发。从某个层面来讲中国是和君主制国家相似的。"③然而孟氏鞭挞"子罪坐父"制度,这是专制统治思想遗痕。那么中国从这个意义上来说政体是专制统治的中央集权是不言而喻的。④ 在杜赫德神父主编的《耶稣会士书简集》第9~26卷中编写的四卷本中的《中华帝国志》为当时欧洲人了解中国各个方面提供大量历史材料。⑤

孟氏在《论法的精神》第六章第五、六、七节论及共和制、君主制原则也可能会变质。他说,民众一旦将议会、法官、审判职能剥离,民主就意味失去,化为专制政体。在第六章第九节中更深层次的描述贵族集团特权被君主取消,实质也就是独裁主义的替代,而且力图借助自由来阐述稳固政治政体的必要性。笔者沿用耶稣会士间接言辞:秦(Tsin)、隋(Sou)两朝颠覆之因,乃躬亲统治一切。孟氏说:"中国学者胡安教授告诉我们中国君主导致国家变质的经验乃是处在18世纪君主绝对制晚期举起批评的工具。"⑥借助两朝倾覆历史经验,从而向法国君主发出

① 参见[法]孟德斯鸠:《论法的精神》(下),张雁深译,商务印书馆1995年版,第155页。

② 参见[法]孟德斯鸠:《论法的精神》(下),张雁深译,商务印书馆1995年版,第211页。

③ 参见[法]孟德斯鸠:《论法的精神》(下),张雁深译,商务印书馆1995年版,第83页。

④ 参见[法]孟德斯鸠:《论法的精神》(下),张雁深译,商务印书馆1995年版,第94~95页。

⑤ 杜赫德神父是法国当时中国问题的权威,从未到过中国,仅限于编撰和伪造一些中国的问题,正如维吉尔·毕诺于《中国对法国哲学思想形成的影响》一书中第141~189页所论证,孟氏也正是向他索求资料的。

⑥ [法]路易·戴格拉夫:《孟德斯鸠传》,许明龙、赵克非译,商务印书馆1997年版,第48页。

警醒：当君王通过改变事物的秩序而非遵循事物的秩序来显示其强大时，君主制既丧失；随意剥夺民众自然职能，武断让人替代；丧失意志力，屈从于自身权力，国家将面临危机。

然伏尔泰在《风俗论》中极力对孟氏观点持否定的态度，其认为中国君主与欧洲的君主有着本质上的差异，集权与独裁不能加以等同。他对中国皇帝的赞美无以言表，如认为皇帝的命令乃是涵摄道德的圣物。这与孟氏关键文本中对中国专制的批判显然冲突。

孟氏曾以“地理环境决定论”来说明其对专制统治加强存在的合理性，其从物质和精神角度阐述了中国人口众多的原因。① 精神因素以为中国历史上并未发生大规模的战争，未因战争而致人口减少。中国人生育观念乃子孙满堂，作为宗法社会的中国，寄希望于人丁兴旺，他们将人丁兴旺视为荣耀，将绝后视为罪过，增加人口是稳固专制的必然途径。有如下考证：

> 在《波斯人信札》从第一百三十三到一百三十六封信有这样详细描述，马松认为这些与黄嘉略②不无关系，因为当时他工作范围在国王图书馆。在一百一十九封信中，孟德斯鸠借郁斯贝克之口就中国人口问题发表的宏论：中国人之所以拥有多数的人民，只是从某一种思想方式得来的。因为，儿女把父亲看作神明，他们父亲在世时，已经如此看待父亲；父亲死后，子女祭祀之所以牺牲，并且以为死者的灵魂，既已消灭在

① 人口众多与气候和地理环境有关系，温暖的气候下人的生育能力较强，中国适宜的气候有利于农作物生长，因此中国物产丰富，为人口繁衍奠定了基础。气候对一个民族的性格、感情、道德、风俗等会产生巨大影响，孟氏认为土壤同居民性格之间，尤其同民族的政治制度之间有着紧密的联系，认为国家版图大小与国家政治体制有密切的关联。寒冷地区的北方人体力充沛、自信勇敢，而处在气候炎热地区的南方人性格怯懦，对外来入侵没有勇气抗争，北方人正是利用这一先天优势，轻而易举地征服了南方，中国从此走向繁荣。

② 黄嘉略（Arcade Huang，1679～1716 年），福建莆田人，天主教徒，原名黄日升，嘉略系受洗名 Arcade 汉译。西方典籍一般以 Arcadius 或 Arcadio 相称。1703 年随法国传教士赴欧，后定居巴黎，任法国王中文翻译，并编撰汉语和汉语语法字典，与法国文人多有交往，后因贫病交加而英年早逝。

天上,逐又托生于人世,因此,个人皆倾向于增加家口,这家庭在现世既如此恭顺,在彼岸也是不可缺少。①

前耶稣会士傅圣泽甚至在与孟氏的谈话中断言:“我只是想说,孟德斯鸠在会见他之前,对中国政制给予好评;傅圣泽苦口婆心地规劝孟德斯鸠,不要相信他昔日的报道。”②1729 年会面傅圣泽时,孟德斯鸠记述了那年2 月1 日两人的谈话……毋庸置疑,笔者发现傅圣泽的谈话对孟氏中国观的树立不无影响。③ 同时在《环球航记》的日记中已有相应关于质疑之处,主要内容如下:

皇帝建造长城之前,七国纷争,互不相让,恰如欧洲各国的君主一样。每当国力衰弱,管理不好,中国常受到侵扰。中国人口众多,妇女生育能力强。中国人认为皇帝杀人如同捏死一只苍蝇。在其他的场合,皇帝则喜欢显示宽容和仁慈。而且竭力让百姓相信:皇帝是父亲。

在查阅英国的海军上将环球航行的日记时,其激烈地抨击中国政府的腐败和国民的卑劣,呈现给欧洲的都是中国的负面评价。孟氏持续不断关注中国,把在和其余朋友谈话中所闻勤奋记录在笔记中,在论证自己政治思想的时候常常引中国为例:孟氏对中国政治进行批判,把中国作为反讽的标本,但其矛盾的笔下同时也认为中国未能达到专制国家所应该的腐败。

但伏尔泰在《风俗论》中谈到中国的法治时大赞,其不仅对平民,也对皇帝。“此类依表层现象识断一切:有些人跪拜,想当然以为是奴隶,皇帝敕令当作法律。”然事实并非看到的……在最早中国,便允许人们在皇宫

① [法]孟德斯鸠:《波斯人信札》,梁守锵译,商务印书馆1984 年版,第204 页。

② Rene Etiemble, *l' Europe chinoise*, tomeParis, 1989, p. 65.

③ See Adrien Launay, *Mmorial de la socitdes Missions trangres de Paris*, Paris, 1916, p. 402.

中一张长桌上写下他们认为朝政中应受谴责之事,该规定在中国汉朝时期便已颁布实施……这一论断与孟氏《论法的精神》中有所冲突,值得质疑。

基于对各种来源的资料的考证,从整体上来讲,孟氏对于中国政体制度状况的论述是把以前的对奥斯曼的“专制”点评肆意推广到中国,并把它看作中国的内在特质表征,并从法学的意义上,拟构出同一中国“法律观”。在《论法的精神》中,多元化的“东方”拟构为“一元”的中国式“法律观”。18世纪乃西方对中国的态度发生根本质转变的一个世纪,孟氏被公认为“从负面将中国介绍给世界的第一人”,之后此观点被西方人错用,即从先前“颂华”转为“贬华”。[①] 这一种现象所陈述的观点也是值得怀疑的。因中国政治文化的巨大差异性,此处是被误读的。以上政治制度层面考略需做进一步探讨。

(二)家国同构:中国式礼教与法的误解

孟氏在《论法的精神》第六章第八节中将集权与专制作了对比。像在法国这样的国家中,权力集中于一个人手中乃专制主义性质所决定,此种现象就可能使君主任由自己意志把宗教视为同法律一样的结果,然相较中国有所不同,皇帝是教皇式的君主。可见,孟氏笔下,儒家“礼教文化”是其维护本专制统治的有效工具,稳固封建统治服务提供了一种礼与法独有的家国同构的治理模式。

首先,他认为中国人的礼教与法属于教育内容的一部分,这些内容通过老师严格施教化为道德内化固化下来。[②] 因此古代中国立法者把风俗、法律与礼仪混淆在一起,寄希望于人民可以平静地生活,人人互相尊重,以礼待人,每个人都负有对他人的义务并且依赖他人。通过“礼”的约束,养成人民宽仁温厚的性格,有利于维持人民内部和平与良好秩序,并防止他们将暴戾邪恶显露。[③] 故其认为中国政治体制原则就

---

① 侯旭东:《中国古代专制说的知识考古》,载《历史教学(高校版)》2009年第2期。

② 参见[法]孟德斯鸠:《论法的精神》(上),张雁深译,商务印书馆1982年版,第310页。

③ 参见[法]孟德斯鸠:《论法的精神》(上),张雁深译,商务印书馆1982年版,第312页。

是“礼教文化”,这些“礼教文化”是立法者把宗教、法律、风俗、礼仪混合的一种模糊状态,且通过使人们严格恪守这种礼教用以实现有效的统治。关于礼教文化由此铭刻于中国人的心灵和精神的原因。笔者认为,一是归因于中国极端复杂的汉字,二是归因于便于学习的礼教,其作为通常实行的规则,比具有精神内涵的知识学习难度更低。

其次,孟氏认为中华帝国是以礼法的思想为基础,礼教与法构成了国家治理中的一般精神。礼教应注重服从,孝敬父母、恪守孝道、尊敬父亲长辈,及一切可以视同父亲的现象,所以在这种根深蒂固的礼教熏陶下,中国即使被征服,改变的一向是征服者,相比较被征服者同化,征服者被同化会更易。有关该描述有如下记载:

> 孟氏在《论法的精神》(上)的第三百一十页描述到:老人、师傅、父母官、皇帝等。而服从则维持国家太平最适宜之法。因此,中国的立法者们用此与服从有关的宗教、法律、风俗、礼仪等紧紧地融入中国基本政治制度里面,使得人人都具备这种情感。①

中国人的儒家礼教文化与道德观念紧密相关,礼是中国人交往时彼此相互遵守的法则,孝更是儒家文化的一种典型代表。孝做为社会的核心价值意义重大,是中国人治天下之本,俨然成为社会的基本法则。孟氏深受欧洲基督教文化影响,他对中国儒家礼教学说否认灵魂不灭说法深表怀疑,但却较客观地描述了中国的实际情况,取得了良好社会效果,这符合当时社会基本事实。其在《论法的精神》第六章第十九节中描述道:

> 中国的礼仪是不可摧毁的,中国人一旦将其作为信念或教条,就固化其为道德法则。对宗教而言,唯信条甚远,还需引导。

① 参见[法]孟德斯鸠:《论法的精神》(上),张雁深译,商务印书馆1982年版,第315页。

孟德斯鸠在跨文化对话描述中采取了一种比较客观、宽容的胸怀。在《波斯人信札》中还描述到中国人历来看重家庭,将孝悌作为其伦理道德的基本法则。[①]

孟氏认为,中国人所信奉的儒教并非真正宗教,中国没有教派之间的斗争,而是以儒家思想中的礼教作为修订法律的依据,排斥其他的宗教思想。依据孟氏的暗示或文献资料,法国学者安田朴认为孟氏曾阅读过金尼阁等神父的著作,亦拜读过杜赫德神父的著作,亦拜读《中国孤儿》雄文,书中作者在演绎时将孤儿"复仇"变为"谅解"、"宽容"和"尊重"。此正是孔子"己所不欲,勿施于人"美德的核心的彰显。此外,他还阅读了一些儒教伦理之类的文章。儒家思想的核心礼俗是传统教育的重要组成部分,亦是法律一部分。孟氏认为中国政体实质是专制体制:"人就是一个生物服从另一个发生意志的生物,就是本能服从。"[②]

中国儒家礼教文化制度作为历史演化中形成的一种状态,焕发异常强大的精神力量,它无须强制所困,潜在化为公认行动的规范模式。[③]孟氏考察到中国封建社会道德规范中"礼教"在思想上是为巩固其封建统治服务,其中法律、风俗和礼仪是有严格区别的。而中国立法者把法律、风俗和礼仪原则化地使用,"因为其风俗代表他们的法律,而礼仪代表他们的风俗"。[④] 孟氏关注到中国的立法者良苦用心,深刻道出,立法者主要使他们的人民能够秩序生活。形成人人彼此尊重,时刻感到对他人许多义务;每个公民在某个方面都依赖其他公民。因此,他们制定最广泛的"礼"的规范。而此规则成了束缚人们思想行为的准则。"这是维持人民内部良好秩序及消灭由暴政所衍生邪恶的极其适当手段。孟氏以为礼教的核心乃孝道。从宏观视角上看,笔者认为孟氏看到中

---

① [法]孟德斯鸠:《波斯人信札》,商务印书馆 1978 年版,第 204 页。

② 孟氏认为专制就是君王集一切权力于一身,完全按照自己一个人一时反复无常的意志行事。在此制度下,人的命运与牲畜别无二致,只有本能地服从于惩罚。

③ [法]孟德斯鸠:《论法的精神》(上),张雁深译,商务印书馆 1982 年版,第 258 ~ 276 页。

④ [法]孟德斯鸠:《论法的精神》(下),张雁深译,商务印书馆 1961 年版,第 312 页。

央集权下的中国,专制暴政之所以受制约,取决于中国有一套内在完整且掌握在大家手中均需遵守的儒家经典。据法国学者安田朴在《中国文化西传欧洲史》一书(上册)中第二编关于欧洲对由传教区传来的中国资料做出的初步反响所述(第243~245页)记载:

> 指出:"孝敬父亲就必然尊敬一切可以视同父亲的人物,如老人、师傅、官吏、皇帝等相互间联系着。可以推论:老人也要以爱回馈少年;官吏要以爱还报其治下的老百姓;皇帝要以爱还报其子民。所有这些老少之间的相互尊重与扶持的现象均构成了礼教,而该礼教构成了国家的一般精神"。亦表现出一种家国同构的现象。

再次,孟氏认为中国儒家礼教文化与专制体制是统一的有机体。杜赫德神父主编的《耶稣会士书简集》四卷本中的《中华帝国志》描述了英国海军上将在1742年、1743年率领舰队两次到达中国,同时根据沿途见闻写了环球航行记,此为孟氏研究中国儒家教育文化知识提供了诸多有关珍贵资料。考证如下:

> 游记写到儒家伦理道德是中国政治统治的基础,也意识到了儒家思想在中国社会中重要地位,认为它既是统治者治理国家的根据,也是中国形成良好的风俗和礼仪的根本所在。其还认为儒家伦理思想是和法律、风俗、礼仪在中国是无严格化的区分,是人人尊奉的行为法则,它不是严格意义上的法律,却有法律的权威。中国的专制制度能够持续两千多年的时间,主要得益于礼教的影响,它在一定程度上缓和了君主统治的专制程度。①

① 文章中的礼教即礼仪教化,是指中国传统文化中的礼乐文化,因其重名份,即以名为教。礼教思想统治影响中华民族两千余年。《孔子家语》称:"敦礼教,远罪疾,则民寿矣!"凌廷堪说:"上古圣王所以治民者,后世圣贤之所以教民者,一礼字而已。"魏晋时,"名教"泛指整个社会人伦秩序。宋人袁燮在《又乞归田里第一奏》说:"公论弗容,士友交谪,皆以为名教罪人,臣实惧也。"这里主要侧重礼俗与道德方面的解释。

梁启超在《近三百年学术史》中描述到耶稣会来华的传教士在中国传教采用的是适用主义政策方法。主要采用来华耶稣会士学习中文，结交中国朋友，尤与中国上层人士交朋友的方式，述说白描着中国人家庭伦理间关系，以此言因为论到中国传统文化根基。孟氏认为专制暴政之所以受到制约，关键是因为中国有专门完备的，掌握在众人手中的，均须恪守的儒家礼教经典。他再次指出罗马天主教廷禁止中国基督教徒尊孔，该行为使中国传统封建制度根基受到减损，实质也是发生文化碰撞的结果。在赵毅、赵铁峰主编的《中国古代史》一书中对这种适应主义亦有更为精确的阐述：

> 利玛窦尽量迎合中国传统文化来释明天主教教义。他在广东穿佛教僧衣，而后北京则穿儒服。
>
> 徐光启认为天主教"必可以补儒易佛"，可以帮助人心世风的好转。

孟氏在其书信中还频繁提到中国人送礼的细节，令人印象深刻。他们求见某一个高位官员，先请人引线，投其所好，进而用从西方带来的工艺品等奇巧小玩意展开传教，原把传教士拒之门外的中国官员转而尊其为上宾，成为朋友，进而方便交流。孟氏在《论法的精神》中描述送礼的问题："专制国家里，有些人需要去接近上级官员，不送礼是不行的，即使王爷也不行，鞑靼皇帝以受力为前提作为请求的，亲王们所施予的恩宠也难免腐败变质。"在《论法的精神》下册第六编中孟氏对于中国知识的引证较多是以中国为例来阐明自己宏观上的理论，如讲到法律和人口的关系一章提到了中国的宗教鼓励生育。① 孟氏又在第25章谈到法律与各国宗

---

① 参见[法]孟德斯鸠：《论法的精神》（下），张雁深译，商务印书馆1961年版，第130页。

教的建立及认为对外政策关系中的中国皇帝本质上是宗教的首长等。[①]这些均是送礼表现。基于以上所谈到的中国知识,孟氏认为中国的风俗、习惯、伦理、道德之间内容界定较为模糊,彼此间交融。毋庸置疑,这一点在法国是未曾有过的,只有特殊的制度才能将这种制度根植于此。中国观正是集中表达为礼教,进而形成一种特殊的家国同构本土模式。

此外,孟氏还在《论法的精神》第15章讨论了儒家礼教文化与气候不无关系,同时认为中国人具有两种截然相反的品格时把原因归咎于地理气候的作用。

孟氏认为导引行为因素的有气候、法律、宗教、先例、风俗、礼仪等众多复杂因素而结合为一种普遍法的精神。而这种精神层面的原因对中国儒家文化亦产生了较为深刻影响。因此,从宏观的角度上把握,孟氏认为中国的礼教文化与整个社会结构是一致的论断是自然的。政治体制集中表现为一种家国同构的治理模式。

关于礼教文化本质考察,一方面,从古代中国社会是以家庭为模式构建的相关描述来看,整个国家如同一个大家庭,皇帝乃其家长,臣民须绝对服从皇帝,皇帝拥有至高无上的权力,往往滥施暴力,杀害无辜,以致人人自危。另一方面,中国统治者的主要目标是使人民能够幸福生活。他们需彼此尊重,要每个人时刻都感到对他人负有较多义务;在某个方面要每个公民都依赖其他公民。[②] 就孟氏看来,人们判断行为是否违法受制于官员和皇帝的主观意志,当时法律往往与习俗、道德混淆,难以甄别。以上孟氏关于中国儒家文化思想来源考证基本符合事实,但所引的材料主要聚焦在耶稣会士的著作、笔记。耶稣会士笔下当时的中国乃修饰化的中国,其目的诉求在于礼仪之争中获胜。正如胡适所说:“东方自由主义运动始终未能把握政治自由的特殊重要性,因此也未能走上建设民主政治的道路。而西方的自由主义绝大贡献正基

---

① 参见[法]孟德斯鸠:《论法的精神》(下),张雁深译,商务印书馆1961年版,第310页。

② 参见[法]孟德斯鸠:《论法的精神》(上),张雁深译,商务印书馆1982年版,第206~210页。

于此。"中国人较多受儒家习俗控制与支配。描述的这种情况由当时中国本土一些特定的情境而生,并非孟氏笔下的礼教与法。此观点是无缘由的,理应值得商榷与进一步反思。

(三)理性启蒙:拟构中国"法律观"合理怀疑

孟氏认为,作为当时制定法律的核心依据的儒家礼教内容,主要涉及道德内容,强调道德教化强大力量,力图灌输心智,从而根植于社会每个成员内心并使之恪守。近代学者严复从进化论的角度阐释:"中国政体不独于礼法二者不知辩也,且举宗教学术而混。"①在我国明清时期,专制主义中央集权制度达到顶峰时期,与此同时儒家礼教文化、法律观亦有深刻变化。杜赫德神父主编《耶稣会士书简集》一书,其中编写的第六卷本《中华帝国志》为当时的人们提供了大量珍贵中国资料,对中国政治体制与法律观依存关系予以肯定。例如,认为中国儒家核心风俗和礼仪既是统治者治理国家的根据,亦是中国形成良好法律观的根本所在。他还认为,中国的儒家伦理思想是和法律、风俗、礼仪融为一体的,是人人尊奉的行为准则,它不是严格意义上的法律,却有法律的权威。

《黄嘉略与早期的法国汉学》书中描述,关于"孟氏对外来传教士把中上古史与西方圣经历史"混淆深表怀疑。依孟氏看来,有悠久历史的圣经中记载着有关"中国法律观与知识"来源其实与中国并无联系。孟氏依据传教士的书稿、笔记、交谈资料分析认为:伏羲氏是中国的第一位君王,且伏羲氏之前人们是生活在自然状态中;②黄帝是伏羲氏后一位君王,仓颉造字,大禹治水。孟氏对中国古文化无宗教色彩的描述,是对宗教思想深受西方圣典影响的圣经挑战,孟氏从科学视角把握中国史实,在宗教盛行的当时难能可贵。相较于法国当时现状,孟氏对中国本质问题有了法律观的理性思考,有其合理性和可行性。孟氏力图研究通过现象来探寻事物的本质,认为中国法律目标实现统治稳定秩

① [法]孟德斯鸠:《法意》(上册),严复译,商务印书馆1981年版,第412页。

② 参见[法]孟德斯鸠:《论法的精神》(上),张雁深译,商务印书馆1961年版,第198页。

序。是由于“稳定秩序”只是统治者追求的一种理想状态,归根结底是统治稳定的体现或是升华状态。此种间接性的资料证据对“中国法律观与知识”来说是无源之水。黑格尔指出:“一个民族的法律,它的伦理生活、知识状况,它的艺术,司法体系,它的其他特殊禀性和平时同它的邻邦关系,所有这一切都有极其密切的关系。”①涵摄从道德、习俗、商业等诸多复杂因素来讲,学者史彤彪《中国法律文化对西方的影响》一书中涉及孟氏“中国法律观”②是在系统化中去把握中国的法律观。此种方法才更具有科学性。基于孟氏理性主义法律观的表达,考略如下:

其一,孟氏从“自由观”角度出发考察国家的法律制度问题。

“自由就是做一切法律许可的权力。”③在其看来,自由概念勿滥用,将自由理解为毫无约束是错误的,自由与法律是统一辩证的关系。公民需恪守法律,自由才能得到有效保证。在魏特夫看来,专制主义以皇帝之命唯首,君王意志乃是法律。实际上,在古代中国,法律很少进入人们的生活中。支配人们生活的多是包括习俗、惯例在内的规范,其内化于人们日常生活之中,为人们所认同并自由获取。相反,他们并不希望将问题诉诸于法律,即费孝通先生所言的“无讼意识”。孟氏则力图借助君主立宪制的要旨,用以阐释自由得到保障之信心。不过遵照固定和确定了的法律,专制政体是既无法律又无规章,因统治者的性情任意去改变一切。孟氏认为共和政体的原则是品德,君主政体是荣誉,而专制政体是恐怖。④ 孟氏作为共和政体拥护者,但其亦表达了共和制的的缺陷:他认为此种体制乃同一个机关,既能作为法律的执行者,亦有

---

① Hegal, *introduction*: *reason in history*, trans. by H. B. NISBET, Cambridge Universty Press, 1975, pp. 101 – 102.

② 这一观点主要集中在书中的第二章第一节“关于中国法律文化对法国的影响”,主要涉及三个方面:对中国知识的获得;对中国专制主义法律文化的批评;对中国法律文化的提取。

③ [法]孟德斯鸠:《论法的精神》(上),张雁深译,商务印书馆1961年版,第234页。

④ 参见[法]孟德斯鸠:《论法的精神》(上),张雁深译,商务印书馆1961年版,第200页。

立法的大部分职权,因而会出现既是法官又是裁判的一种现象,进而导致职能部门成为"毁坏全国"的工具,容易层出权力腐败的丑像。透过现象看本质,若防止滥用权力,须以权力制约权力,但这正是共和政体所不能克服的,因此共和政体亦非理想政体。

其二,中国礼法的关系,受气候因素的影响,实质上乃法律与道德的把握。

在《论法的精神》第六章第六节中,孟氏认为中国古代的法律深受中国的客观地理环境、宗教、风俗、礼教等影响,而且经常与这些因素融为一体。在分布人口较多地域,一方面,气候条件导致人口繁殖力强;另一方面,当地经济文化发展亦需要这种模式补充,因而这种状态下需要的是温和的政府。

> 中国古代皇帝并非征服者,皇帝为了体现自己权威,关心的核心尤其是贤明。中国江南(Kiang-Nan)就是这样一个典型的范例。正因要有一个合法的君权而不是专制君主暴政,有一个理性的法制政府,而非一切循法任意而为、把控政权。因此,在如此富饶的区域才不招致破损。然中国的气候促使人们顺从,广袤的地域使得中国人忧虑,中国的上层掌权者须制订良善法律,中国的统治者亦须执行如此法律。

孟氏当时还曾在鲁昂与来自中国的海员进行密切的交谈,从其记录来看,尽管该资料是间接所得,有以偏概全的可能,但其描述的景象是基本接近事实的。该材料中发现:专制统治者是借助法律教化人民,且政治奴役集中体现在气候对一个民族政治状态形成的影响。

> 热带气候会让人怯弱,寒冷的气候让人变得勇敢和有毅力。所以在亚洲北方的民族往往扮演者征服者的角色。在征服者与被征服者之间,他们的精神品质会相互影响而使民族

的气质变得相似。①

笔者认为,孟氏应该属于唯物主义者,但是这种唯物主义是形而上学的,因为其著作中过于狂热注重人的性格的塑造来源与气候影响进而导致一个国家的法律、政治制度构建。中国立法者勇于同气候的弱点对抗,他们也从未以和平状态去剖析,而目的只是为使宗教、哲学和法律更合乎逻辑,大多是从适宜于履行生活义务的行动去考虑。同气候对抗,物理的因素使人类倾向静止,但道德要素致使其远离物理因素。② 孟德斯鸠在第十三章第十一节的没收制度中采用对比方法涉及欧洲的税务处罚制度同中国的比较,虽欧洲商品没收后有法律管控,因为法官去保护他们。但欧洲横迫行为亦有所克制,其需带温仁宽厚的因素。因为即使在专制下的中国,即法官本身就是压迫者也有"不打开非商人包裹"这样的描述。③

依孟氏看来,中国封建时代虽有形式上的法律,但其法律并不完备,其条文往往较为模糊,因此产生出众多流弊。例如,在封建时代的中国盛行的"大逆罪"在实质上集中体现为专制暴政。这将中国法律观表达得淋漓尽致,然而在孟氏描述中又有如下反面的记载:

> 中国的法律规定:任何人对皇帝不敬就要处以死刑。因为法律并未言明何为"不敬",剥夺任何人的生命乃任意之为。

"故事发生在一个亲王所疏忽,在有朱批上谕上面记几个字,判官便认定此为对皇帝犯有大不敬之罪,从而极度迫害亲王家族。"孟氏曾

① 参见[法]孟德斯鸠:《论法的精神》(上),张雁深译,商务印书馆1961年版,第273~278页。

② 参见[法]孟德斯鸠:《论法的精神》(上),张雁深译,商务印书馆1961年版,第232页。

③ 参见[法]孟德斯鸠:《论法的精神》(上),张雁深译,商务印书馆1961年版,第219页。

感慨地说:“若大逆罪含义不明,便足以使一个政府堕落到专制主义中去。”①孟氏把中国人的“子罪坐父”的惯习认为是中国专制主义的典型标本。其言:“在中国,子女犯罪,父亲是受处罚的。”“这来自专治制度说明‘荣誉’在中国是不存在的。”②

笔者认为,这一观点是值得商榷的,是对中国法律观及知识的一种误读。

其三,孟氏关于中国法律观的理论构建为资产阶级新的统治秩序提供了较为科学且切实可行的国家管理模式,具有强烈革命性,在具体实践应用中也产生较为深远的影响。

此外,笔者考略中还发现孟氏与黄嘉略的交往发生在 1713 年,那年孟氏 24 岁,孟氏如何认识黄嘉略如今已无法确证,笔者认为只能依据文献做些推测。带格拉夫在《孟德斯鸠传》中说,孟氏早在 1700 年就读于朱伊公学时,就与年长一岁的弗雷莱相识。弗雷莱作为该校的校友与学校常有联系,从而推知其认识。戴默莱比孟氏大 11 岁,比弗雷莱大 10 岁,既是他们的朋友也是他们的老师。在黄嘉略的巴黎日记中,有关黄嘉略与孟氏的记载总共不足三个月的时间,就在这短短的七十余天孟氏六次单独往返,频繁会见黄嘉略,除了增加友谊之外,主要还是为了听他讲述关于中国的一切。之后其名著、笔记、手稿中有大量关于中国知识论述,如《论法的精神》31 章中就有其 21 章探讨中国,其中有九节完全以中国为题材,如《中国的良俗》《中国人的礼仪》等。另一代表作《波斯人信札》一书中也有具体详细的关于孟氏对中国知识来源的具体例证。从整体上来看,孟氏关于中国知识问题论述与中国自身实际情况相悖,囊括了中国康、雍、乾三个朝代政治、经济、法律、文化、宗教、道德、风俗习惯、人口等诸多复杂因素问题,论述观点较为分散。

在当时环境受限条件下,孟氏有如此理性思考,当属少数。由于孟

① [法]孟德斯鸠:《论法的精神》(上),张雁深译,商务印书馆 1961 年版,第 194 页。

② [法]孟德斯鸠:《论法的精神》(上),张雁深译,商务印书馆 1961 年版,第 94 ~ 95 页。

氏的遗稿年代久远,大量资料亦不复为世人所知,因此,现在掌握的信息肯定是不完全的。且因其关于中国知识来源考察的文献与来源路径考察上受限,因此,有关中国政体的相关描述分散而乏深意,不能完全使人信服。文章中介绍孟氏关于中国知识来源主要是从其肯定层面进行了考略,有质疑和值得推敲之处。文章附注一些关于研究孟氏关于中国知识早期的传教士及汉学家的名单,以便做深入研究。总之,有关孟氏中国知识来源问题考证资料,目前发表的作品尚乏,值得进一步收集资料和作深入的考证(见表1)。

表1　传教士、耶稣会士及早期汉学家一览

外文名字	中文译名	简介及相关研究
Arcade Huang	黄嘉略	(1) Jonathan D. Spence, Chinese Roundabout: Essays in History and Culture, 1992, W. W. Norton & Company, U. S. A. pp. 17 – 18 (2)孟德斯鸠:《波斯人信札》,罗大冈译,人民文学出版社1958年版 (3)孟德斯鸠:《论法的精神》,张雁深译,商务印书馆1961年版 (4)许明龙:《孟德斯鸠与中国》,国际文化出版公司1989年版,第57页 (5)、(6)、(11)许明龙:《中法文化交流的先驱黄嘉略》,载《社会科学战线》1986年第3期,第248、249、250～254页 (7)、(9)许明龙:《孟德斯鸠与中国》,国际文化出版公司1989年版,第58～59、61页 (8)岳峰:《东学西渐第一人——被遗忘的翻译家陈季同》,载《中国翻译》2001年第4期 (10)安田朴、谢和耐:《明清间入华耶稣会士和中西文化交流》,巴蜀书社1993年版,第182页
Artus de Lionne	梁弘仁	(1655～1713年),罗萨利主教

续表

外文名字	中文译名	简介及相关研究
Nicolas Trigault	金尼阁	(1)《金尼阁神甫信扎抄本》 (2)《比利时耶稣会士加斯帕利斯·巴尔则传》,第122页。尼阁将其拉丁文传记转为法文 (3)《一六一零年和一六一一年中国耶稣会士书信》 (4)《一六零九——一六一二年耶稣会士通讯中有关日本教务报道》 (5)《一六一八年十二月二十九日发自果阿之信扎》,言欧洲赴印度之航程及中国日本之教务 (6)《一六一二——一六二零年日本严重教难中教友取得的胜利》 (7)《一六二零年耶稣会士年报报道在华功绩》 (8)《一六二一年中国报导》 (9)《未刊信扎》 (10)《中国年鉴》四卷。第一卷刊行,余三卷不知所在 (11)《中国五经》一卷,一六二六年。取《五经》译为拉丁文,附以注解。不知归宿,似曾续撰或改订其《基督教远征中国史》,第一卷应为一册,余卷拟将利马窦神甫卒后之事增入
Jean Francoise Foucquet	傅圣泽	(1665~1741年)
Fourmont	傅尔蒙	(1683~1745年)
Jean Baptiste du Halde	杜赫德	(1)《耶稣会士中国书简集》(六卷本,河南大象出版社) (2)所著《中华帝国志》,如今通译《中华帝国全志》

续表

外文名字	中文译名	简介及相关研究
Bazin, Antoine Pierre Louis	巴赞	1843年,出任法国国立东方现代语言学院首任汉学讲座教授。译有《窦娥冤》《合汗衫》《货郎担》《刍梅香》《三国演义之黄巾起义》
Benoist, Michel	蒋友仁	(1717年10月8日~1774年10月23日)(?1715~1774年)
Berkeley, George	贝克莱	(1685~1753年)
Biot, Édouard Constant	毕瓯	(1803~1850年)(法)儒莲的得意弟子
Jean Baptiste du Halde	杜赫德	(1674~1743年)1674年2月1日生于巴黎,1692年9月8日进入耶稣会,1708年在巴黎书院任教 《中华帝国全志》影响尤为广大,该书全名是《中华帝国及其所属鞑靼地区的地理、历史、编年纪、政治及博物》(Description geographiqu, historique, chronologique et, plysique de L'Empire de La Chine et de la Tartarie Chinoise),该书在1738年被翻释为英文
Bourgeoi, Francois	晁俊秀	(1723~1792年)
Bouvet, Joachim	白晋	(1656年7月18日~1730年6月28日)(法) (1)马绪祥译《康熙帝传》,载《清史资料》(第1辑),中华书局1980年版 (2)赵晨译《康熙皇帝》,黑龙江人民出版社1981年版 (3)春林等编:《康熙帝传》,珠海出版社1995年版 (4)韩琦:《白晋的〈易经〉研究和康熙时代的"西学中源"说》,载《汉学研究》1998年第16卷第1期

续表

外文名字	中文译名	简介及相关研究
Dominique Parrenin	巴多明	(1663～1741)生于法国杜城,1741年卒于中国北京。巴多明凭借其语言天赋、外交才能与广泛的科学知识,博得了康熙的青睐,得以常侍御侧,因而有机会向康熙献策。清初进行的全国大地测量即由他提议,在今天看来仍是一项了不起的大工程。巴多明曾担任教廷、葡萄牙和俄国使臣的翻译,又在宫中教授拉丁文,培养外交人才
—	麦德兰	—
Channe, Alexander de la	孙璋	(1695～1767年)(法)译《礼记》,精通中国古籍
Cib Pierre-Martial	韩国英	(1727年8月14日～1780年8月8日)(法)

资料来源:李天纲:《中文文献与中国基督宗教史研究》;黄一农:《明末清初天主教传华史研究的回顾与展望》,台北,《新史学》第7卷第1期1996年版;徐宗泽:《明清间耶稣会士译著提要》,上海书店出版社2006年版;张国刚:《明清传教士与欧洲汉学》,中国社会科学出版社2001年版;[法]谢和耐、戴密微等:《明清间耶稣会士入华与中西汇通》,耿昇译,东方出版社2011年版;[法]杜赫德:《耶稣会士书简集——中国回忆录》(上、中、下),郑德弟等译,大象出版社2006年版;[法]杜赫德:《耶稣会士书简集——中国回忆录》(Ⅳ、Ⅴ、Ⅵ),耿昇译,大象出版社2009年版;方豪:《中国天主教史人物传》,宗教文化出版社2007年版;张铠:《庞迪我与中国——耶稣会"适应"策略研究》,北京图书馆出版社1997年版。

三、总结与讨论

行文考略至此,如今再度拜读孟氏论著中有关中国法律观的论述,亦对我们有更深刻的启示。但基于上述孟氏对中国知识考证情况,孟氏对中国儒家核心礼教制度与政治秩序构建认识,尤其是其对中国传统法律观批判,尚乏深意,亦有值得质疑之处。陈寅恪先生曾说:"古人著书立说,皆有所为而发。故其所处之环境,所受之背景,非完知晓,则其学说不易妄评;所谓真知者,须神游冥想,与立说人基于同一思考界面,表一种之同情,始能批评其学说之是非得失,而无隔阂肤廓之言。"

孟氏在时代浪潮的高处分析中国现象之后的总结足以让欧洲人惊叹中国文化现象,其从不同层面剖析中国文化正反两方面的经验教训并加以论述,突破囿于欧洲文化圈一域的研究模式,尤其是当时从法国看中国的独特视域,引发他们进行更深层次的理论思考。然其对有关"中国法律观"及知识来源的片段化、碎片化、印象性、随机性的描述是一种拟构与误读,值得反思与批判。因此,行文中以为几点理应重新予以审视:

首先,孟氏对"中国法律观"及知识虽有详尽的描述,但也只是片面的误解与拟构,始终隔一层纱。从上文中考察孟氏中国法律观来源的情况来看,并没有资料表明孟氏到访过中国,其对中国法律观主要是基于直接与间接经验,大多数源于当时到访过中国的法国传教士和一些商人,也偶尔用一些日志、书简、航海日记和叙述类的描绘。无论是"颂华"学者构建的中国法文化"神话",还是随后对于中国法文化的客观描述,都会不自觉地以西方为中心,勾勒一个不完全真实的中国。在这种典型的"西方中心论"观念影响下,孟德斯鸠对中国法律观研究范式只是一种有目的的选择性质的借鉴与反观研究,勾勒的"中国法律观"只是一个"误读、拟构"的中国,是一种带有"法律东方主义"规范偏见下的反观性研究,更是一种片段化的、随机的、幻想式的误读,其主要是对当时反观法国自身目的的诉求。

其次,孟氏借"中国法律观"及知识反观法的专制统治,是一种"片面化""碎片化"印象性认识。我们不否认,孟氏最早把比较法运用于国家和法律的研究。"每一个个别的法律都和另一个法律联系着,或者说是依赖于更具有一般性的法律。"①然孟氏受到时代的限制,并未对中国法律知识进行实地的研究与考察,其竭力主张"气候决定法律论",或许是其将中国作为靶心用作对法国专制的批判,具有一定的荒谬性;这在中西方文化融合、深化的当下,给西方人看中国的视界打上了不真实的

① 参见[法]孟德斯鸠:《论法的精神》(上),张雁深译,商务印书馆1961年版,第37页。

"中国法律观"烙印,使得近代以来的西方对中国形成一种错误的认知,也阻碍了中西方文化交流,成为沟通中西世界文化的障碍。

最后,孟氏"中国法律观"及知识考略对信息化、全球化背景下西方视界的中国本土法文化的厚植与未来中国如何扭转走向"东方法律主义"的话语提供有效借鉴。在全球信息化背景下,中西方文化存在多元的融合与抵牾,本土资源文化传统的推陈出新,俨然成为全球所须面对的系统性问题。应如何正确对待德里克(Arif Dirlik)所说的欧洲现代性的当代全球化与海外世界看中国的课题。如今重新审视孟氏"中国法律观"的描述,对我们从根源上把握别开生面的历史,另辟蹊径具有重要的现实意义。

因文献材料的收集并不十分齐全,再加上研究方法上存有一定的误差,研究结论存在一定偏差,因此关于考证孟氏对中国的知识手段和方法并非完备,同样存在罗列杂芜、层次不清问题。但其对反思当下外国人看中国与我国社会主义和谐社会文化构建具有一定的借鉴之意义。若能将中国的观念和印象演化为视域用以观察和评价孟氏的中国学,定位在西方意识形态对塑造当代中国文化角色与功能的影响,更有值得考量的理论价值与现实意义,有待进一步研究。

案件驱动的外国法查明在中国当下的法律移植:历史、特性、实践与调适(1986 ~ 2020年)

叶 湘*

[**摘要**]当下,学界对外国法查明在中国的法律移植的着力点,较多放在查明的启动环节,而对准据法的选择、法律适用、二审中的冲突规范、裁判结果的分析等查明的中间、结尾环节的法律移植的关注度呈现"不够全、不够深"的现状。谁(who)来移植、移植什么(what)、怎么(how)移植等立法层面问题是过去34年外国法查明及其移植的研究热点,而移植的效果怎么样(how effective)、移植后怎么调适(how to adjust)、调适后怎么推广(how to promote)等法律移植的中后期司法层面问题是本文的考察重点。我们对具有先行先试、航标意义的涉自贸区的外国法查明案件以及最高人民法院域外法查明平台上成功查明的案件进行可视化分析,发现近十年外国法查明的移植效果优中有缺,调适效果中等偏上,推广效果限制重重。

[**关键词**]法律移植　司法实践　外国法查明　冲突法正义　程序经济

一、引言

"法律移植是法律进步、发展的永恒的主题。"①当代中国的立法实践中,法律移植有三种不同形式,即有关涉外法律方面借鉴外国法,在国内事务领域借鉴国外相关立法,在全球化条件下制定国内法参照国际标准。② 外国法查明的法律移植与这三种形式的立法实践皆相关,而且更重要的移植动力来自司法实践。当前,全球化大势小有波折,国际

---

* 叶湘,山东理工大学副教授;研究方向:国际法史、比较法律史、法律翻译。

① 何勤华:《法的移植与法的本土化》,载《中国法学》2002年第3期。

② 参见朱景文:《当代中国立法中的法律移植》,载《河南省政法管理干部学院学报》2006年第4期。

民商事交往加强的同时,中外贸易摩擦间或升级,中国当下软硬兼施的国际化战略将涉外民商事案件的外国法查明推到前台。而国内外国法查明的相关理论与司法实践的不契合以及应然与实然的龃龉使得外国法查明在中国当下继续移植颇为必要。自由贸易试验区(以下简称自贸区)倡导的先行先试为法律移植的尺度调适提供了绝好的试验田,因此,涉自贸区外国法查明案件对外国法查明在当下的法律移植所起的航标意义自不待言。同时,当下外国法查明的法律移植,其着力点较多放在启动查明环节,而准据法的选择、法律适用、二审中的冲突规范、裁判结果的分析等中间、结尾环节在学界呈现"挂一漏万"的现状。换句话说,针对 1986～2020 年外国法查明的法律移植问题,谁(who)来移植、移植什么(what)、怎么(how)移植是研究热点,移植的效果怎么样(how effective)、移植后怎么调适(how to adjust)、调适后怎么推广(how to promote)等法律移植的中后期问题尚待深入挖掘。

二、国内外国法查明 34 年及概念移植的历史衍变

(一)外国法查明的概念移植与关注重点

"中国国际私法完全舶来自西方,因过去百年历史动荡和时代反复,移植、消化和吸收西方国际私法的历史过程至今尚未结束。"①国内外国法查明 34 年的历史也是学界移植重点概念的 34 年,可按学界研究热度分为三个阶段。以"外国法查明"为主题词检索中国知网,第一阶段(1986 年 1 月 1 日～2003 年 3 月 31 日)9 篇,第二阶段(2003 年 4 月 1 日～2011 年 3 月 31 日)69 篇,第三阶段(2011 年 4 月 1 日～2020 年 2 月 20 日)203 篇,历时 34 年总发文量 281 篇(见表 1)。根据知网统计,国内研究外国法查明问题的嚆矢可追溯至 1986 年张明杰在《法学评论》发表的《外国法查明之评介》和 1990 年 12 月 27 日武汉大学黄进教授在《河北法学》上发表的《论国际私法中外国法的查明——兼论中国的实践》。通过分析 1986～2020 年共 34 年的历史衍变(见图 1),我们发现前 17 年(第一阶

① 宋晓:《中国国际私法的"怕"与"爱"》,载《华东政法大学学报》2013 年第 1 期。

段1986～2003年)发文数量仅9篇,占3.2%,后17年(第二、三阶段2004～2020年)发文数量高达272篇,占96.8%。这表明,随着中国改革开放逐步向纵深推进,尤其是2001年加入世界贸易组织(World Trade Organizationm,WTO)后,国际商事业务倍增,涉外民商事案件也呈现指数级增长,与审理涉外民商事案件直接相关的外国法查明问题在学界和实务界在2003年,尤其是自2011年后呈现骤升态势。

表1　国内外国法查明概念移植与关注重点的历史衍变

时段	发文量	≥10次的高被引作者	移植的概念/关注重点(括号内为出现重叠主题词的文章篇数)
第一阶段 1986年1月1日～2003年3月31日 【17年】	9	李旺、张磊、詹思敏、王瀚、黄进 【共5位】	当事人(7)、外国法(5)、外国法查明(4)、冲突规范(3)、国际私法(3)、准据法(2)、抵触规则(2) 【≥2篇出现的主题词共7个】
第二阶段 2003年4月1日～2011年3月31日 【8年】	69	宋晓、徐锦堂、向明华、王葆莳、孙建、霍政欣、欧福永、郭玉军(2篇高被引)、王娟、刘萍、王克玉、韩向东+王娟、刘来平(2篇高被引)、肖永平、李研、胡敏飞、黄进+杜焕芳、金震华、杨苏、陈亚芹、李章军、于飞、曲波、张明良、徐鹏 【共27位】	当事人(38)、外国法查明(30)、外国法(19)、司法机关(17)、国际私法(13)、外国法的查明(13)、法律工作者(12)、外国法查明制度(11)、中华人民共和国(9)、冲突法(7)、外国法的性质(7)、外国法适用(7)、法院地法(6)、内国法(6)、查明义务(6)、冲突规范(6)、国内法(6)、诉讼地法(6)、查明方法(5)、责任分配(5)、法律适用(5)、最密切联系(4)、判例法系(4)、涉外民商事案件(4)、英美法系(4)、准据法(4)、抵触规则(4)、司法实践(4)、外国法查明不能(3)、最高人民法院(3)、涉外合同(3)、商事合同(3)、比较研究(2)、冲突规则(2)、海事法院(2)【≥2篇的主题词共35个】

续表

时段	发文量	≥10次的高被引作者	移植的概念/关注重点（括号内为出现重叠主题词的文章篇数）
第三阶段 2011年4月1日~2020年2月20日 【9年】	203	马明飞+蔡斯扬、许军珂、宋锡祥+朱柏燃(2篇高被引)、向明华、杨玲、张建、王葆莳(2篇高被引)、王徽+沈伟、林燕萍+黄艳如、郭玉军+樊婧、沈涓、焦燕、李莹雪、肖芳(2篇高被引)、向在胜、张正怡、李凤琴、朱莉、高晓力 【共24位】	外国法查明(100)、当事人(93)、外国法查明制度(46)、外国法(32)、司法机关(31)、国际私法(30)、法律适用(27)、司法实践(19)、法律工作者(17)、《涉外民事关系法律适用法(15)、外国法查明机制(14)、一带一路(14)、冲突规范(13)、查明方法(12)、《法律适用法》(12)、准据法(12)、涉外民商事案件(11)、涉外民事关系法律适用法(11)、冲突法(11)、司法解释(11)、意思自治(9)、外国法的查明(9)、查明责任(9)、外国法适用(9)、最密切联系(9)、意思自治原则(9)、涉外案件(8)、涉外民事法律关系(8)、法院地法(8)、涉外民事关系(8)【≥8篇出现的主题词共30个】

续表

时段	发文量	≥10次的高被引作者	移植的概念/关注重点（括号内为出现重叠主题词的文章篇数）
整个历程 总计 1986年1月1日～2020年2月20日 【34年】	281	李旺、张磊、詹思敏、王瀚、宋晓、徐锦堂、向明华、孙建、霍政欣、欧福永、郭玉军(2篇高被引)、王娟、刘萍、王克玉、韩向东＋王娟、刘来平(2篇高被引)、肖永平、李研、胡敏飞、黄进(2篇高被引)＋杜焕芳、金震华、杨苏、陈亚芹、李章军、于飞、曲波、张明良、徐鹏、马明飞＋蔡斯扬、许军珂、宋锡祥＋朱柏燃(2篇高被引)、向明华、杨玲、张建、王葆莳(3篇高被引)、王徽＋沈伟、林燕萍＋黄艳如、郭玉军＋樊婧、沈涓、焦燕、李莹雪、肖芳(2篇高被引)、向在胜、张正怡、李凤琴、朱莉、高晓力【共54位】	当事人(127)、外国法查明(121)、外国法查明制度(54)、外国法(53)、国际私法(47)、司法机关(47)、法律适用(32)、法律工作者(29)、冲突规范(21)、外国法的查明(21)、司法实践(20)、准据法(17)、查明方法(17)、外国法查明机制(16)、外国法适用(16)、查明责任(15)、中华人民共和国(15)、冲突法(15)、《涉外民事关系法律适用法》(15)、涉外民商事案件(14)、法院地法(14)、内国法(13)、一带一路(13)、诉讼地法(13)、《法律适用法》(12)、国内法(12)、责任分配(11)、司法解释(11)、最密切联系(11)、抵触规则(11)、意思自治原则(11)、涉外民事关系法律适用法(10)、涉外案件(9)、最高人民法院(9)、意思自治(9)、涉外民事法律关系(8) 【≥8篇出现的主题词共36个】

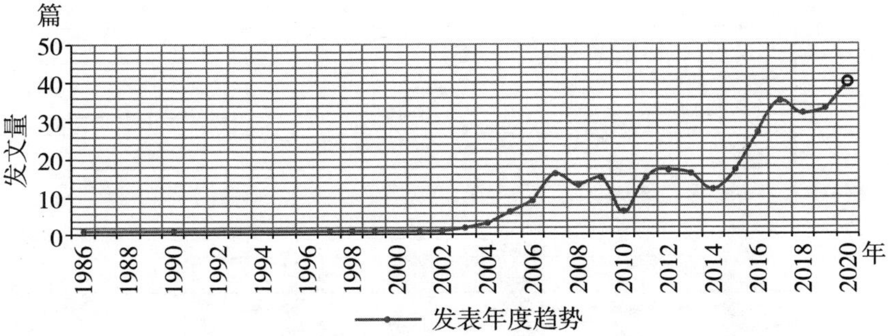

图 1　1986～2020 年发文量

同时，我们关注了这 34 年有哪些学者和实务从业者在积极发声、移植外国法查明概念时思考相关问题。第一阶段为前 17 年（1986～2003 年），虽然发文数量极少有 9 篇，但高被引论文达 5 篇，占 55.6%；而且这 5 篇论文的作者具有“先知先觉”的国际私法嗅觉，涉外国法查明的法律移植范围视野宽，覆盖面广（见图 2，本段括号内为出现重叠主题词的文章篇数），所移植的概念新颖前卫，涵盖当事人（7）、外国法（5）、外国法查明（4）、冲突规范（3）、国际私法（3）、准据法（2）、抵触规则（2）等。尤其是外国法性质、查明途径、查明的司法审核和无法查明时的司法救济，这些富有争议的主题词直到今天都是我们绕不开的议题。这表明 20 世纪 80 年代末至 90 年代初，尽管国内外国法查明研究与概念移植的量不多，但研究者发声掷地有声，起点很高。

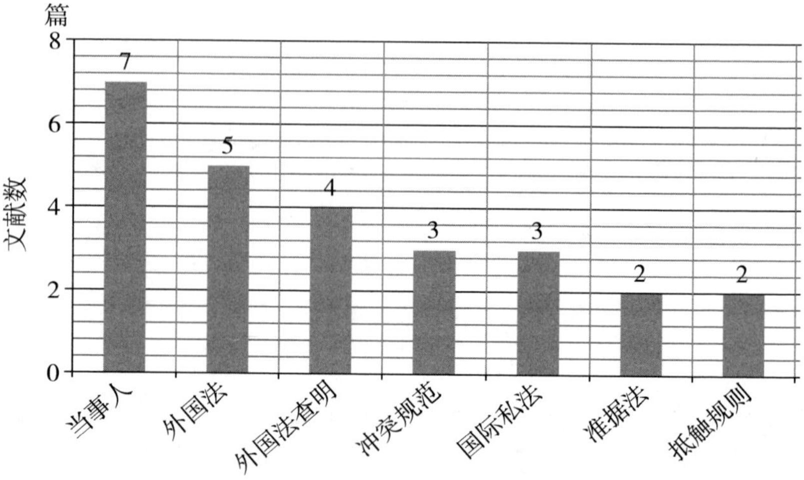

图2　1986年1月~2003年3月概念移植与关注重点

第二阶段(2003~2011年)涌现了26位高被引作者,按照本阶段69篇发文量来计算,作者发高被引论文的概率是37.7%,即每3篇论文中就有1篇高被引文章,从研究质量来看不可谓不高。我们进一步考察发现,黄进两度作为高被引作者,横跨2个阶段,从第一阶段到第二阶段的25年里,不仅通过论文还通过影响力较大的国际私法教材①,持续在外国法查明领域响亮发声,肖永平②、欧福永等③也是通过论文加教材成为该领域执牛耳的学者。同行中耳熟能详的学者还有湖南师范大学的王葆莳。在本阶段,这些高被引作者都属中青年学者,而且博士生贡献了半壁江山,其中有刘来平、杜焕芳、陈亚芹、李章军、于飞、曲波、徐鹏等,张明良甚至是一名在读硕士生,学者年龄年轻化趋

① 参见黄进主编:《国际私法》(第2版),法律出版社2005年版,第1页。

② 参见肖永平主编:《国际私法——论点·法规·案例》,法律出版社2004年版,第2页。

③ 参见李双元、欧福永主编:《国际私法》(第4版),北京大学出版社2015年版,第2页。

势非常明显。

第二阶段学界和实务界移植的概念与关注的重点(见图3),比第一阶段的涉及的面要宽广,话题与所移植概念的新颖度较高、较前卫,围绕一个移植的概念深耕的学者人数多了、合力增大。本阶段的优秀学者已然以外国法查明及其概念移植作为自己一个稳定的研究方向,这表明这个方向的研究通过借鉴海外司法实践和学界理论成果渐趋成熟,已经在国内落地生根、开花结果。

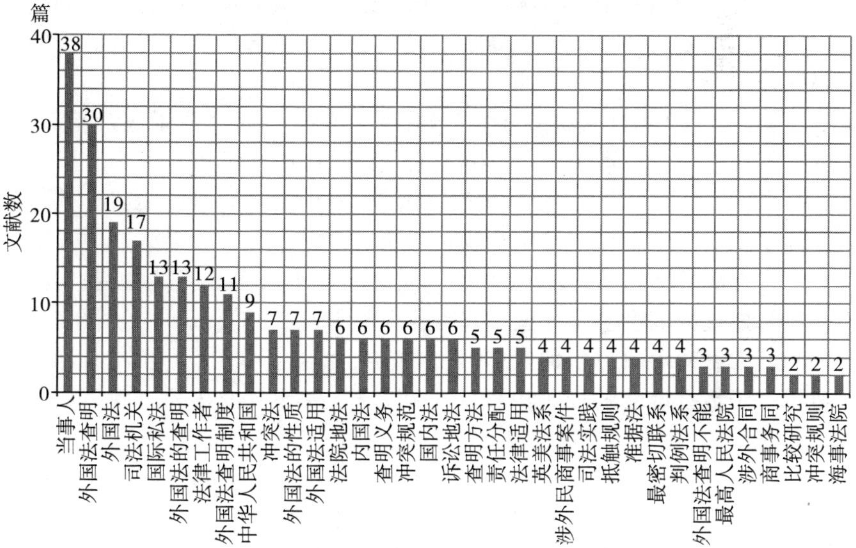

图3　2003年4月~2011年3月概念移植与关注重点

本阶段除了可喜进步的一面,我们在立法移植层面仍有明显不足。20世纪80年代和21世纪开始的10年是“立法残缺不全的时代,中国法院在涉外民商事案件中动辄有意无意地逃避法律选择程序,司法经验的累积也很有限”。可以说,外国法查明的“基本法”——2010年《涉外民事关系法律适用法》是“在贫弱的学理与实践基础上诞生的”。[①] 以《涉外民事关系法律适用法》第4条为例,本条以极其简明的文字说明强制性规则或直接适用规则,试图“以成文法方式完全传递出这个问题在实践和理论中的全部面相”,而没有对强制性规则的认定标准和方法做出界定,更没有界定“对与案件相关的外国(特别是合同履行地国家)的同类规则的态度”。[②] 在《涉外民事关系法律适用法》立法移植中,既漏掉了中国现成的重要司法案件——最高人民法院在中银香港公司案中的司法实践的指导意义,也忽视了现成的国外重要立法逐步移植变迁——从1980年《罗马合同之债法律适用公约》第7条到2008年《罗马条例I》第9条的演进历史的借鉴作用。[③]

第三阶段(2011~2020年)延续了第二阶段的研究成果高产趋势,并呈现井喷态势。本阶段发文量达创纪录的203篇,是上一个阶段的2.94倍;涌现了24位论文高被引作者,相较于上一阶段的26位,数量上几乎持平。作者发高被引论文的概率是11.8%,相较于第二阶段的37.7%有大幅度的下降,即每9篇论文中才有1篇高被引文章,我们深入分析发现原因主要是外国法查明这个蓬勃发展的领域吸引了很多年轻的新人和硕士研究生加入,发文量骤升,做大了整块“蛋糕”的同时,也摊薄了最有价值的成果出现的比例,所以高被引论文的出现概率大幅下降。

与上一个阶段相比较,该阶段学界和实务界移植的概念与关注的重点(见图4)以大同为主略有小异;差别最大的是两个阶段中各自重点议题间的共现关系出现截然不同的样态(见图5和图6)。

① 宋晓:《中国国际私法的“怕”与“爱”》,载《华东政法大学学报》2013年第1期。

② 宋晓:《中国国际私法的“怕”与“爱”》,载《华东政法大学学报》2013年第1期。

③ 参见《最高人民法院公报》2005年卷,第298页。

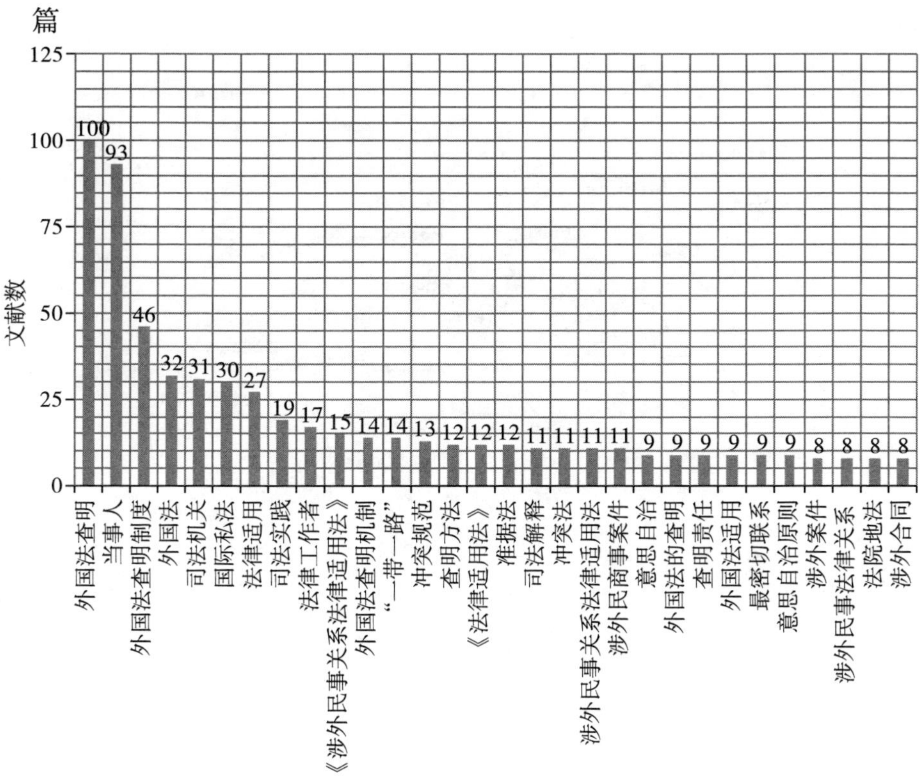

图 4　2011 年 4 月～2020 年 2 月概念移植与关注重点

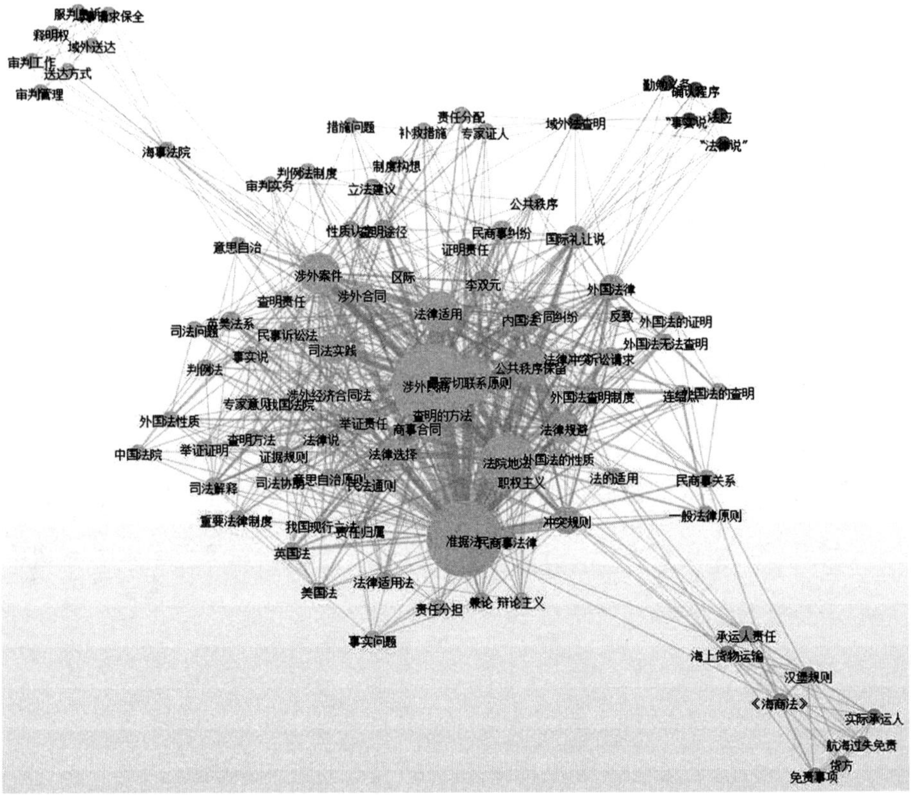

图5　2003~2011年移植概念主题词共现关系

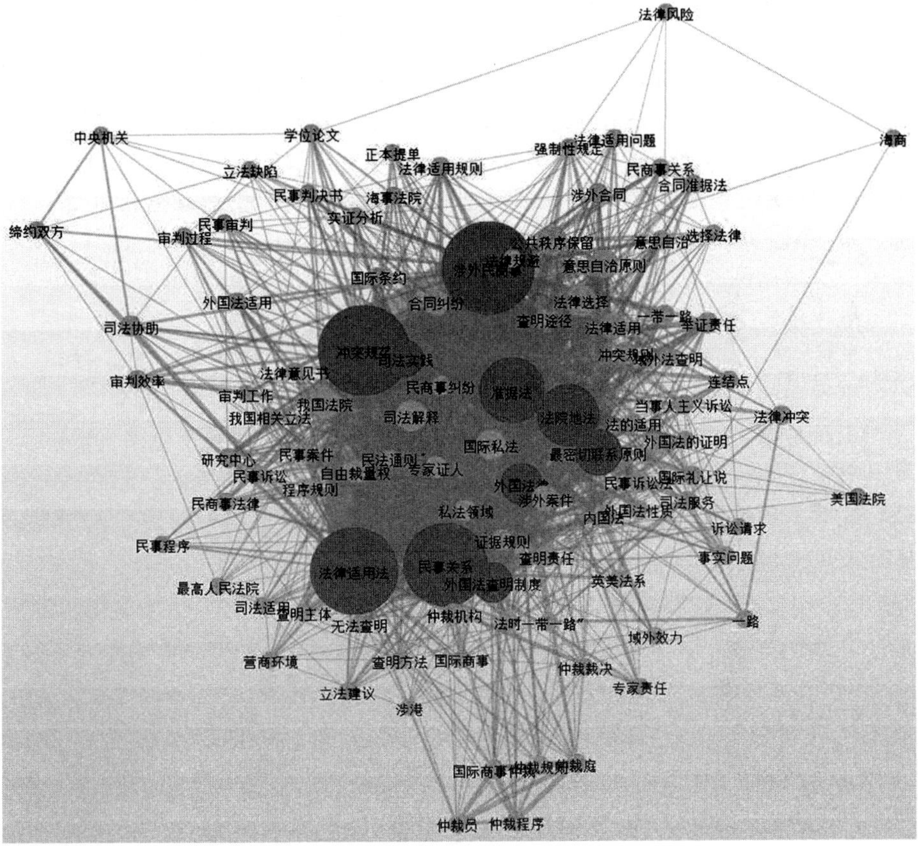

图 6　2011～2020 年移植概念主题词共现关系

根据图 5，我们发现，第一，图中集中在最中心区而且灰色圈从最大到最小依次为：涉外民商、准据法、法院地法、法律适用、公共秩序保留、涉外案件、法律规避、法律选择、内国法、司法实践等。这些议题都是学者和实务从业者心目中最重要、影响力最大的议题。第二，前 4 个议题——涉外民商、准据法、法院地法和法律适用作为重要议题几乎把图上绝大部分灰色圈都引出来，放在类似语境下连带讨论，这就是大小议题之间的彼此共现关系。第三,重要性相对小但是共现关系特别明显的议题群落。图5的左上、右上、右下3个角落里,分别还有灰色小圈(直径小于0.5厘米)、组成的三幅自成一体的小型网络图,它们分别代表了围绕海事法院、域外法查明和《海商法》议题与外国法查明相关的内容布局,次要议题与重要议题之间关联度不紧密,次要议题之间彼此关联度很小,次要议题成了相对独立的小系统、小语境。

根据图6,我们发现,图中集中在最中心区而且浅黑色圈从最大到最小依次为:冲突规范、涉外民商事、民事关系、法律适用、法院地法、准据法、最密切联系原则、外国法律、外国法查明制度、司法实践等。前4个议题——冲突规范、涉外民商事、民事关系、法律适用法构成了第一梯队最重要的浅黑色圈议题,它们所引领的灰色圈议题圈小得多,但分布很均匀。这表明重要议题非常集中,不重要的小议题全部依附在大议题的语境或系统中被连带讨论。没有小议题演化出相对独立的语境。

罗列图5和图6中的前4个最为重要议题加以对比,对考察学界关注重心的转向具有一定揭示意义。图5(涉外民商、准据法、法院地法和法律适用)与图6(冲突规范、涉外民商事、民事关系、法律适用),有2个大致重合的议题(涉外民商、法律适用),证明2003~2020年"法律适用"一直是涉外民商事关系中保持17年热度的话题;另外2个不重合的议题("准据法"和"法院地法"相较于"冲突规范"和"民事关系")证明学界关注重心由2003~2011年"准据法"和"法院地法",转向2011~2020年"冲突规范"和"民事关系"。

(二)应然层面的立法移植

有学者认为,法律移植时常是以一种"域外制度较为先进"的论证言述,来掩护关于法律变革的争论背景中的一个广义的"立法式"主张;或者,直接和一个广义的"立法式"意见形成公开的合谋关系。[①] 实际上,从司法实践看立法移植的话,不仅是域外制度较为先进,而且是引入已被域外司法实践证明的域外法的立法方式,成本较低。

我们是在法律价值的多元化背景之中,以及由此而来的多元法律价值斗争之中,展开乃至推进有关法律移植的话语言述的。法律移植的历史研讨,通常来说,是在要么可能接受要么可能拒斥法律移植的环境中展开的,而无论是接受还是拒斥,都有可能引发实践中的利益得失的冲突。法律移植的实质在基本层面上和广义"立法"是同一的。[②]

"法律移植的成功与失败",实际上时常是某种本土法律变革主张或者广义"立法"主张及其价值的成功与失败。[③] 而本土的法律变革主张以及价值,如要成功得以彰显必须植根于本土的司法实践。换句话说,中国近十年来的外国法查明的司法实践是法律变革主张的立法根基。

外国法查明问题上升为学界和实务界热议的高频议题与立法因素直接相关。2003 年是全国人大起草《涉外民事关系法律适用法》立法草案,2011 年 4 月 1 日施行该基本法(《涉外民事关系法律适用法》已由中华人民共和国第十一届全国人民代表大会常务委员会第十七次会议于 2010 年 10 月 28 日表决通过,自 2011 年 4 月 1 日起施行)。因此,以 2003 年和 2011 年这两个临界年份分时段考察外国法查明的关注重点,数据基于中国知网的统计结果。

应然层面的立法移植是外国法查明研究的风向标。每一次立法都促使相关学界和实务界的研究出现转向,可以说外国法查明研究潮流

---

① 参见刘星:《重新理解法律移植——从"历史"到"当下"》,载《中国社会科学》2004 年第 5 期。

② 参见刘星:《重新理解法律移植——从"历史"到"当下"》,载《中国社会科学》2004 年第 5 期。

③ 参见刘星:《重新理解法律移植——从"历史"到"当下"》,载《中国社会科学》2004 年第 5 期。

是紧随立法新动向展开的,外国法查明在应然和实然层面都是立法移植来引领的“转向式”研究,也是持续的历史与动态的研究“连续统(Continuum,即连续不断的数集)”。我们通过移植概念主题词的转变、移植概念主题词共现关系来论证立法移植在外国法查明研究中的引领功能。

三、外国法查明国别对比与中国的移植

通过对外国法查明学术热点的历史分析,我们掌握了 34 年来学界和实务界关注重心变化的全貌。本部分我们来分析这些外国法查明热议议题下的共核要素——谁来查明、怎么查明、查明什么,这 3 个问题是该领域学界和实务界共同关注的核心问题。中国的学界和实务界分别从应然和实然角度给出了不同的答案;同时,比利时①、法②、德③、美④的学界和实务界也分别从这两个角度做了不同的回答。根据法哲学冲突法正义和法经济学程序经济原则,我们分析为何应然与实然的不契合成为共同困扰我国和外国在外国法查明的“瓶颈”,而我们又是如何通过法律移植解决阶段性的应然与使然的不契合的?

---

① See Patrick Wautelet, “Belgium: Foreign Law in Belgian Courts-From Theory to Practice”, in Yuko Nishitani, *Treatment of Foreign Law-Dynamics towards Convergence*?, Cham: Springer, 2017, pp. 63 – 92. 本文涉及比利时部分参照了此文,以下恕不一一加注。

② See Sabine Corneloup, “The Evolving Balance Between the Judge and the Parties in France”, in Yuko Nishitani, *Treatment of Foreign Law-Dynamics towards Convergence*?, Cham: Springer, 2017, pp. 157 – 182. 本文涉及法国部分统一参照了此文,以下恕不一一加注。

③ See Oliver Remien, “Germany: Proof of and Information About Foreign Law-Duty to Investigate, Expert Opinions and a Proposal for Europe”, in Yuko Nishitani, *Treatment of Foreign Law-Dynamics towards Convergence*?, Cham: Springer, 2017, pp. 183 – 220. 本文涉及德国部分统一参照了此文,以下恕不一一加注。

④ See Peter Hay, “The United States: The Use and Determination of Foreign Law in Civil Litigation in the United States”, in Yuko Nishitani, *Treatment of Foreign Law-Dynamics towards Convergence*?, Cham: Springer, 2017, pp. 397 – 428. 本文涉及美国部分统一参照了此文,以下恕不一一加注。

(一)外国法查明的依据与中国的移植

外国法查明的依据是学界和实务界赖以讨论该领域问题最有效的逻辑源头,也是目前中国在外国法查明进行立法移植后,司法实践调适仍旧水土不服、不够到位的关键。中、比、法、德、美围绕外国法查明设立或形成了不同的依据(见表2)。2011 年 4 月以前,即《涉外民事关系法律适用法》施行前,国内学界非常关切实务界中无充分法律依据可依的混乱局面,[①]一旦有实体法可依,应然层面就会有很好的回应,学者会继续深入解释立法初衷,[②]同时结合案件分析以期契合实务层面予以应用。在实务中,在不同的涉外民商事案件中,有通过外国法查明依据顺利找到准据法的;[③]2012 ~ 2014 年国内的案件中,也有很多法官查明不勤勉的情况,以无法查明为由从而以法院地法为准据法的,[④]这是该段时期违背冲突法正义最常见的情况。在冲突规范(涉外法律适用)立法者的初衷,促进国际利益,即适用域外法的国际合作利益大于适用国内法而产生的国内利益。域外法无法查明最后以本国法代替,从深层次上说是立法机关对法律管辖权的安排落空了,代之以司法手段入场。[⑤]外国法查明的依据的应然与实然出现不契合,往往是在如何查明外国法、如何适用依冲突规范指向而确定的准据法方面。[⑥]

---

① 参见万福良、姚昌金:《中国涉外民事关系法律适用法立法完善相关问题探究》,载《南阳师范学院学报》(社会科学版)2011 年第 8 期。

② 参见黄进、杜焕芳:《“外国法的查明和解释”的条文设计与论证》,载《求是学刊》2005 年第 2 期。

③ 参见黄进、杜焕芳:《“外国法的查明和解释”的条文设计与论证》,载《求是学刊》2005 年第 2 期。

④ 参见林燕萍、黄艳如:《外国法为何难以查明——基于〈涉外民事关系法律适用法〉第 10 条的实证分析》,载《法学》2014 年第 10 期。

⑤ 参见李凤琴:《国际合同法律适用发展趋势研究——以意思自治原则为中心》,华东政法大学 2011 年博士学位论文,中文摘要第 1 页。

⑥ 参见林燕萍、黄艳如:《外国法为何难以查明——基于〈涉外民事关系法律适用法〉第 10 条的实证分析》,载《法学》2014 年第 10 期。

表 2 五国的外国法查明依据

细分项		国别				
		中国	比利时	法国	德国	美国
外国法查明的依据	基本法	1.《涉外民事关系法律适用法》第 10 条 2. 2012 年《最高人民法院关于适用〈中华人民共和国涉外民事关系法律适用法〉若干问题的解释(一)》(以下简称《涉外民事关系法律适用法司法解释》)第 17 条	2004 年《国际私法典》	法国《民事诉讼法》第 16 条	《德国民事诉讼法》第 293 条	【更早】1943 年《美国冲突法重述》第 261 条[1] 【晚近】1966 年《联邦民事程序规则》第 44 条第 1 款[2]
	其他法	1. 1987 年《最高人民法院关于适用〈涉外经济合同法〉若干问题的解答》第 2 条第 11 款 2. 1988 年《最高人民法院关于贯彻执行〈中华人民共和国民法通则〉若干问题的意见》(以下简称《民通意见》)第 193 条 3. 2018 年《最高人民法院关于设立国际商事法庭若干问题的规定》第 8 条	—	—	—	1.《联邦证据规则》规定，通常法院确定外国法的基础为“专家证人的证言”[3] 2. 根据《美国第二次冲突法重述》及“利益分析说”，外国法实体内容的查明须分析外国法背后的政策、利益[4]

1. 参见张明杰：《外国法查明之评介》，载《法学评论》1986 年第 4 期。

2. 参见霍政欣：《美国法院查明外国法之考察》，载《北京科技大学学报（社会科学版）》2007 年第 4 期。

3. 参见霍政欣：《美国法院查明外国法之考察》，载《北京科技大学学报（社会科学版）》2007 年第 4 期。

4. 参见霍政欣：《美国法院查明外国法之考察》，载《北京科技大学学报（社会科学版）》2007 年第 4 期。

（二）外国法的性质与中国的移植

将外国法认定为事实还是法律，曾经是围绕待查明的外国法性质的热门议题。因为待查明的外国法的性质直接关乎查明责任的归属、查明主体的确立，只有对外国法性质做出明确区分，才能对查明责任的归属作出显性的分配，如此担负主要查明责任的查明主体才能确定。在20世纪，国内外外国法性质议题的研究成果为厘清查明责任贡献了理论铺垫和方法论进路。然而，从理论意义和方法论意义来看，随着国际上外国法的性质“事实说”与“法律说”的泾渭分隔线渐趋模糊，美国1966年后已从事实说转变为法律说，比利时、法国更靠近法律说，中国依循折中说，所以外国法性质议题的理论输出作用已受到阻却，外国法性质议题贡献的方法论进路也因为区分事实说与法律说的逻辑链条已淡化、隐去而变成“可有可无”、推理动力孱弱、说服力不强的方法。（见表3）

此外，从对司法实践的贡献度来看，外国法“非法律即事实”的“截然二分式”定性对我国的司法实践也没有实质性的理论帮助，因此我国外国法查明从司法实践可行性的角度已然定性为“法律说”兼“事实说”的折中认定。外国法查明移植后的这种司法上的调适，原因既有现实中的不得已，也有为推广这种调适结果，法官不易把握定性尺度，造成实质性的阻碍。

表3　五国的外国法查明性质

细分项		国别				
		中国	比利时	法国	德国	美国
拟查明的外国法的性质	事实说	折中说	更靠近法律说	更靠近法律说	法律说	过去为事实说，1966年后已从事实说转变为法律说
	法律说					
	折中说					

(三)外国法查明方法与中国的移植

外国法查明方法按分类依据不同,查明方法归类形式也不同。从比较法角度,各国有五种分类依据,中国糅合式移植其中几种分类依据,且有历时变化。

第一种按照分类依据是否对查明方法加以框定,分为非框定和框定查明方法。非框定查明方法包含了更多的冲突法正义成分,而框定查明方法包含了更多的程序经济成分。中国先移植了框定查明方法,后加上兜底条款,改为非框定查明方法。2012 年以前,中国移植并采用框定查明方法,导致大比例案件无法查明,最终适用法院地法。第二种按照查明主体是否直接完成查明,将查明方法分为亲自查明和委托查明。中国前期移植主体直接、亲自查明,后期移植欧洲和美国的法院委托和当事人委托查明模式。第三种按照是否对调查类型加以规定,将查明方法分为法定调查方法和非法定调查方法。第四种按照认定程序,分为证据方法和非证据方法。中国移植了欧洲主要国家的非证据方法。第五种按照查明主体不同,将查明方法分为法官查明、当事人查明、使领馆查明、专家查明。中国移植欧洲主要国家的法官查明和专家查明,司法实践中糅合法官查明和专家查明,形成法院委托中国查明中心、法院委托域外英美法大律师的主流样态。

2019 年 11 月 17 日,在华东政法大学召开的"一带一路"投资风险与法律对策国际论坛之论坛四"'一带一路'建设与外国法查明制度的完善"上,上海市国际贸易促进委员会副会长李志刚、上海市高级人民法院法官夏青、上海市第一中级人民法院法官任明艳、上海市第二中级人民法院法官熊燕和华东政法大学外国法查明中心副主任李晶分别就上海市的外国法查明案件做了详细介绍。目前涉自贸区成功查明的外国法案件非常有限,仅收集到 4 例,[①]但未来会不断增加。每一案件都具有标杆式的示范效应,且上海市首创庭审中互联网进行外国法查证具有积

① 下文"四、外国法查明移植实践与调适的个案分析"部分,会详细分析其中 2 个案件。

极意义。

四、外国法查明移植实践与调适的个案分析

(一)个案中的查明因素

我们以涉自贸区外国法查明的典型案件来分析法律移植后如何调适、调适效果怎么样,以及如何推广调适经验。① 所选案件的原告皆为马格内梯克控制系统(上海)有限公司(以下简称马格内梯克上海公司),一审和二审各2例。我们选取二审的2例进行个案分析,重点分析案件中的外国法查明因素。(见表4)

表4 涉自贸区外国法查明的2例典型案件的查明要素

案件名称	[(2017)沪73民终250号]马格内梯克控制系统(上海)有限公司、懋拓自动化控制系统(上海)有限公司等与施某玲侵害商业秘密纠纷二审民事判决书	[(2017)沪73民终248号]马格内梯克控制系统(上海)有限公司、懋拓自动化控制系统(上海)有限公司等与施某玲侵害商业秘密纠纷二审民事判决书
审结时间	2017年	2017年
本案审理的法院/管辖地	上海知识产权法院	上海知识产权法院
核心案由	侵害商业秘密	侵害商业秘密

① [(2017)沪73民终250号]马格内梯克控制系统(上海)有限公司、懋拓自动化控制系统(上海)有限公司等与施某玲侵害商业秘密纠纷二审民事判决书,[(2017)沪73民终248号]马格内梯克控制系统(上海)有限公司、懋拓自动化控制系统(上海)有限公司等与施某玲侵害商业秘密纠纷二审民事判决书,[(2016)沪0110民初6392号]马格内梯克控制系统(上海)有限公司与懋拓自动化控制系统(上海)有限公司、李某斌等侵害商业秘密纠纷,[(2015)杨民三(知)初字第691号]马格内梯克控制系统(上海)有限公司与懋拓自动化控制系统(上海)有限公司、李某斌等侵害商业秘密纠纷。

续表

案件争议焦点	1. 马格内梯克上海公司所主张的经营信息是否属于马格内梯克上海公司的商业秘密; 2. 李某斌、张某榕、MA香港公司、懋拓公司、潘某荣、朱某文、施某玲是否实施了侵害马格内梯克上海公司商业秘密的行为; 3. 李某斌、张某榕、MA香港公司、懋拓公司、潘某荣、朱某文、施某玲的行为是否可以适用《反不正当竞争法》第2条予以规制; 4. 李某斌、张某榕、MA香港公司、懋拓公司、潘某荣、朱某文、施某玲在本案中应承担的民事责任	1. 马格内梯克上海公司所主张的经营信息是否属于马格内梯克上海公司的商业秘密; 2. 李某斌、张某榕、MA香港公司、懋拓公司、潘某荣、朱某文、施某玲是否实施了侵害马格内梯克上海公司商业秘密的行为; 3. 李某斌、张某榕、MA香港公司、懋拓公司、潘某荣、朱某文、施某玲的行为是否可以适用《反不正当竞争法》第2条予以规制; 4. 若构成侵权,李某斌、张某榕、MA香港公司、懋拓公司、潘某荣、朱某文、施某玲在本案中应承担的民事责任
判决结果	驳回上诉,维持原判	驳回上诉,维持原判
资金属性归类+案值	1,840,453.34元	3,626,148.81元
诉讼费	二审案件受理费人民币21,379元,由上诉人马格内梯克上海公司负担人民币2556元,由上诉人李某斌、张某榕、MA香港公司、懋拓公司、潘某荣、朱某文负担人民币18,823元	二审案件受理费人民币35,826元,由上诉人马格内梯克上海公司负担人民币3091元,由上诉人李某斌、张某榕、MA香港公司、懋拓公司、潘某荣、朱某文负担人民币32,735元

续表

适用的法律	《民事诉讼法》第170条、第64条第1款以及第144条,《侵权责任法》第8条、第15条第1款第6项及第8项、第2款,《反不正当竞争法》第2条、第10条第1款第3项、第2款、第3款,《公司法》第63条,《涉外民事关系法律适用法》第14条第1款、第50条,《最高人民法院〈关于审理不正当竞争民事案件应用法律若干问题的解释〉》(以下简称《反不正当竞争法司法解释》)第9条、第10条、第11条、第14条、第17条,《涉外民事关系法律适用法司法解释》第19条	《民事诉讼法》第170条、第64条第1款以及第144条,《侵权责任法》第8条、第15条第1款第6项及第8项、第2款,《反不正当竞争法》第2条、第10条第1款第3项、第2款、第3款,《公司法》第63条,《涉外民事关系法律适用法》第14条第1款、第50条,《反不正当竞争法司法解释》第9条、第10条、第11条、第14条、第17条,《涉外民事关系法律适用法司法解释》第19条
管辖地是哪里,是否在合同中明确约定	上海 合同中未约定	上海 合同中未约定
域外确切指哪国哪个地区	中国香港	中国香港
适用的域外法律	本案需适用的成文法是中国香港法例第32章《公司(清算及杂项条文)条例》和第622章《公司条例》。特别是《公司(清算及杂项条文)条例》第275条。由于香港特别行政区法律属于英美法系,判例法占据重要地位,在成文法缺少明确规定的情况下,通过查阅香港特别行政区和英国法院判例可总结	本案需适用的成文法是中国香港法例第32章《公司(清算及杂项条文)条例》和第622章《公司条例》。特别是《公司(清算及杂项条文)条例》第275条。由于香港特别行政区法律属于英美法系,判例法占据重要地位,在成文法缺少明确规定的情况下,通过查阅香港特别行政区和英国法院

续表

适用的域外法律	出适用“揭开公司面纱”原则的三个条件:(1)股东能够完全控制公司;(2)股东具有利用该公司的独立法律人格,将该公司作为工具或外壳进行欺诈、规避法律等违法行为的恶意,从而使股东逃避本应由其自身承担的法律责任;(3)“揭开公司面纱”原则只能作为最后的救济手段加以适用,若公司本身的财产已经足以赔偿损失,或通过其他救济方式可以弥补损失,则仍应坚持公司法律人格独立,不应适用该原则。本案是否揭开公司面纱关键在于其股东朱某文是否利用该公司的独立法律地位获取利润,并逃避责任。根据香港特别行政区判例法确立的审查标准,还需审查:(1)MA香港公司自成立至今,是否从事过除本案之外的其他正常的经营活动;(2)诉讼程序开始后,公司股东是否有转移公司财产的行为。《法律意见书》附判例9例并注明仅供法官作为查明外国法的专家意见	判例可总结出适用“揭开公司面纱”原则的三个条件:(1)股东能够完全控制公司;(2)股东具有利用该公司的独立法律人格,将该公司作为工具或外壳进行欺诈、规避法律等违法行为的恶意,从而使股东逃避本应由其自身承担的法律责任;(3)“揭开公司面纱”原则只能作为最后的救济手段加以适用,若公司本身的财产已经足以赔偿损失,或通过其他救济方式可以弥补损失,则仍应坚持公司法律人格独立,不应适用该原则。本案关键在于其股东朱某文是否利用该公司的独立法律地位获取利润,并逃避责任。根据香港特别行政区判例法确立的审查标准,还需审查:(1)MA香港公司自成立至今,是否从事过除本案之外的其他正常的经营活动;(2)诉讼程序开始后,公司股东是否有转移公司财产的行为。《法律意见书》附判例9例并注明仅供法官作为查明外国法的专家意见
适用域外法律的原则	登记地原则 法人及其分支机构的民事权利能力、民事行为能力、组织机构、股东权利义务等事项,适用登记地法律	登记地原则 法人及其分支机构的民事权利能力、民事行为能力、组织机构、股东权利义务等事项,适用登记地法律

续表

域外法律解决了哪方面的问题,是否有效解决该类问题	MA 香港公司股东是否应承担连带责任 有效解决	MA 香港公司股东是否应承担连带责任 有效解决
查明主体	华东政法大学外国法查明中心(一审法院委托)	华东政法大学外国法查明中心(一审法院委托)
与自贸区的连接点	原告住所地在上海自贸区	原告住所地在上海自贸区
查明费用	20,000 元,占案值 1,840,453.34 元的 1%	20,000 元,占案值 3,626,148.81 元的 0.6%

(二)移植实践与调适分析

这 2 例涉自贸区的外国法成功查明的典型案件,绝大部分案件要素相同(见表 4),所以分析调适方法、效果、推广手段时,可以予以合并。我们可以从外国法查明要素(查明主体、查明途径、查明补救、查明的法律内容、准据法适用的原则和关键点)来逐一分析这 2 例典型案件。(1)查明主体为一审法院(上海知识产权法院)依职权委托华东政法大学外国法查明中心进行查明。查明主体的能动性发挥得较好。(2)查明途径是通过专业性机构查明,是集中软硬件资源的专家查明方式中的一种。(3)不存在查明补救,因为已成功达到查明既定法律内容的目的。法官根据查明中心出具的《法律意见书》,结合案情,已有效解决"MA 香港公司股东是否应承担连带责任"的问题。(4)查明的域外法律可分为两部分。第一部分,成文法为中国香港法例第 32 章《公司(清算及杂项条文)条例》第 275 条和第 622 章《公司条例》。第二部分,香港特别行政区判例法 9 例判例。(5)准据法适用的原则和关键点。在准据法适用的原则为被告之一的 MA 香港公司的登记地原则。准据法适用的关键点:本案是否揭开公司面纱关键在于 MA 香港公司股东朱某文是否利用该公司的独立法律地位获取利润,并逃避责任。根据香港特别行政区判例法确立的审查标准,还需审查:(1)MA香港公司自成立至今,是否从事过除本案之外的其他正常的经营活动;(2)诉讼程序开始后,公司股东是否有转移公司财产的行为。

作为查明主体的一审法院能动性发挥得较好,法官的自由裁量权也是法律移植后在司法实践中主动调适的核心要素。第一,上海知识产权法院的法官(审判长黎淑兰、审判员何渊、审判员范静波)将域外法内容"折中"的性质从度上把握得比较到位,在依循折中说大原则的前提下,将域外法略朝"法律"属性靠近,又有"事实"属性。法官努力调适、把握准据法的法律属性体现了维护冲突法正义所做的努力。这种对域外法属性进行"程度式"区分,比较圆满地正面回应了2例案件中各方当事人提出的"《法律意见书》涉及的本案事实不全面或不正确的意见"。一审法院认为,《法律意见书》为查明最相关的外国法律需要结合具体案情,但其对案件事实发表的意见仅作为查明外国法的专家意见;一审法院根据各方当事人的举证及质证意见,对证据的合法性、客观性、关联性进行认证后,对案件事实作出认定。

第二,一审法官把握住了准据法适用的关键点,结合案件事实将准据法予以适用,发挥了较好的演绎推理能力。从调适方法和调适效果来看,法官的演绎推理能力是基于实际案情、把握准据法适用并加以调适的基本要素。准确适用准据法既是法官对自己相关知识、经验的自信,更是朝冲突法正义靠拢的有力手段。虽然《法律意见书》已挑明准据法适用的三个关键点:MA香港公司股东朱某文是否利用该公司的独立法律地位获取利润,并逃避责任;该公司是否为仅为涉足本案而成立空壳公司;股东朱某文是否有转移公司财产的行为。但是如何对关键点进行演绎推理考验法官的学识、自信,因为"MA香港公司股东是否应承担连带责任"与"揭开公司面纱原则"的三个条件密切相关:一是股东能够完全控制公司;二是股东具有利用该公司的独立法律人格,将该公司作为工具或外壳进行欺诈、规避法律等违法行为的恶意,从而使股东逃避本应由其自身承担的法律责任;三是"揭开公司面纱"原则只能作为最后的救济手段加以适用,若公司本身的财产已经足以赔偿损失,或通过其他救济方式可以弥补损失，则仍应坚持公司法律人格独立，不应适用该原则。

受委托方华东政法大学外国法查明中心的能动性也发挥得很好。从调适方法、调适效果和调适方法的推广这三方面来看，以华东政法大学外国法查明中心为代表的最高人民法院五大域外法查明中心的调适经验（不仅仅是查明经验）有着示范意义。首先，查明中心换位思考，出具“法官判案友好型”的专业《法律意见书》，从程序经济角度做出了贡献。作为专家出具专业的《法律意见书》当属应尽职责，但是《法律意见书》的内容能从便于法官判案的角度来撰写，则属华东政法大学外国法查明中心服务意识到位。查明中心通过查阅香港特别行政区和英国法院判例，在《法律意见书》中附上了9个相关判例，更重要的是以精炼的语言总结出适用“揭开公司面纱”原则的三个条件。同时，《法律意见书》以醒目的措辞、凝练的语言列明准据法适用的三个关键点，删繁就简，为法官便捷衔接案情提供便利，减少法官二次思考时间就是为程序经济添火加薪。

其次，《法律意见书》的专业性不仅体现在查明的法律内容与所涉案件相关度高，能有效解决法律问题；还体现在充分考虑先例中的事实问题与所涉案件中的事实问题是否有足够的相似性、可比性。查明中心考虑到了所涉案件中可以触发“揭开公司面纱”原则的事实问题与先前9个判例中启动“揭开公司面纱”原则的三类事实问题的异与同，总结出与启动“揭开公司面纱”原则息息相关的准据法适用的三个关键点。

五、域外法查明平台案件库与案件驱动式调适

最高人民法院域外法查明平台（http://cicc.court.gov.cn）公布的案件是考察成功查明的案件如何通过案件驱动进行法律调适的指导性案件和优良样本。2019年11月29日，最高人民法院落实所移植的法院委托中国查明机构和域外英美法系大律师个人的查明方法，整合中国域外法查明机构的资源，最高人民法院域外法查明平台上公布了十多名权威查明专家的资质信息以及52例案件，从中我们剔除1例泰国

某法院委托查明中华人民共和国刑法(我国的内国法),得到51例样本,梳理成功查明的外国法案件并调适的特点。①

(一)查明并调适的域外法地域分布

依据图7,域外法地域分布集中在中国香港(25例,49%)、英国(8例,15.7%)和美国(7例,13.7%)。由此证明,第一,涉中国香港法律在法律查明和调适中扮演了十分重要的作用。第二,合同中约定适用香港法的情形较多,香港法律成了中国特色社会主义法系与英美法系接驳的桥头堡。第三,中国内地与中国香港民商事来往频繁,数量较多的民商事查明案件促成了外国法移植、调适。因此,要取得查明移植后较好的调适效果,让首要查明主体——法官了解涉港民商事案件、熟悉查明案例中被引率很高的中国香港《公司法》是一个捷径。

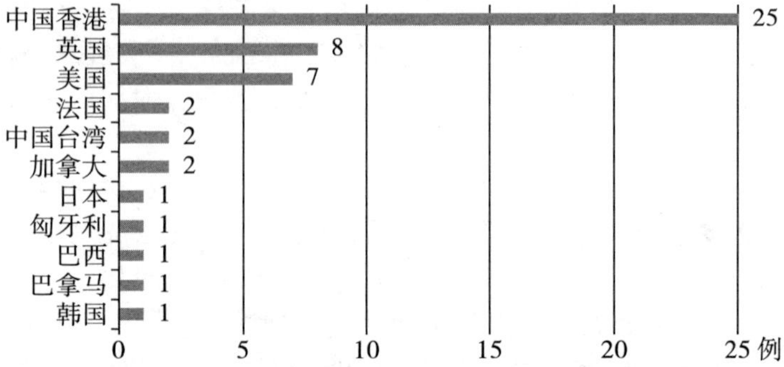

图7 查明并调适的域外法地域分布与案件数
(总数51例,数据截至2020年3月20日)

(二)调适后分担查明主体的压力

从查明主体的压力大小来分析,主体或委托方以法院为主,列明委托查明的事项难度系数最高,责任重大,所以外国法查明启动阶段的移植与调适,最核心的主体首先是法官,其次才是查明专家。从外国法查

① 参见[案号(黑)诉9/2561 案号(红)诉97/2561]泰国民事法庭判决书。

明移植后的调适方法来看,在司法实践中,当事人委托或法院委托专家查明都是通过法官来列明待查明的外国法内容,所以以查明内容与案件无关为上诉理由的案件,法官必须厘清案件的哪部分需适用外国法,即法律适用问题。实际上,查明内容与案件的相关度与适用准据法是法官主导法律适用的一体两面。要想取得较好的外国法查明移植后的调适效果,对成功查明的案件驱动式的调适是一种可取的方法。2019年3月,上海市高级人民法院和华东政法大学根据双方已有的《外国法查明专项合作纪要》,在前期实践的基础上,制定《外国法查明专项合作机制操作指引(试行)》。这不仅加强了外国法查明的中、后期流程标准化、规范化,而且对查明移植后的调适作出标准化、机制化、细化的规定。①

(三)查明途径:立法移植新增途径与双重委托关系

调适的基调和态度与中国的开放程度密切相关。"一带一路"倡议重塑了中国的大国责任与形象,中国作为投资者的母国频繁让中国企业走出去。2018年7月开始施行《最高人民法院关于设立国际商事法庭若干问题的规定》,其中第8条规定,国际商事法庭审理案件应当适用域外法律时可以通过8种途径查明:由当事人提供;由中外法律专家提供;由法律查明服务机构提供;由国际商事专家委员提供;由与我国订立司法协助协定的缔约对方的中央机关提供;由我国驻该国使领馆提供;由该国驻我国使馆提供;其他合理途径。通过上述途径提供的域外法律资料以及专家意见,应当依照法律规定在法庭上出示,并充分听取各方当事人的意见。②

---

① 参见上海市高级人民法院研究室:《上海高院与华东政法制定〈外国法查明专项合作机制操作指引(试行)〉》,载 https://mp. weixin. qq. com/s? src = 11&timestamp = 1601445776&ver = 2615&signature = 9rBGvfGY9VoJDGGNDPY7SfJTz09dHleQ7WGlduNJhPSZhLiVOprHxPgZyFSvyd - 4YZU933jZXutSK0U6Prv - anlSO1 * oTuy2Vx6LQPLSfmyHYaWF3xLxkHW3FzpMDzhz&new = 1,最后访问日期:2020年9月30日。

② 参见陈璐:《我国以更开放心态面对外国法查明》,载《中国贸易报》2019年6月20日,第6版。

上述规定增加了由法律查明服务机构提供和由国际商事委员会提供两种方式,此外还增加了兜底条款,以及需听取各方当事人意见。投资的开放姿态也反映在新增的查明途径上,同时我们需要调整查明移植后的调适基调,应以更开放的基调、更包容的态度去看待外国法查明在司法实践中的调适,在不违背冲突法正义的原则下,以外国法与内国法法律适用上"柔性衔接""找通约点"为目标,达到最大化的程序经济。

从查明途径来看,部分案件以查明机构为中转接力站,出现双重委托关系。例如,出现多个案件需查明香港特别行政区法律时,华东政法大学外国法查明中心查明接受一审法院依职权所作的委托,二次委托香港麦业成大律师①出具《法律意见书》。从调适方法和效果来看,这种重复案件体现的双重委托关系,对涉民商事案件的次要查明主体——专家提供了诸多有益的启示:专家自身的外国法储备范围、查明范围不需要大而全,专注数个擅长的法律领域,熟悉数个国别、区域的法律,将查明途径精细化;查明内容的专业化可由双重委托查明来保障;不熟悉的法律领域,不了解的国家、地区的法律须委托给目的地国别的专家实施查明。

六、结语

(一)立法移植与司法调适

外国法查明在中国的法律移植需要从理论与实践相结合以及法律史与比较法相结合的维度去考察。第一,关于理论与实践结合的维度;第二,关于法律史与比较法相结合的维度,外国法查明的法律史较短,外国法查明在新中国的学界研究历史仅34年(1986~2020年),仅占新中国成立以来历史的一半。同时,从比较立法移植与司法实践移植角度,中国的外国法查明在立法移植上最新的法条是2018年施行的《最

① 麦业成大律师不在最高人民法院域外法平台专家名录中,并不属于最高人民法院域外法平台聘请的来自十四个国家和地区的31位国际商事专家委员之列。参见《最高人民法院域外法平台专家名录》,载 http://cicc. court. gov. cn/html/1//218/226/234/list2. html,最后访问日期:2020年3月25日。

高人民法院关于设立国际商事法庭若干问题的规定》,但立法移植的量与空间越来越小。相比较而言,移植域外外国法查明司法实践中的先进做法已成为大势所趋,而且,未来考察司法实践移植后的调适效果将成为外国法查明移植研究的中心。外国法查明在中国的移植调适,和其他类型的法律移植一样,主要凭借政治强制力、国家机器的规范力量来达成移植目的,所以国家机器的规范力量应向移植后的司法调适转移。

我们对具有先行先试、航标意义的涉自贸区的外国法查明案件以及最高人民法院域外法查明平台上成功查明的案件进行可视化分析,发现近十年外国法查明的移植效果优中有缺,调适效果中等偏上,推广效果限制重重。

(二)移植中的个别特征与普遍特征

外国法查明在中国的法律移植特征(个别特征)与一般意义上当代法律移植特征(普遍特征)高度重合,后全球化时代前者又体现出独有的新特征。个别特征与普遍特征高度重合的部分包括:第一,国外理论与资料的引介、译介的蓬勃高潮期都始于20世纪80年代中期,其数量、范围和影响远超以往任何历史时期。第二,法律移植的源头宽口径中有重点,移植方式灵活,兼采众长。第三,重视英美法,一改以往以大陆法为重的倾向。例如,外国法查明责任在实践中以法官为主要责任人,查明主体为法官或当事人委托的专家。第四,深受经济全球化和法律全球化这些背景因素的影响。

后全球化时代可能因为疫情因素已提早到来,法律移植会出现新趋向,即政治的决定作用所占的比重重新开始上升,由于大国政治领袖及其政治团体的介入,经济因素中掺杂了诸多新的政治影响因子。例如,TikTok 面临被甲骨文收购,美国联邦法院推翻总统限制使用 WeChat 的行政令,WeChat 更名为 WeCom。外国法查明移植至中国的个别特征也会受此新趋向影响。

(三)移植的社会共识

外国法查明在中国当下的法律移植的基础是中国当下先有社会共识。关于外国法查明在中国的社会共识,需要从当下的司法实践中去建构,建构的主体为职业法律人。当下,涉外民商事外国法查明方面具有实务经验的法律人包括法官(尤其是中级人民法院法官)、最高人民法院域外法查明平台上五大查明中心的专家、涉外律师,乐观估计人数在2000人以内,群体较小。因此,建构外国法查明的法律移植社会公识,可以先从这一拨群体内、小范围达成。比如,涉自贸区案件的查明移植就很容易在几百位职业法律人中构建出互动的、即时的、当下的社会共识,这恰恰也是外国法查明移植在自贸区先行先试的意义所在。

附录　五个国家的外国法查明制度对比

细分项		国别				
		中国	比利时	法国	德国	美国
外国法查明的依据	基本法	1.《涉外民事关系法律适用法》第10条 2.2012年《涉外民事关系法律适用法司法解释》第17条	2004年《国际私法典》	法国《民事诉讼法》第16条	《德国民事诉讼法》第293条	【更早】1943年《美国冲突法重述》第261条规定:"除662条的规定(推定其他州的普通法与法院地州普通法相同),外国法必须由当事人诉请并用证据证明之。" 【晚近】1966年,《联邦民事程序规则》增加了第44条第1款:一方当事人若欲提出涉及外国法的事项,他需通过诉状或其他合理的书面形式作出通知。法院在确定外国法内容时,可以考虑任何相关资料或渊源,包括证言,无论此证言是否由当事人提出,亦无论此证言依《联邦证据规则》是否可采信。法院对外国法内容的确定应被视为对法律问题所作的裁决

续表

细分项		国别				
		中国	比利时	法国	德国	美国
外国法查明的依据	其他法	1. 1987年《最高人民法院关于适用〈涉外经济合同法〉若干问题的解答》第2条第11款 2. 1988年《民通意见》第193条 3. 2018年《最高人民法院关于设立国际商事法庭若干问题的规定》第8条	—	—	—	依据《联邦证据规则》,专家证人的证言通常构成法院确定外国法的基础; 依据《美国第二次冲突法重述》及“利益分析说”,查明相关外国法的实体内容,主要在于分析法律背后的政策、利益,这是进行法律选择不可或缺的环节
外国法的性质	事实说 折中说 法律说	折中说	更靠近法律说	更靠近法律说	法律说	过去事实说,1966年后已从事实说转变为法律说

续表

细分项		国别				
		中国	比利时	法国	德国	美国
查明主体	—	法院查明为主，当事人查明为辅； 但是在商事争议中，可以要求当事人负责查明外国法	法院为主，未规定由当事人协助查明。但是，在司法实践中，当事人自愿承担查明工作，或法院直接请当事人协助查明，并不频繁介入具体的查明工作，当事人承担主要查明工作，法院会做进一步深入查明工作。但当事人会对外国法内容查明谁来承担查明责任起争执，在部分司法实践中，法庭审核可适用的外国法方法是能找到的法院判案和学者评论	过去几十年里逐步强化了法官的作用、当事人协助。 法官是主体，确定外国法内容。 承认外国法律适用的法官，无论是因为(涉及不可自由处分的权利)他当然地适用了法律冲突规则，还是因为(涉及可自由处分的权利)一方当事人对外国法律提出了抗辩，都必须在当事人的协助下，甚至在必要时亲自确定其内容	法官依职权查明，但当事人亦负有协助的义务； 法官严格依职权查明； 法官不受当事人提交材料的拘束。当事人也不在外国法的查明问题上承担证明责任	二元制主体：当事人与法官均为查明外国法的法定主体； 当事人为查明外国法的主体，是普通法的传统做法； 对于当事人提出的外国法事项，法院可以自行予以调查；即便当事人没有提出外国法事项，法院亦可以提出，并独立查明

续表

细分项		国别				
		中国	比利时	法国	德国	美国
无法查明/做不到充分查明如何处理	1. 直接适用内国法：大多数国家采用 2. 类推适用内国法：英、美、日 3. 驳回当事人诉讼请求或抗辩：德、美 4. 适用同本应适用的外国法相近或类似的法律 5. 适用最密切联系国家的法律：朝鲜	【应然】（立法初衷）： 1.《国际私法示范法》规定"适用与该外国法律类似的法律或者中华人民共和国相应的法律"（第12条），以增强法律适用的灵活性； 2. 2012 年《涉外民事关系法律适用法司法解释》第 17 条人民法院通过由当事人提供、已对中华人民共和国生效的国际条约规定的途径、中外法律专家提供等合理途径仍不能获得外国法律的，可以认定为不能查明外国法律； 2018 年最高人民法院通过由当事人提供、已对中华人民共和国生效的国际条约规定的途径、	【应然】 《民事诉讼法》第 15 条，符合正义原则 《民事诉讼法》第 15 条，法院地法可以补充无法查明但可适用的外国法。 【实然】 其他类。 常见做法，法院允许双方当事人就外国法内容提供评论性材料予以补足。双方当事人甚至可以就外国法内容进行辩论。 【待改进】 有关伊朗籍儿童抚养权的案例，法院向领馆申请协助查明外国法未果，以"未获确定性的查明结果，	适用同本应适用的外国法相近似或类似的法律	—	—

续表

细分项		国别				
		中国	比利时	法国	德国	美国
无法查明/做不到充分查明如何处理	6. 适用一般法理:日 7. 其他	中外法律专家提供等合理途径仍不能获得外国法律的,可以认定为不能查明外国法律。 【实然】:认真地查明外国法,不是简单地经过查明后,就以外国法无法查明为由,适用中国法律代替	抚养问题紧迫,儿童等待不了查明结果"为由,以法院地法替代外国法来判决,后果是法官在查明责任方面不够勤勉尽责,大大降低了法院地法替代外国法的门槛	适用同本应适用的外国法相近似或类似的法律	—	—
查明方式/工具	—	【应然】: 2011年《涉外民事关系法律适用法》第10条涉外民事关系适用的外国法律,由人民法院、仲裁机构或者行政机关查明。当事人选择适用外国法律的,应当提供该国法律	【应然】:无标准方法。 【实然】:多种方法并用。 1. 搜索在线资源 【待改进】法学院不教授如何搜索在线外国法资源。比较法课程和部分图书馆不关注搜索外国法的方法。 2. 委托专家——外籍司法从业者、大学教授	—	【实然】比较正规的是组织专家、学术研究班子和法学科研机构,对外国法进行深入的研究。外国法最重要的来源是编辑出版的有关外国法及其发展的研究文献。德国的比较法机构在外国法查明方面也一直起着举足轻重的作用,	【应然】 依据《联邦证据规则》,专家证人的证言通常构成法院确定外国法的基础。 【实然】在司法实践中,美国法院适用外国法时不援引专家证言的情况非常罕见。 常见的做法:法院指定专家就外国法的内容作证;较少情况下,当事人聘请专家就外国法的内容作证。 援引英语国家(地区),尤以普通法国家为主的学术专著、论文、教科书以及法律数据库

续表

细分项		国别				
		中国	比利时	法国	德国	美国
查明方式/工具	—	—	【待改进】没有使用德国马克斯·普朗克研究所和海牙国际司法研究院等优质专家资源	—	其中最著名的是马克斯·普朗克研究所，到1977年已提供了 9000件的专家意见，慕尼黑大学国际法与比较法研究学会一直是对外国法问题有求必答。这些比较法机构都从实际经验和司法实践中所出现的问题出发，使提供的专家意见具有较高的实践价值	【应然】 依据《联邦证据规则》，专家证人的证言通常构成法院确定外国法的基础。 【实然】在司法实践中，美国法院适用外国法时不援引专家证言的情况非常罕见。 常见的做法法院指定专家就外国法的内容作证；较少情况下，当事人聘请专家就外国法的内容作证。 援引英语国家（地区），尤以普通法国家为主的学术专著、论文、教科书以及法律数据库
国际条约公约	—	—	不查公约；法官律师不了解公约、查询费时 【待改进】很少提出查明《伦敦公约》的请求，8 年仅 10 次	—	—	—

续表

细分项		国别				
		中国	比利时	法国	德国	美国
法律适用的原则	—	—	外国法按国外的解释来解释。 外国法出现模糊地带，法院可以援引有相似法律传统的第三国的司法解决途径来裁决，但有外国法有明确规定禁止弃用该外国法的除外。 【待改进】订立的适用目标太高大（外国法按国外的解释来解释），实务中做不到查询相关成文法，极少去参考相关判例。 【困难】法院要应对外国法未精确涉及的空白处、模糊地带	—	—	—

续表

细分项		国别				
		中国	比利时	法国	德国	美国
法律效力	—	—	判例、习惯法有效力。 法典法、地方法院对“常规”(norm)的解释。 根据至为重要的Babcok案例，要遵循司法先例、习惯法也是法源	—	—	—
复审/司法审查	—	—	高一级法院有必要就外国法的地位审查下级法院的司法实践。 1. 审查冲突规则适用是否有误。 【现状】最高法院的司法管辖权限法律问题，可能不涉及事实问题。 【待改进】人们不清楚最高院审查内国法和外国法标准是否一	—	在司法实践中，德国联邦法院要求下级法院在判决书中说明采用的查明外国法的途径和方法，作为对其是否适当履行职责的监督手段	【查明错误时的救济】在联邦法院体系内，会有两种不同的解决方法。第一，要求原审法院重新查明外国法；第二，当作冲突规则的适用错误，假定外国法与法院地法相同，径依本地法裁判。1966年后，有越来越多的州在成文法中采纳或基本采纳了《联邦民事程序规则》第44条第1款，或者在判例法中体现了该条规定

续表

细分项		国别				
		中国	比利时	法国	德国	美国
复审/司法审查	—	—	致,最高院对此也没有定论。 2.审查外国法。 当根据欧洲法规中的法律冲突规则适用外国法律时,下级法院可以适用具有优先性的欧洲内国法,可以违反冲突规则,审查时不予追究	—	—	—

法国司法区划分的历史背景及改革动向

刘 旭*

[**摘要**]法国历史上中央派驻司法的经验及其发展、法国社会的阶级化及其对司法的塑造、法国大革命及其对法国司法改革进程的影响,构成了影响法国司法区划分及演进的重要历史背景。在这些历史传统因素的作用下,法国司法形成了当前的这种区别民事与刑事、界定一审与上诉、划分普通与行政的司法区设置现状。20世纪后期以来,法国为改进司法形象及提升司法效率,推行了近民司法的改革行动,对司法区的划分进行了调整,对司法区管理实行了权力下放,这些都成为法国司法区改革中值得关注的动向。

[**关键词**]法国　司法区　历史背景　改革动向

法国司法在历史发展的最初阶段便有注重身份和资历的因子。[①]这一点为后世所延续,使得法国司法呈现专业化、等级化的构成特征。等级制的发展也使法国成为历史上较早地确立等级化司法体系及其发展模式的国家。以13世纪法国巴黎高等法院的设立为标志,法国形成了以逐级上诉为内容的科层制法院体系。这一模式所确立的由最高法院统领的多层级法院体系,以及通过上诉衔接及管辖扩大形成的司法等级,与确保法律适用统一性的要求相适应,后世民族国家司法组织体系大多带有这种金字塔形的组织结构特征。

---

* 刘旭,河南省社会科学院法学研究所副研究员。

① 与英格兰早期的地方司法不同的是,在法兰克王国时期,国王从其仆从中指派"柯姆特"主持百户区法院的审理工作,王国的百户区法院组成人员是由"柯姆特"从当地社会地位高的人中挑选出,挑出的这至少7名以上的名叫"拉辛布尔格"的"判决发现人",负责提出判决,判决交由出席法庭的全体自由人通过后生效。参见张彩凤主编:《比较司法制度》,中国人民公安大学出版社2007年版,第173页。

一、法国司法区形成的历史背景

法国司法在早期的历史发展阶段受到罗马法及其管理组织形式的影响较深,罗马军事指挥组织多达五百多年的统治,在历史渊源层面形塑着法国早期王室司法组织的发展。这使13世纪欧洲中央集权化趋势在法国表现为王室派驻司法机构及派驻官员的发达,派驻司法机构在管辖、权能上的扩张,不断消蚀着传统封建司法存续的基础,催生了职业化的官僚阶层。这一演进与罗马法的复兴相应和,共同摧毁了封建司法传统及其地方习惯规则。历史过程中的战争所催发的阶层化演变,以及日益加深的社会阶层划分,也带来王权司法与封建司法之间的分级以及王权司法体系自身的分级,最终促成以职业化为要求的等级化的司法组织体系。法国大革命的振荡并未改变传统的影响,法国司法的发展仍然遵循着历史传统演进的路径,当代法国司法组织的结构依然带有鲜明的传统文化演进的特征。

(一)中央派驻审判的经验及其发展

13世纪以来的欧洲,司法呈现中央集权化共同趋向的演变,但法国的情况有着自身的特色。公元5世纪~10世纪,法兰克王朝领主封建制通行于欧洲大陆西部,各地方普遍存在领主法庭、宗教法庭以及市镇法庭。从13世纪开始,法国也出现了王室法庭系统的扩张,但采取的是国王向地方派驻官员进行审判的方式。这种王权派驻地方审判方式的形成,是法国特殊历史传统的产物。在法兰西受罗马统治长达五百年的历史时期,罗马政权的军事性质对法国国王对地方的统治方式产生着直接的影响。早期,军人被派遣到地方代理国王的角色,并且行使审判案件及负责税收的权力:“行省管辖的范围太广,这样的统治方式已不适宜。于是国王在每个城市中派遣一个军人带着罗马的‘伯爵’尊号去替他治理人民。”①此后,国王的行政官员被派驻到地方行使司法职能,并且接受国王派到地方的钦差的监督,这种派驻及监督体制便成为

① [法]瑟诺博斯:《法国史》(第1册),沈炼之译,商务印书馆1972年版,第70页。

法国历史上国王对地方进行统治的主要模式。查理曼时期，为了监督行政人员，国王派出伯爵和主教作为钦差到各地巡视。在菲利·普奥古斯都统治的早期，国王派出执行官和司法总管，对地方总督进行司法监督，并且对领主法庭的案件行使上诉权，从而将领主法庭纳入王室法院系统的组成部分。到路易八世时期，"一个相对庞大而忠诚的官僚集团王家大法官和王家司法总管被创立起来，管理在王家直接控制下的地区"。① 在整个13世纪，国王派出的受薪的执行官，都在不断消蚀着贵族的特权，扩张着君主在地方的权力。②

历史上，法国国王基于军事上、税收上、行政事务上的不同需求，往地方派驻行使相关权力的官员，并将全国划分为相应的军区、税区和行政区。这种国王对地方的统治，为后世法国行政法院系统以及审计法院等特殊行政司法机构的存在提供了历史的渊源。法国的省在历史上并非行政区域，而是具有共同语言、传统和风俗的地理单位。到18世纪，从大贵族中选任的省长，仅是一种荣誉头衔，具有名义上的权力，且常驻凡尔赛，没有国王命令，不得径往其头衔所对应的区域。实际在地方行使权力的，便是国王委派到地方的特派员、行政官及巡按使。16世纪后半叶，国王选派到各军事辖区的特派员，被转任为各财政区的行政官。路易十四时期，设置了司法、警察、财政之巡按使，用来整合地方行政规划系统，强化君主专制。到17世纪末，法国被划分为45个财政区，国王亲自任命巡按使，管理税务及行使司法权。

可以说，"旧制度下的行政结构基于军区，而尤其是基于巡按使区"。③ 通过中央的最高王家法院及其设置在地方的巡按使法院，巡按使便成为绝对君主政体之下中央权力在地方的代表。巡按使全名为

---

① ［英］佩里·安德森：《从古代到封建主义的过渡》，郭方、刘健译，上海人民出版社2016年版，第115页。

② 参见［美］本内特、霍利斯特：《欧洲中世纪史》，杨宁、李韵译，上海社会科学出版社2007年版，第303页。

③ ［法］索布尔：《法国革命史（1789—1799）》，端木正译，三联书店1956年版，第31页。

“司法、警务与财政之巡按使”,最早源于16世纪设立的“出巡的申诉士”,到17世纪后半叶,这一制度普遍设立。巡按使从枢密国务会议中的申诉士中选任,作为国王的直接代理人巡查地方各级司法。不仅能够出席及主持除高等法院之外一切地方法庭的审判活动,而且能够监督所有的法官,对违反治安及叛逆罪有终审权。

国王向地方派驻官员行使审判权力的做法,加快了职业法官阶层的形成,国王的权力同样也成为欧洲大陆罗马法复兴的重要支持力量,推动了欧洲大陆职业法官制度以及法律适用制度的构筑。国王领地的领地主管由骑士贵族担任,通过指派市民阶级出身的副手代行书写工作,形成了专管民事及刑事诉讼的长袍法官。“这样便产生了一个职业的法官阶层,他们以高等法院的顾问或下级法院的法官名义出席法庭。”①由此,欧洲大陆依照习惯法审案的传统发生着改变。“王室的领地总管衙门变成法国最早的地方行政的中心,……而他们却把审案的方式完全改变了。”②在历史上,无论贵族法庭、领主法庭,抑或教会法庭,每个法庭都根据习惯法来审理案件,在教会法庭及南方成文法地区之外,“法官除了口传的习惯法外,没有其他的法则;于是在审问一个案件时要回忆对同类案件所曾经宣布的判决,这叫作援引‘前例’。法官要在本地年高的人的记忆的帮助下,‘寻求判决’,这就是说,寻找使用的法则和宣告判决”。③ 但是,“当案件由职业的法官判决,当诉讼由研究罗马法的辩护士辩护时,这种制度就慢慢地改变了”。④

(二)法国社会的阶层化与司法的分级

阶级的形成是法国历史上的重要事件,它也成为法国历史传统中

① [法]瑟诺博斯:《法国史》(第1册),沈炼之译,商务印书馆1972年版,第232页。

② [法]瑟诺博斯:《法国史》(第1册),沈炼之译,商务印书馆1972年版,第233页。

③ [法]瑟诺博斯:《法国史》(第1册),沈炼之译,商务印书馆1972年版,第233~234页。

④ [法]瑟诺博斯:《法国史》(第1册),沈炼之译,商务印书馆1972年版,第234页。

的重要特征。农民、武士、市民阶级,以及教士阶级等截然不同的阶级,塑造了一个完全不同于古代社会的法国社会。“这种社会结构后来成为国家永久的基础。它对法兰西民族的发展起了决定性的作用。”①社会的阶层化在早期便奠定了封建司法与王权司法的等级体制,随着王权与贵族的长期斗争及其带来的王权对贵族的吸收和买断,法国的阶层化呈现新的特点。在法律和司法领域,它不仅形成了近代法国司法的等级结构,也创造了金字塔形等级制的统一法律适用格局。贵族与王权的紧密纽带,以及司法官作为传统贵族阶层的核心构成,亦构成法国的司法官选任等制度形成的重要历史背景。

战争成为法国社会阶层化不可忽视的推动力量,法国的地缘特点及其长期战争历史也给法国的社会结构以致司法架构产生直接的影响。“战争不仅左右了法国的对外政策;它并且决定了法国人民的命运和国家的形成;敌人的入侵和征服,武士阶级的统治,军队武装力量,这一切迫使法国采取它特有的社会结构和政府形式。”②旨在推行战争的军事指挥架构产生了王权常驻地方的行政官员体制,由此奠定了法国中央与地方间的单一制国家架构的基础。长期战争所带来的国家体制的变化,也加速了法国社会的阶层化,使法国社会日益呈现泾渭分明的阶层化特征,尤其是专职作战的骑士阶层在法国的兴起和壮大,彰显着法国传统社会受军事影响的程度。骑士阶层在当时社会占据首要地位,骑士所组成的骑士团成为中世纪法国文明最特殊的创造。“贵族阶级的构成——到12世纪时,来源极不相同的武士——从国王到被主人武装起来的农奴,最后融合成为一个独特的而且已成为世袭的阶级。”③法国频繁的战争需求以及骑士作为独特阶层的存在,削弱了法国社会本来便显得薄弱的法律因素,决斗等司法活动方式亦成为法国司法传

① [法]瑟诺博斯:《法国史》(第1册),沈炼之译,商务印书馆1972年版,第135页。

② [法]瑟诺博斯:《法国史》(第1册),沈炼之译,商务印书馆1972年版,第14页。

③ [法]瑟诺博斯:《法国史》(第1册),沈炼之译,商务印书馆1972年版,第160页。

统中的特色。“除了诺曼底之外,一切武士都保持着打仗的权利。在13世纪末叶以前,国王也不敢在他自己的领地内禁止打仗。”①

与英国早期历史中,司法始终受到地方性民主架构的约束不同的是,法国在早期便形成了那种由国王行政官在地方贵族中选任法官的历史,奠定了法国历史演进的政治及司法因子。王权与贵族的结合,封建领主与贵族的结合,构成法国司法权演进的历史主线。在法国司法历史中,只有拥有领主权的贵族才有权利担任法官。历史上,“严酷的领主司法权统治着被农奴化的乡村大众,他们失去了自己的各种民众法庭”。② 从事法官职业一直带有身份属性,并保持着与贵族阶层的结合。③ 从10世纪到11世纪的历史以来,领主们选任贵族充任领主法庭的法官,这些贵族听从领主们的命令。而王室从任用身边侍从到发展出专门的行政官员,这些人员被派遣到王室领地行使司法权,成为早期职业化司法阶层的主要构成。当然,王权与贵族在区域空间上的分离,尽管产生了王权与贵族的激烈斗争,但王权通过对贵族的整肃及收买,成功地实现了对贵族的吸收。到了后期,弗朗索瓦一世从制度上确认了法官职位捐纳的做法,进一步推动了贵族阶层的腐化以及与王权的联盟,国王的集权得到加强和巩固。

与王权及封建司法的阶层化相伴随的是,王权司法与封建司法各自内部进一步的阶层分化,一方面,到法兰西王国时期,领主法院依照领主的等级,已经分化为高级领主法院和初级领主法院;后来,在各封建主领地改制为省的过程中,分别设立了各省最高法院,成为当地最高审级的法院;另一方面,国王依照权贵等级状况,在国王执行官之上,还设立了高官权贵组成的名为“沙莱特”的特殊法官机构。亨利二世更在

① [法]瑟诺博斯:《法国史》(第1册),沈炼之译,商务印书馆1972年版,第165页。

② [英]佩里·安德森:《从古代到封建主义的过渡》,郭方、刘健译,上海人民出版社2016年版,第114页。

③ 参见杜苏:《司法独立的黎明——法国古典司法体制诸问题研究》,载《中外法学》2013年第1期。

1552 年在省最高法院和国王执行官之间设立新的一级法院机构——高等法院。阶层的分化使法国司法率先在人类历史上创造了一个具有高度等级性的司法组织体系。13 世纪巴黎最高法院的设立,初步建立了以之为最高司法管辖权的,并通过王室司法对领主司法的吸纳,从地方到中央的等级化的司法体系。而法国大革命并未从根本上触动法国贵族传统,这一政治因子从古代、旧制度时期,沿袭、影响至近现代法国司法的内核。“19 世纪的司法重建过程中,司法官已经演变成为地方显要的贵族统治。……后来的政府通过建立职务晋升制度来巩固普通多数的忠诚和利益。”①

贵族化和阶层化的结合,促成了法国司法官僚在历史早期阶段的发达,司法贵族阶层组成的行政化的司法官员,他们的存在、他们的利益以及他们的意识不仅催生及巩固了职业化的法官阶层,而且塑造及延续着整个司法体制。司法促成社会整体比例协调,它在被划分为等级的社会中发挥作用。1776 年 3 月 2 日,巴黎最高法院在谏诤书便强调,不对人的身份加以区分便会带来混乱和无序,等级意味着和谐,“我们不能在平等的条件下生存,一部分人指挥、其他人服从是必要的”。②

等级观念铸造了法国纠问式的司法结构。王室派遣法官在法国历史的较早时期,即法兰克王国时期,便摒弃了辅助誓言人宣誓证明的方法,那种后来被英国司法借鉴为陪审制的邻人宣誓调查方法更无法立足。王室法官取而代之发展出由法官询问当事人及证人来发现事实的纠问式的诉讼制度。能够构成滥捕滥诉屏障的那种控诉陪审团制度也被职业化的检察追诉机制所代替。逐渐排斥了民众参与的、王室官员主导的司法组织架构,造成司法制度强烈的职权主义色彩以及司法的封闭性。法兰西王国沿袭传统的纠问式的诉讼程序,作为王室所派遣的政府官员的司法官,奉行秘密审判、刑讯逼供以及禁止申辩。以至于

① [法]皮埃尔·特鲁仕主编:《法国司法制度》,丁伟译,北京大学出版社 2012 年版,第 16 页。

② [法]丹尼尔·罗什:《启蒙运动中的法国》,杨亚平等译,华东师范大学出版社 2011 年版,第 373 页。

后来欧洲大陆罗马法的复兴以及职业法官全面占据司法领域,更多的乃是国王集权及其司法贵族阶层利益共同要求的结果。尽管大革命推动法国引进了陪审团制度,但陪审团与职业法官之间依然具有法国自身阶层分化的特点。法国大革命显然难以真正移植英国的法律,为此,法国重建了预审制度,不仅明确了法官主持预审的职责,还确定了法官担任陪审团领导人的角色。现行的法院组织分级、法官职级划分及晋升制度,审判组织中对法官主审性质与助理性质的分配,都表明了当代法官司法体制对阶层化划分传统的继受和传承。

(三)大革命与法国司法的传统延续

法国大革命经常被视为革新剧烈、波及范围广泛的大型政治革命和社会革命,它也常被看作是法国近代社会的开端。然而,法国大革命并未割裂包括法律传统及司法组织传统在内的法国传统演进路径。法国的政治生活源于它的古老结构,它"好像地壳一样,是由许多连续不断的地质层堆砌而成的"。[①] 革命的震荡似乎只是历史进程中较为强烈的颠簸,法国社会依然按照强大且执着的历史惯性和路径依赖,传承及延续着旧制度。大革命后的司法组织在旧制度原有司法组织的基础上演变而来,法国中央与地方区域的架构并未得到根本的改变,行政法院组织沿袭旧制度的色彩也很浓厚。革命者试图改变国家治理的逻辑,但这些改革措施,包括司法的全员选举、推行的地方自治举措、新的司法区划分等,都在不久之后经历了历史朝向的恢复,对英国陪审团制度的引进也随之予以了法国式的改造。

旧制度的历史逻辑是文化传统的逻辑,也是国家体制及其权力设置的逻辑。法国是欧洲绝对主义君主制的典型国家,君主不仅居于最高权力顶端的位置,更以一人成为国家绝对主权的象征。虽然经历了法国大革命,但资产阶级共和国时期的权力设置的逻辑依然没有改变。"统一、不可分割、不可能犯罪——所有这些传统上都归结于半神的国

① [法]夏普萨尔、[法]朗斯洛:《1940年以来的法国政治生活》,全康康译,上海译文出版社1981年版,第3页。

王的品质，现在却转移到革命的'人民'的身上。"[①]原先绝对君主制下的特别司法惯例和传统进一步以参照继受的方式得到强化，"国民公会重新恢复了政治审判，路易十六是这一长串审判的第一个。制宪会议用危害国家罪取代了以往的危害王权罪"。[②] 革命法庭及"爱国者陪审团"的组建，凸显了这一时期司法的革命色彩，法庭依照以往王室法庭的建制逻辑，承担了镇压反对革命、复辟王权、危害共和国任何举动的职责。原来在君主体制下备受压制的司法，在大革命后的国家体制中更以内在背反的形式得到延续。法国宪法明确了依法独立行使审判职权的原则，但立法机关频繁作出对相关原则予以改变的决定，使得这种原则具有内在的悖论。"从 1958 年 12 月 22 日《组织法》的第 55 - 1270 号命令生效开始，司法官地位条款被修改了 18 次。"[③]司法当前的地位无疑可以追溯到旧制度时期："从旧制度时期开始，立法机关在每一次的司法改革中，都在混淆最高立法权力与国家主权的区别，唯恐产生一个拥有强大权力的法官群体。"[④]司法机关严格接受立法管束的观念和现实，无疑带来了司法自主性不足、法国司法组织设置僵化等方面的弊端。

因此，尽管经历了大革命，法国的司法组织与传统司法的联系并未割裂。法国大革命之后的制宪会议通过一系列法律所设立的新的司法机构，多是在传统司法组织的基础上演化而来。包括将原来国王司法执行官改变为区法院，这一法院在多次调整及改革后，1810 年更名为市民事法院，1958 年改多为大审法院。大革命后，还在原来地方总督管辖

① [美]苏珊·邓恩：《姊妹革命——美国革命与法国革命启示录》，杨小刚译，上海文艺出版社 2003 年版，第 78 ~ 79 页。

② [法]皮埃尔·特鲁仕主编：《法国司法制度》，丁伟译，北京大学出版社 2012 年版，第 13 页。

③ [法]皮埃尔·特鲁仕主编：《法国司法制度》，丁伟译，北京大学出版社 2012 年版，第 24 页。

④ [法]皮埃尔·特鲁仕主编：《法国司法制度》，丁伟译，北京大学出版社 2012 年版，第 27 页。

的城镇和区设立协和法官,处理标的较小、案情简单案件的调解及仲裁。法国的最高行政法院也继承了旧制度下国王的参事院,1953年9月30日的法令将各省参事院改为24个行政法院。1807年成立的审计法院延续了旧制度下的审计法庭。制宪会议基于商事裁判传统,继承了旧制度下的商事裁判制度,更名为商事法庭。此外,法国的劳动法院早在1809年便已设立,它起源于旧制度时期里昂丝绸厂厂主与工人间的纠纷解决机构。法国司法组织所实行的普通法院与行政法院的区分,这种双重司法组织体系就渊源于大革命之前的旧制度。1790年的立法延续了旧制度的禁止性规定,直接规定普通司法机构不得干扰行政机构行使职权。

法国大革命期间一些带有革命色彩的举措,诸如法官的全员选举、全国司法区域的重新划分等,都在之后经历了大幅度的恢复。在革命民主理念的指导下,制宪会议推行从基层治安法院到最高法院所有法官均由选举产生,并规定每六年重新选举一次。但随之而来,在1792～1799年的法兰西第一共和国时期,选举产生的法官马上经受了第一次司法大清洗及国民公会的整肃。到1800年3月,执政府法律规定所有司法官由执政官任命,执政官无权撤销这一任命,这一规定也成为法官终身制的起源。经历大革命的震荡变化,司法权在设置上又回归既往。包括检察院行使追诉权,取消控诉陪审团,上诉法院设置控诉庭,预审法官主持刑事预审,并指挥书面、秘密侦查等。这一时期所掀起的司法复古的风潮,产生了恢复法官等级制的效应。①

二、法国司法区设置的现状

法国的法院及其司法区的特色在于其多类别设计的初审司法区,初审环节不仅有民刑事务上的区分,而且还分别按照数额的大小以及罪行的轻重,设置了相应规模的初审法院机构。在初审环节的多层级

① 参见[法]皮埃尔·特鲁仕主编:《法国司法制度》,丁伟译,北京大学出版社2012年版,第15页。

组织设计之外,还设置有专门的上诉司法机构及上诉司法区,不同的司法区之间并不重叠。此外,法国还设立有行政法院系统以及商事、劳动法院系统,并形成相应的独立于行政区划的司法区划设置。总体上,法国各法院系统因受案性质以及受案层级的不同,而形成各自独立的司法区划。

(一)民事司法区与刑事司法区的划分

法国实行民刑分开的司法组织建制,仅就一审来说,民事、刑事司法组织分别按照案件标的和罪行轻重予以划分。其中,民事司法组织在传统上包括小审法院、大审法院,刑事司法组织则包括治安法院、轻罪法院、重罪法庭。2002 年设立的近民法院,补足了一审民事司法组织的三层结构。一审三级的民事及刑事组织分别形成了民事司法区和刑事司法区,民事及刑事司法区分别独立存在,并不一定重合,而各司法区与所在的行政区划也并不对应。法国对一审民刑事案件的司法辖区设置在总体上呈现较为分散、相对独立的格局。

一审民事司法组织依照受案额度的大小进行区分,按照额度逐渐增多的逻辑构筑三级民事司法组织。其中,近民法院设立是较为晚近的改革举动。2002 年 9 月 9 日通过的《关于司法指导方向和计划的法律》设立了近民法院,审理低于 1500 欧元标的的民事案件。小审法院带有历史承继性,由原来的协和法官演变而来,在全国共设置 473 个。小审法院一般将机构设在各省的首府,但其管辖区不与行政区划相对应;而且,小审法院在上诉法院院长的授权下,可以组织跨区法庭。从 1970 年开始,小审法院的法官均由大审法院指派承担,任期 3 年。小审法院实行法官独任制,审理 4000 欧元以上 10,000 欧元以下的动产诉讼,4000 欧元以下的不动产诉讼,以及其他一些民事诉讼。

截至 2000 年,法国在全国还设立有 181 个大审法院。各大审法院管辖区域并不严格对应于行政区划,一省内大审法院管辖多区域的情况也属常见。诸如北部一省设立了 9 个大审法院。大审法院的法官数目也从几个到几百个不等。合议制曾经为大审法院的审判组织原则,但随着独任制的更多运用,合议制遂成为例外。大审法院受理 10,000

欧元以上的动产诉讼,4000 欧元以上的不动产诉讼,以及其他有关个人和家庭事务方面的诉讼。

按照违警罪、轻罪、重罪的分类标准,刑事司法组织有治安法院、轻罪法院、重罪法庭。治安法院设置在小审法院,处理罚金 1500 欧元以下的违警罪,独任制审判。轻罪法院设置在大审法院,由 1 名法官和 2 名助理法院组成合议庭审理。实践中,依照法定例外情形的规定,约 50% 的轻罪案件实行独任审判。重罪法庭是唯一的省一级司法管辖机关,全国共设有 104 个。但重罪法庭为非常设,法官由上诉法院和大审法院的法官每季度轮流换任。上诉法院首席法官任命法庭成员,包括 1 名庭长,2 名助理法官,以及在选举人名单中随机抽选的 9 名选民组成的陪审团。重罪法庭的 12 名成员集体出庭并合议,有罪判决须得到至少 8 票的绝对多数。2000 年 6 月 15 日的法律规定,对重罪法庭的上诉为另一重罪法庭,但陪审团为 12 人。作为例外,军人犯罪、危害国家利益犯罪、运输毒品犯罪、恐怖主义犯罪等犯罪,设置 9 名法官组成专业法庭审理,不设陪审团。

此外,法国还设立有未成年人犯罪法院、海上刑事法院等特别刑事司法机构。未成年人犯罪法院系统包括了少年法官、少年法庭、未成年人重罪法庭。少年法庭共 155 个,既可能与大审法院管辖一致,也可能在一个大审法院管辖区内设置多个少年法庭,也可能横跨多个大审法院管辖区。少年法庭除一名少年法官外,两名助理法官都是非职业性的,由司法部在热心人士中任命。海上刑事法院审理海上重罪及轻罪案件,主要设立在沿海大的港口地区。该法院由 1 名大审法院法官担任首席法官,由 4 名海事专家任助理法官。

(二)一审司法区与上诉司法区的划分

法国依据民事案件的数额以及刑事案件的轻重程度,对初审司法组织系统予以区分。与一审司法组织系统相适应,一审司法区的区划设定,也多是基于方便诉讼的原因,意在使之适应人口变化、流动性情况以及诉讼的复杂现状。此外,法国还设立有专职于二审的上诉法院系统,该法院机构并不依照案件额度及重要性,担负相应的一审职责。

这样,法国便在最高法院之下形成初审与上诉管辖区分清晰的司法组织架构。而且,法国上诉司法区范围也并不是初审法院——无论大审法院或是重罪法庭——管辖司法区的简单合并,而是单独设计、自成体系,彰显出上诉法院与初审相分离的制度设计观念。

法国共设有35个上诉法院即二审法院,其中,本土30个、海外省5个。上诉法院的设置地点也不一定在省首府,而且其管辖区域可以跨越多个省,诸如雷恩上诉法院就管辖5个省。无论普通法院,或是行政法院,它们的上诉法院都不与作为行政区的大区对应。上诉法院不仅审查事实,也审查法律。一般实行至少3名法官组成的合议庭审理方式,对重要案件实行5人合议庭制。

(三)普通司法区与行政司法区的划分

在负责民刑事案件的一审及上诉法院系统之外,法国法院较为重要的分支便是行政法院系统。由三级行政法院设置也形成了相应的三层行政司法区的划分。其中,负责一审的行政法院,设立于1953年9月30日,其前身是执政官下辖的省参事会。到2000年,共设立37个行政法院,其管辖区域一般与普通上诉法院的管辖区域重合,均实行跨省管辖。一审行政法院判决由3名法官组成,重要案件由全体会议作出。

在很长一段时间里,法国最高行政法院是唯一受理针对国家行政行为的专门司法机构。但随着案件的增多,最高行政法院也越来越难以行使上诉职能,设立行政上诉法院势在必行。1987年通过立法设立行政上诉法院,最初共有5个,到2000年扩大到9个,其管辖跨各大区。行政上诉法院由5名法官组成合议庭进行裁决,重要案件由全体法官集体决定。

(四)商事、劳动等专门司法区的划分

在普通司法机构之外,法国还设立了受理劳动、社会保险等特定领域诉讼的专门司法机构。专门司法机构并不依附于普通司法机构,它们拥有各自独立的管辖区域。商事法院是这一类型司法的典型代表。这一发端于1563年国王敕令的法院,具有悠久的演变历史。到1999年,全国共设立商业法庭155个。该法院的特色在于,法官为非职业,并严格遵循对等原则设置,由劳资双方群体各自选举产生,法院首席及次席法官由劳资双方轮流担任,且在全体大会上选举产生。任何一方不占多数时,由小审法院重新裁判。

1999年7月30日颁布的第99-659号文件撤消了40个商事法院。经过布局的调整,商事法院的设置呈现自身的特点:一方面,并未按照行政区划予以设置;另一方面,各地的商事法院与大审法院形成了共同发挥作用的格局。在一些地方,诸如阿尔萨斯和摩日尔,商事法院为大审法院的商事法庭所取代;在洛泽尔省和上萨瓦省,并未设立商事法院,而由大审法院行使商事审判职责;在法国的海外省和海外领地,采取大审法院院长与两名商事法官混合的方法组成商事法庭。

最早出现于里昂的劳资争议法庭,当时是一种调处丝厂厂主与丝厂工人之间纠纷的等席制司法机构。1848年的法令进一步明确这一机构组成人员的对等性,即由相同数目的企业主代表及企业工人代表构成,机构主席由双方代表轮流担任。劳资争议法庭一般包括工业从业者法庭、商业从业者法庭、农业从业者法庭和其他职业从业者法庭。1979年又设立了企业管理人员分庭。1979年布林法及其后几项法律的颁布,使劳资争议法庭下属法庭的设置更加灵活,法庭的组织结构也经历新的调整。

三、法国关于本论题的改革动向

法国的司法改革提出了亲近公众、彰显和谐、提高效率等一系列思想理念,以应对关于法国司法程序复杂烦琐、诉讼拖延、成本高昂以及不易接近的诸多批评,在司法组织机构方面也推行了设置近民法院、调整司法机构分布、改革司法运作流程等方面的举措。在1989年,法国司法部提出《旨在实现人性化的、现代的、有效率的司法》的改革报告,涉及促进法官职能的集中化,改进司法人员的管理,以及简化诉讼程序等改革举措。20世纪90年代以来,法国司法又启动了设置近民法院的改革,力图实现增强司法的亲民性,实现司法的接近性、便利性和可预见性等改革目标。

(一)推行近距司法和近民司法

2008 年 8 月,法国司法部发布新的司法改革报告——《和谐司法的合理规划》,该报告将建设亲民司法摆在首位,提出司法不仅要足够亲近公众,而且要切实满足变化了的公众需求。报告旨在建设更容易理解、更容易求助、更有预测性的司法体系,在法院管辖及诉讼程序方面贯彻更加便民的改革取向,提出的司法改革举措涉及民刑事程序简化、多元纠纷解决、司法组织机构改革等多方面内容。

作为近民司法理念的实施,1998 年第 1163 号法律和 2001 年第 1009 号法令创立了司法与法律之家。该机构主要针对法国城市周郊地区司法服务不力的现状,以及轻罪案件处理冗长的问题而设立,其目的是要“在城市管理政治(地方层面,邻近性)和刑事政治(司法)之间寻找一个链接点”。① 作为亲民司法理念的实践,司法和法律之家首先于 1990 年在巴黎近郊的塞克基—庞图瓦斯建立。该机构的组成人员包括警察部门、检察部门、大审法院、律师协会以及区政府的有关负责人,还包括预防犯罪协会、受害人帮扶协会等法律服务公益机构,其他法律服务机构的人员也可参与。这一机构的主要职责为向居民提供法律咨询及帮助,实施替代性纠纷机制以及刑法替代手段,以及向刑事司法领域的受害人提供扶助等。

2002 年第 1138 号法律创设了邻近法官,又称“亲民法官”,受理自然人因非职业生活需要提起的,标的额不超过 1500 欧元的债权动产案件。第 1138 号法律草案对设立邻近法官的背景做了说明,即小额纠纷常常受阻于时间长、成本高及程序复杂的司法门槛之外,有必要设立新的法院机构,就地及采取调解和简易的方法处理这些案件。邻近法官具有某种兼职性质,其资质要求具备一定的工作经验,诸如担任过法官,从事过法律性质的公务员工作,或从事过司法调解员工作 5 年以上。邻近法官实行流动办案,可将办案地址设置在市政府、司法与法律

① [法]维为根:《亲民司法,能否拉近司法与公众的距离?》,徐琳译,载徐昕主编:《司法》(第 8 辑),厦门大学出版社 2013 年版,第 169 页。

之家以及其他适宜的地方。此后的改革围绕拓宽邻近法官的选任来源,改进邻近法官的工作环境,以及加强对邻近法官的培训等方面加以推进。截至2010年年底,邻近法官的数量增加到664名,分布在全国305个邻近法院。

对于法国的近民司法改革,一直存在一些质疑和批评。近年来,法国的司法组织调整也出现了裁撤近民法院的动向。近民司法改革面临着法国历史传统中所曾经出现的反复不定的局面。一些研究者指出,近民司法改革在法国遭遇的问题反映了法国司法职业化与民主化之间的现实冲突:"更深一步来说,这些争议反映了制度化司法与民主化司法两种模式之间的对立,同时也揭示了在司法面临地方性知识的考验背景下,职业行动者与外行人各自的合法性问题。"①也有法国研究者指出,近民司法理念未能保持合理的界线,使司法改革注重于反映变化无常的多变民意,法治体系并没有足够的防范措施。② 2008年以来,法国针对近民法院等法院机构设置和布局,不断开展新的司法改革行动。2011年第1862号关于纠纷分配和司法程序简化的法律是近年来法国旨在深化司法改革的重要行动。该法落实了2008年司法改革报告中的诸多改革举措,改革以往的司法组织体系,撤销邻近法院,同时又新设若干专门司法机构,包括设立专门审理知识产权案件的大审法院,设立审理特殊刑事案件的专门法官机构等。

(二)调整司法区划分及司法机构设置

法国的司法机构设置,一方面面临着组织机构设置脱离实际、效率不高的问题;另一方面,也存在组织机构频繁调整、缺乏稳定性和连续性的问题。有研究者认为,法国司法体制诉讼效率低下、司法机构臃肿的弊端亟待改革,司法的现代化要求推进司法组织体系的改进,并且进

---

① [法]勒热内:《制度化司法与民主化司法——"司法与法律之家"所揭示的不同司法政治模式之间的矛盾:内行与外行》,杨帆译,载徐昕主编:《司法》(第8辑),厦门大学出版社2013年版,第37页。

② 参见[法]萨拉斯:《法国的司法和民主——一个尚未实现的法治国家》,李晓兵译,载徐昕主编:《司法》(第8辑),厦门大学出版社2013年版,第30页。

一步优化司法辖区划分；由于法国宪法禁止国家通过法令的颁布成立新类型的司法机构，导致1958年以来的司法组织框架沿袭至今，缺乏革新，司法组织脱离社会变化与社会需求的问题日益突出。①

为此，在2008年，法国通过第145号和第146号法令，对1958年以来的司法组织体系进行较大力度的改革，包括改革上诉法院组织机构，重组小审法院及商事法院，取消及合并了那些受案较少的初级法院。2008～2010年的司法改革，裁撤了178个小审法院和邻近法院、21个大审法院、62个劳动法院、55个商事法院、85个小审法院派出的书记庭，又根据需要新设立了7个小审法院和邻近法院、1个劳动法院、5个商事法院、1个商事混合法院。2007年6月～2011年1月开展的法院地域分布的改革，试图综合法院地域分布管理上的考量，以削减法院机构的数量为主要举措，对法院机构、人力、财政资源进行重新分配，使之适应于受案分布的特点。但法国参议院对这一改革提出的批评是，基于节约司法预算的改革，损害了司法的近民性质。②

近年来，法国司法机构调整与变革的动向，与其历史传统结合起来，反映出法国司法组织设置缺乏稳定性的一面。法国大革命曾给法国带来政令多变的环境，司法体制及其管辖也经历频繁的更迭。1790年，旧的司法体系被废除，立法在全国范围内设立了545个县法院。但执政者发现这一司法组织体系太过密集，管辖区域过小，督政府于1795年颁布宪法，通过设立省一级的法院，取代原有的县法院。很快，执政者又发现新设立的法院布局过疏，带来诉讼不便的问题。于是在1800年颁布新的法律，创设了366个专区法院，取代原有的省法院。1810年的法律确认了这一做法，专区法院更名为专区民事法院。③ 但是，专区

---

① 参见［法］皮埃尔·特鲁仕主编：《法国司法制度》，丁伟译，北京大学出版社2012年版，第26页。

② 参见［法］戈迈耶、于埃尔：《法国司法改革——在工具化与民主之间》，宫林林等译，载徐昕主编：《司法》（第8辑），厦门大学出版社2013年版，第430页。

③ 参见［美］洛伊克·卡迪耶：《法国民事司法法》（第3版），杨艺宁译，中国政法大学出版社2010年版，第76页。

法院受案不均的现象,重新引发了司法效能方面的改革动议。1926年,行政令撤销了359个专区法院中的227个,但撤销机构以及相伴随的精简机构的举措并不尽如人意,精简人员的努力也因法官流动产生的成本增加而受到质疑。① 由此遭致的批评和反对又促成了被撤销法院在1930年的恢复。法国以往的历史教训或许表明,一个高度集中的司法机构体制必然缺乏现实适应性,统一性的变动会带来适应性与稳定性的两难,司法机构的精准设置有赖于适应现实情况以及对相关问题深思熟虑的考量。

(三)推行权力下放及法官自主管理

法国的司法组织机构体制一直面临着集中与分权的矛盾,法国旨在推进效率的司法改革由此面临着集中、分权及效率的管理困境。一方面,存在通过集中以提高效率的主张。改革举措之一便是力图保持法官较为集中权力,同时通过书记员的集中、案件受理的集中、管理的集中,促使司法体系更加有效率。实际上,在预算紧缩以及专业化倾向不断加强的背景下,司法行动者们往往会鼓励法院的高度集中。②

另一方面,在新兴管理理念的冲击下,传统中央集中管理的体制不仅带来依法独立行使司法职权的困扰,而且也在深层次影响着司法效率,集权带来的问题遭受多方面的批评。伴随整个欧洲的司法体系都在经历受案增加带来的挑战,法国司法体系面临改革以应对完善司法救济及提升司法效率方面的要求。新公共管理理论对司法管理也产生了影响,包括重新界定国家在管理中的角色,形成新的具有更多参与及自主性的框架,以及吸收企业等社会组织在管理方式方面的优势等。③

① 参见[美]洛伊克·卡迪耶:《法国民事司法法》(第3版),杨艺宁译,中国政法大学出版社2010年版,第78页。

② 参见[法]勒热内:《制度化司法与民主化司法——"司法与法律之家"所揭示的不同司法政治模式之间的矛盾:内行与外行》,杨帆译,载徐昕主编:《司法》(第8辑),厦门大学出版社2013年版,第43页。

③ 参见[法]保罗:《与欧洲类似司法体系相比较的法国司法》,张莉译,载徐昕主编:《司法》(第8辑),厦门大学出版社2013年版,第196页。

司法组织地方自主性不足依然已经成为司法运行不良之问题所在。“司法组织是司法运行机能不良的原因之一,包括几十年来一成不变的数量、退休金以及始终围绕中央运转的地方司法机构。”[①]自 1992 年 7 月 1 日《权力下放宪章》颁布以来,以往司法部主导的、高度集中的法院管理模式便开始松动,司法部开始将地方司法机关管理权限下放,其中包括将上诉法院的经费、人员装备、信息等交给所在大区行政部门管理;针对县区司法的改革,还计划将小审法院、劳动法院、商业法庭交给大审法院来管理。

① [法]皮埃尔·特鲁仕主编:《法国司法制度》,丁伟译,北京大学出版社 2012 年版,第 26 页。

民国时期少年法庭倡设的重启
——以杨兆龙为切入点

刘玙习*

[**摘要**]1927~1936年是民国时期第一次少年法庭倡设的高潮，因《审理少年案件应行注意事项》的出台而结束。之后虽然社会各界的呼声一直未停歇，但直到1945年，少年法庭计划才再次被正式提上日程，并最终在1948年设立了我国第一个少年法庭——南京少年法庭。在此过程中，时任司法行政部刑事司司长杨兆龙的努力至关重要，以他为起点，就可以较为全面地看到此次少年法庭倡设的重启过程及之后的发展脉络。而超越杨兆龙个人后再思考，又可以看到法科留学生、社会法学以及美国法律全球化对于此次重启的影响。

[**关键词**]少年法庭　杨兆龙　少年司法　法科留学生

随着19世纪欧美资本主义的发展和社会矛盾的激化，少年犯罪成为在世界范围内备受关注的社会问题，各国都开始思考可行的解决方式。1899年，美国伊利诺伊州建立了世界上第一所少年法院，使其独立于成人司法。这种模式迅速得到美国其他州的认可，也逐渐被世界各法制先进国家所接纳、效仿，由此形成了20世纪上半叶著名的“少年法院运动”。① 而这股国际趋势自清末法律变革之时就得到了清朝政府的关注，1911年奉天高等审判厅专门拟定了《奉天高等审判厅幼年审判庭试办简章》提请法司特设幼年审判庭。② 中华民国成立之后，时任司法总长、前奉天高等审判厅厅丞许世英在1912年11月拟定的《司法计划

* 刘玙习，华东政法大学法律学院硕士研究生。

① 参见李相森：《论民国时期的少年司法制度建设》，载《青少年犯罪问题》2015年第4期。

② 参见姚建龙：《少年法院的学理论证与方案设计》，上海社会科学院出版社2014年版，第17~20页。

书》中也曾有设立"幼年犯罪之法庭"的计划。① 但上述这些计划,要么由于革命而中断,要么缺乏具体举措,都未能得到落实。因此,直到1927 年南京国民政府成立,少年法庭的倡设才迎来了真正意义上的第一个高潮。

一、少年法庭倡设的初兴与暂缓

1927 ~ 1936 年,是南京国民政府发展的黄金十年,也是现代司法制度构建的关键期。但就是在这一时期,国内犯罪案件增多,尤其是少年犯的数量逐年增多。"1929 年全国有 13 岁以上 20 岁以下犯罪者 1900 人,1932 年时有 3004 人,而到了 1934 年则激增至 6162 人;总体来看,自 1929 年至 1934 年 13 岁至 19 岁的犯人占全部犯人的 4% 。"②对于这一社会现象,法学界和各类新兴的儿童福利机构都十分关注,越来越多的学者开始研究外国少年司法的理论和制度,开始提出创办少年法院的建议。中华慈幼协会更是在 1930 年向政府提交了《儿童法院组织法大纲》,提议创办儿童法院加强对于儿童犯罪行为的控制以及对于犯罪儿童的保护。此后,作为对于学者和民众的回应,南京国民政府也草拟了《少年法庭设置计划大纲》《少年法院组织计划大纲》《少年法草案》等一系列文件,将创办少年法院以及颁布少年法的计划提上了日程。但最终出于对效率和经费等问题的考虑,以及治外法权的逐步收回,司法行政部将少年法庭的设立计划暂时搁置,转向在现有法院内指定专办推事或兼办推事审理少年案件的方式,并于 1936 年出台了《审理少年案件应行注意事项》来指导少年案件的审理。至此,少年法庭创设的初尝试也就告一段落。

① 参见李相森:《论民国时期的少年司法制度建设》,载《青少年犯罪问题》2015 年第 4 期。

② 丁敏:《南京国民政府时期犯罪少年处遇体系的荣与殇——本体检视、显像特征和原因研析》,载《青少年犯罪问题》2017 年第 5 期。

二、杨兆龙与少年法庭倡设的重启

指定推事办理少年案件的方式以及《审理少年案件应行注意事项》的出台,事实上并未能有效遏止少年犯罪逐步增多的趋势,仅在1940年的涉外刑事案件中,412名被告中就有13名未成年人,其中5人年龄在14岁以下。[①] 与此同时,社会各界对于少年法庭的希冀也始终未曾停息。因此1945年中日战争结束后,在社会各界的积极呼吁之下,少年法庭的创设计划再次启动。而这次重启与杨兆龙密切相关,他作为曾留学美国的学者以及司法行政部的法制专员,不仅从少年司法发源地美国带回了立法理念和制度模式,而且具有非常丰富的司法经验,提出了许多重要意见,可以说在少年法庭的构建中起到了带头人的作用。

(一)杨兆龙的少年法庭倡议

杨兆龙于1927年毕业于东吴大学法学院,先后受聘为上海法政大学教授、东吴法学院教授和上海持志大学教授,并于1930年兼任上海公共租界临时法院及租界上诉法院推事。[②] 他投身司法实践之时,正值少年法庭创办初兴之际,可以猜想,当时法学界对于少年法庭的介绍和推崇一定对其产生了一定的影响。或许也正因如此,1934年杨兆龙跟随法学家罗斯科·庞德(Roscoe Pound,1870~1964)在哈佛大学法学院攻读博士学位期间,其博士论文《中国司法制度之现状及问题研究——与外国主要国家相关制度之比较》中就特别提及国内少年法庭的缺位。他1935年发表于《现代司法》的文章《美国最近改革法院组织运动之略述》,从基本观念、法院组织、管辖范围以及办案程序四个方面详细介绍了美国的少年法院。不仅介绍了管辖案件的二分:专涉于幼年人者(过失、无所依以及精神失常)以及涉于与幼年人有关之成年人者,而且对少年法院审理前程序、审理中程序以及审理后程序都进行了介绍。文

① 参见姚远:《民国时期青少年感化教育探究——从上海公共租界案例谈起》,载《青少年犯罪问题》2010年第2期。

② 参见庞凌:《缅先贤博才　扬东吴法学——"杨兆龙先生百年诞辰纪念暨学术思想研讨会"综述》,载《华东政法学院学报》2005年第1期。

中叙述了美国少年法院与成人法院的不同之处，特别是其中特色且关键的庭前调查以及包括收管在内的特殊判决结果。[①] 杨兆龙在1936年归国受聘为司法行政部法制专员后，致力于改革中国的司法制度，希望南京国民政府可以借鉴经验，创办少年法庭。但由于《审理少年案件应行注意事项》的出台，以及之后抗日战争的全面爆发，杨兆龙关于少年法庭的倡议也暂告一段落。

在1945年抗日战争胜利后，国民政府正式启动司法重建工作，新任司法行政部刑事司司长杨兆龙负责法制重建等重大事务，少年法庭的创设也再次被提上日程。此时杨兆龙已经在司法行政部工作近十年，司法经验十分丰富，对于中国司法现状也具有清晰的认识。加上他师从庞德的留学经历，使得此次少年法庭的倡设，不同于初兴时期仅停留于理论探讨和建议的态势，更加具有实践性和执行力。

1946年杨兆龙带团赴欧美考察时就特别关注了各国的少年法庭建设，归国后，在全国司法行政检讨会议上作题为《出国考察及参加国际会议之经历》的报告时，除了介绍欧美各国少年犯制度的差异外，还针对国内现状提出了“在设立少年法庭之外，尤其需要完善法律、充实配套制度”的建议。[②]

南京国民政府于1947年第六届三中全会上，通过了设立少年法庭的决议，并再次派考察团到纽约少年法庭参观基础设施、观察审判过程。同年8月，司法行政部特令当时的首都——南京，首先试办少年法庭，并指定当时的女法官张金兰等负责筹办、制定详细的办法并上报司法行政部审核。

而在决定设立少年法庭的同时，杨兆龙也于1947年邀请了其导师庞德来华协助。庞德有着极为丰富的少年立法经验，对于芝加哥及波士顿的少年法庭多有研究，并于1923年在克利夫兰（Cleveland）地方调查司法实况。庞德在担任美国全国保护管束及假释联合学会会长时，

---

① 参见艾永明、陆锦璧编：《杨兆龙法学文集》，法律出版社2005年版，第21页。

② 艾永明、陆锦璧编：《杨兆龙法学文集》，法律出版社2005年版，第506～509页。

也曾致力草拟标准少年法的制定工作。① 因此,他的参与,在理论和实践两个方面都极大地支持了杨兆龙的少年法庭创设倡议。

最终,首都地方法院少年法庭(南京少年法庭)于1948年3月宣告成立。②

(二)杨兆龙的少年法庭构想

对于少年法庭的构想,民国时期有许多学者提出了自己的意见。与他们相比,作为官方代表的杨兆龙有着更多拘于现实的谨慎考量。

首先,在机构设置方面,当时社会上主要存在三种方案:一是设立独立的少年法院;二是设立混合于普通法院的少年法庭;三是设立家事法院。杨兆龙一直更加赞赏独立少年法院的模式,但考虑到当时经费以及人才的短缺,他认为唯有首先设立少年法庭来处理少年案件才更有利于少年的保护。

其次,在管辖范围方面,以刘臻瑞和孟作梅为代表的学者认为应当采取广义的范围,设置为六类案件:"犯罪少年或者行为不检的少年案件;无家、被遗弃、孤贫、失踪或逃亡的少年案件;少年相关的继承、螟蛉③、监护等案件;低能残废或需要保护的少年案件;逃学罢课不知悔改、不听从命令和触犯教育法令的少年案件(如父母不注意儿童入学受教育);少年亲属或教养发生问题的案件(如判令其父母负责扶养,教育及保护少年之福利)。"④而对此观点,杨兆龙认为不管是经费还是法院人员、设备都无法达到要求,众多案件也难以处理周全,因此在试验阶段,还是需要循序渐进,可以从已构成犯罪的少年案件开始管辖,等到办有成绩,再逐渐扩大其范围。至于原本由警察机关管辖的少年违警

---

① 参见[美]庞德:《中国制定少年法应请注意之事项》,载王健编:《西法东渐——外国人与中国法的近代变革》,中国政法大学出版社2001年版,第268页。

② 参见王嘉慧:《民国时期少年法庭制度研究》,安徽大学法律史2018年硕士学位论文,第16~17页。

③ 比喻义子。

④ 刘臻瑞:《中国该办儿童法庭》,载《家》1947年第24期;孟作梅:《设立少年法庭》,载《上海警察》1948年第6期。

事件,也应该一并划归少年法庭处理。①

再次,在法官选任方面,包括杨兆龙在内的我国学者很早就达成共识,少年法庭的法官需要性格和厚、经验丰富,不仅要了解法律,还必须具备教育学或心理学的知识,并且善于和少年相处,也愿意了解少年。

最后,在审判程序方面,杨兆龙及多数学者都认为应该区别于成人。除了要尽量减少诉讼色彩、不公开审判以及避免拘捕羁押,还应当在审理时注意少年犯罪行为的原因及其生活背景、身心状态,而不只是犯罪行为本身。

同时,杨兆龙还考虑到了设立少年法庭前的两个重要问题:一是现有的法律能否适用于少年法庭?在杨兆龙看来,我国刑法,尤其是其中的刑罚,不大适用于少年犯,应该根据少年犯的特点另设几种有效的刑罚或者制裁。然而,由于少年案件审理的特殊需要,《刑事诉讼法》中的规定也不十分适合,应该先修订《刑事诉讼法》或者订立一种专门的诉讼程序法。二是设立少年法庭,应在设备上有何准备?少年司法的建构是一个系统问题,尤其应特别注重感化教育,而感化教育机关的设置及处理无不与经费、与人才相关。因此他认为,一定的经费保障,相应的专业人才培养机制,以及配套的感化教育执行场所,这些都是少年法庭设立的基础。否则即便成立少年法庭,缺乏相应的法律和配套支持,少年的权益也无法得到保障。②

杨兆龙的少年法庭构想或许没有其他学者的激进热情,但他对于社会现实的充分把握以及对美国少年司法的了解,使得这一构想十分适合当时的国民政府,也具有极大的可行性,得到了当局及众多学者的支持。在1948年南京少年法庭的实践中,就可以清晰看到其构想的印记。

(三)1948年南京少年法庭评价

1948年南京少年法庭的实际构建情况与杨兆龙的构想基本类似,

① 参见杨兆龙:《儿童法庭》,载《儿童福利通讯》1948年第13期。

② 参见杨兆龙:《儿童法庭》,载《儿童福利通讯》1948年第13期。

仅缩小了管辖范围,为“不满十八岁而罪行在五年有期徒刑以下幼年犯罪”。[1] 因为是第一次试验且当时经费不足问题确实严重,所以最终选取了这个最为保守、有限的范围。但由于存在时间过短,未能等到创办有成果扩大管辖范围的时刻,也无法知晓在扩大之时会遇到的问题,只能说从当时的政府状况及社会需要来看,小范围的管辖保证了案件办理的质量,颇有成效,也鼓舞了上海等多地的创办热情,起到了很好的试点作用。

但同时,杨兆龙所担心的两个问题也确实在实践中被验证。少年法尚未颁布,《刑法》和《刑事诉讼法》也未能修改,因此少年法庭这一实践先行的方式,在审判中也遇到了困难。当时特别选任的法官在审理案件时,所应用的还是1935年《刑法》和1936年《审理少年案件应行注意事项》,只能在原有框架内进行对于少年司法的考量。而更大的问题在于案件审理之后的执行,大量被判处保安处分的少年只能被送往儿童福利机构,缺乏合适的感化教育场所。[2] 所以虽然已经建立了少年法庭,却与少年法庭倡设初兴之时的结果相类似,更多的是有着一种象征意义。

虽说南京少年法庭的实践困难重重,算不上完美,但毕竟是民国时期的第一次正式实践,各国的少年法庭在创办之初也都会遇到各种各样的问题,因此具有非常重要的参考价值,需要司法工作者和法学家们进行更加细致的考察分析来逐步完善。当然,这一进程随着南京国民政府的倒台而停止。但此次少年法庭倡设以及后来的创办实践,都是近代中国在吸收国外先进理论基础上,对我国的刑事司法制度的一项重大贡献。另外,随着对少年司法的不断关注与学习,中国社会开始了解和关注少年,极大地提升了少年的社会地位,以及少年福利事业的保

① 《筹设幼年法庭地院拟定办法制定张金兰推事主持应注意事项早经颁布》,载《南京中央日报》1947年9月21日,第5版。

② 参见周颖:《近代少年司法制度研究》,华东政法大学法律史2015年博士学位论文,第96~98页。

护欲望。①

三、少年法庭倡设的重启原因探析

如前所述,少年法庭倡设在停滞多年后的再度重启,离不开杨兆龙的努力,但欲究其深层原因,就必须超越其本身,看到他所代表的法科留学生群体及社会法学思想。如果再从法科留学生和社会法学思想出发,看到法科学生留美趋势的增加以及美国法学家庞德对于社会法学的传播,就自然又可以发现美国法全球化这一趋势的影响。

(一)法科留学生的影响

法科留学生杨兆龙在少年法庭倡设的重启过程中扮演了领头人的角色,而在整个少年法庭建设过程中,也都可以看到法科留学生②所起到的关键性作用。清末变法修律之时,具有日本留学经历的董康,是将日本少年司法理念传入国内的关键人员。而到了民国少年法庭倡设初兴之际,当时将少年法庭建设列为四项重要工作之一的,正是曾留学日本的,时任司法院院长王宠惠,国内对于少年法庭的介绍和意见也多来自法科留学生。③

纵观中国近代历史,海外归来的法科留学生始终活跃在中国近代法制变革的舞台上,从某种角度来看,中国近代的法制史就是他们这一代人的历史。

首先是思想和理念的传播。留学生们对于少年法庭的建设具有更为专业的眼光和更深入的研究,当时出现了一大批介绍美国少年法庭的文章,如宋思明的《儿童法庭听审记:美国观感》、陆昭华的《纽约的亲属法院——介绍儿童法庭与家庭法庭》、吴桢的《参观美国儿童法庭》和叶锷的《外国少年法庭之立法》等。这些文章极大地推动了当时社会各

---

① 参见王嘉慧:《民国时期少年法庭制度研究》,安徽大学法律史 2018 年硕士学位论文,第 25 页。

② 广义的法科留学生包含留学学生和留学官绅。

③ 参见周颖:《近代少年司法制度研究》,华东政法大学法律史 2015 年博士学位论文,第 77 页。

界对于少年法庭的了解和认可。

其次是制度设计的实践。法科留学生多集学者和官员身份于一身,除了翻译、介绍各种制度外,也十分注重实践。少年法庭的建设,以及少年监狱、少年感化院等配套设备的设计、实践都离不开法科留学生的参与和贡献。[①] 而这些也都为少年法庭的创设提供了保障。

相较于直接聘请西方法律专家参与法制建设,法科留学生在了解外国法制建设的基础上,也更了解本国实际,可以更恰当地把握借鉴外国法律的界限;并且在沟通、协商时,与留学生之间不存在语言文字交流方面的障碍和歧义,理解能够更加清晰准确。

(二)社会法学的影响

少年法庭这一制度本身就带有社会控制理论的色彩,而在少年法庭倡设的重启阶段,杨兆龙对于少年法庭的构想更是体现了社会法学的影响。

庞德的社会法学思想在20世纪二三十年代就已经传入中国,他的代表作《社会法理学论略》及法律的社会控制理论在中国法学界影响深远。[②] 而到了抗日战争胜利后,英美文化培养出来的法律人才已成为司法部门的骨干,且以王宠惠、杨兆龙等为代表的法学精英早已信服社会法学对于司法建设的巨大功用,由此而奠定了社会法学改造中国司法的基础,也就间接推动了少年法庭倡设的重启。

需要指出的是,庞德的社会法学思想之所以能够在中国得到传播和认可,是因为在当时中国的法制环境中,其思想中的“法律社会化”“社会本位观”与中国传统的意识形态产生了一定程度的契合,同时他关于“社会控制”与“社会工程”的方法论亦在中国的司法环境中具有一定的针对性。19世纪末20世纪初,是西方资本主义发展过程中社会问题逐渐暴露的时期,社会矛盾的不断激化使许多学者更加关注社会利

---

① 参见郝铁川:《中国近代法学留学生与法制近代化》,载《法学研究》1997年第6期。

② 参见华友根:《庞德的社会法学派思想在中国的影响》,载《政治与法律》1993年第5期。

益而非个人利益，庞德法学理论也正是形成于这一时期，在此种背景下创立了其“社会工程”法学流派。他认为：“使大家尽可能的在最少阻碍和浪费的条件下得到满足，这样的法律就是正义的法律。”[①]而这一想法正与中国传统文化中的家国本位相契合，因此南京国民政府以及民众的欣然接受。同时，庞德的社会法学思想核心是强调法律的社会作用和效果，“法律的生命在于它的适用和施行，因此必须认真地、科学地研究如何使大量的立法和司法判例得以生效，要研究使法律产生实效的手段。”[②]

（三）美国法律的全球化

近代法学浓厚的模仿色彩以及留学生的学术影响，导致了一个有趣的现象，即学科的留学生来自哪个国家，这门学科也就主要仿自哪个国家。1908 年之后，留学日本的热潮开始相对回落，而留学美国的学生则慢慢增多。“如 1914 年至 1915 年，留学美国的官费学生就有 510 人，留学欧洲的有 218 人。其中学法律的仍然占有相当比例，如赴美的法科留学生有 88 人，赴欧洲的也有 40 人。”[③]

在杨兆龙担任司法行政部刑事司长以及庞德担任南京国民政府法律顾问之后，美国少年法院运动对我国少年法庭创办的影响变得更加直接，可以说是完全改变了初兴时期提倡、模仿日本少年司法的状态，转而参考、借鉴美国的制度设计和实践经验。除却个人影响，这一现象的深层原因或许正是当时美国法全球化态势的逐渐发展。

纵观世界历史，特定国家法律的域外传播同该国在世界体系中的地位密切相关。自 20 世纪开始，美国的世界地位提升迅猛，并在 20 世纪中叶升至世界霸主地位。因此，出于国际话语权的压力以及世界对于美国法律发展的认可，美国法律在各国的传播逐渐深入而广泛。与前殖民主义时代不同，美国法律的输出更多是通过援助改革和吸纳留

① 周雅菲：《西法何以未能东鉴——庞德与中国近代的法律改革浅析》，载《湖南科技大学学报》（社会科学版）2005 年第 2 期。

② 何勤华主编：《法的移植与法的本土化》，法律出版社 2001 年版，第 334 ~ 338 页。

③ 何勤华：《法科留学生与中国近代法学》，载《法学论坛》2004 年第 6 期。

学生等隐性方式,并且其覆盖范围超越殖民地的局限,呈现覆盖全球之势。①

美国首创且发展迅猛的少年法院制度,更是在20世纪上半叶逐渐获得了全世界的认可并被广泛效仿。富兰克林·E.齐姆林(Franklin E. Zimring)就曾做过如下评价:"在美国及全世界的大多数国家,少年法院的建立都是一个举世瞩目的成就……没有一个发达国家再将少年犯纳入到普通的刑事审判程序中了,并且几乎所有设立于欧洲、日本和英联邦成员国的少年法院在其语言、程序和目标上都明确地效仿美国的少年法院模式。在英美法系的历史上,还没有一个法律机构,在工业化民主国家的不同法律体系中获得如此普遍的认同。"②

四、结语

我国少年法庭的构建倡议兴起于清末,1911年时就已有建立幼年审判庭的申请,各界人士对于少年司法的学习和介绍也进行得如火如荼,可以说是紧跟着世界"少年法院运动"的潮流。但直到1948年,我国才正式设立了第一个少年法庭,比1899年美国少年法院的诞生晚了半个世纪。少年法庭设立计划的一次次搁浅,虽然有着革命和战争的原因,但更为关键以及深层次的原因,还是当局者并没有真正想要设立少年法院。1842~1843年《南京条约》及其善后条款的签订,中国丧失了治外法权,倍受列强欺辱,而20世纪初英美日等国作出的承诺——"只要中国修改了法律就放弃在华治外法权",民国政府为收回该法权被迫开始了司法改革的历程。因此,在某种程度上,民国时期的司法改革是迫于收回治外法权的要求而启动的,是为了达到西方列强的所谓条件,形式上的法制建设并不能消除军事独裁专制的本质以及司法党

① 高鸿钧:《美国法全球化——典型例证与法理反思》,载《中国法学》2011年第1期。

② [美]玛格丽特·K.罗森海姆、[美]富兰克林·E.齐姆林、[美]戴维·S.坦嫩豪斯、[美]伯纳德·多恩编:《少年司法的一个世纪》,高维俭译,商务印书馆2008年版,第70页。

化的趋势。

但即使是在这样的情况之下,大部分学者和官员也并未放弃对于中国法近代化的追寻,所考量的还是如何构建适合中国的、完善的法律和制度。并且自晚清以来,就十分重视对于国外法律的学习和借鉴,官方层面的法制建设也始终伴随来华外国法学家的身影从晚清时期的冈田朝太郎、志田钾太郎、小河滋次郎,到民国时期的古德诺(F. J. Goodnow)、有贺长雄、韦罗贝(W. F. Willoughby)、韦罗璧(W. W. Willoughby)、宝道(Georges Padoux)、爱斯嘉拉(Jean Escarra)以及庞德。[①] 同时,也涌现了一大批曾留学海外的法科学生和官员,杨兆龙正是其中较为典型且重要的一位,他们对于民国时期少年法庭的建设起到了至关重要的推动作用。正因如此,民国时期进行的两次大规模少年法庭倡设,都是一次次试图追赶世界潮流的勇敢尝试,也是对我国少年法庭建设之路的重大贡献。

① 参见王健:《庞德与中国近代的法律改革》,载《现代法学》2001年第5期。

研究会纪事

全国外国法制史研究会第三十三届年会议程(长沙·2020)

开幕式

主持人:王云霞　教授(中国人民大学法学院)

时间:10月17日上午9:00~9:50　地点:湖南省长沙市枫林宾馆

议　　程

1. 宣布全国外国法制史研究会第三十三届年会开幕
2. 湖南师范大学副校长蒋新苗教授致辞
3. 全国外国法制史研究会会长何勤华教授致辞
4. 湖南师范大学夏新华教授介绍会议筹备情况

研究会章程修改审议

主持人:陈颐　教授(同济大学)

时间:10月17日上午10:10~10:30　地点:湖南省长沙市枫林宾馆

李秀清教授宣读《全国外国法制史研究会章程修改建议案》

大会审议表决

第一场研讨会

法律移植的理论与实践

主持人:陈颐　教授(同济大学)

时间:10月17日上午10:30~12:00

移植与创新:新中国宪制发展的本土选择及反思

发言　夏新华　湖南师范大学

评议　张海斌　上海外国语大学

主体意识对法律移植的影响——以近代中日出洋考察德国宪制为例

发言　柴松霞　天津财经大学

评议　崔林林　中国政法大学

亚非出身的罗马法学家、贝鲁特学派与罗马法通过穆斯林法的入华

发言　徐国栋　厦门大学

评议　黄美玲　中南财经政法大学

法律移植实验:以个人破产制度试点改革为主题的研讨

发言　张雅雯　武汉大学

评议　孟祥沛　上海社会科学院

第二场研讨会

亚洲地区的法律移植与法律多元

主持人：肖光辉　教授（上海政法学院）

时间：10 月 17 日下午 14：00～15：30

日本法的现代化与法律语言的变迁

发言　赵立新　河北师范大学

评议　高　尚　安徽大学

浅议伊斯兰家庭法法典化之得失

发言　费晶晶　内蒙古财经大学

评议　马明贤　兰州大学

九龙城寨的法律认同与身份认同研究

发言　罗　带　北京大学

评议　卢　然　苏州大学

西方选举法制的东方移植困境——以澳门地区为参考

发言　王荣国　澳门大学

评议　季金华　南京师范大学

第三场研讨会

非洲大陆的法律移植与法治探索

主持人：　苏彦新　教授（华东政法大学）

时间：10 月 17 日下午 15：50～17：20

中国的非洲法研究实践与思考

发言　吴　卡　浙江师范大学

评议　贺　鉴　云南大学

非洲投资法律环境的变迁及应对

发言 朱伟东 中国社会科学院

评议 洪永红 湘潭大学

实践与行动:埃及自由主义时代的宪法政治

发言 丁 峰 湖南师范大学

评议 陈鹏飞 河南财经政法大学

利比里亚与美国宪法——自由之地不自由

发言 李 烨 华东政法大学

评议 刘海鸥 湘潭大学

第四场研讨会

欧美的法律移植与法治建构

主持人:项焱 教授(武汉大学)

时间:10月18日上午8:30~10:00

法律文化对法律移植和本土化的影响——以西班牙移植俾斯麦社会保险法为例

发言 王 静 华东政法大学

评议 王银宏 中国政法大学

从依附宗主国到本土化:智利法制进路探寻

发言 李 洋 南京师范大学

评议 刘顺峰 湖南师范大学

美国最高法院对总统权力扩张的影响研究——以20世纪上半叶美国最高法院的司法判决为考察中心

发言 方瑞华 东北财经大学

评议 李培锋 中南财经政法大学

宪法权利与国族构建:加拿大的经验与教训

发言 李 亢 浙江财经大学

评议 康 宁 中国人民公安大学

第五场研讨会

中国近现代的法律移植与法治历程

主持人:王涛 教授(华南师范大学)

时间:10 月 18 日上午 10:20 ~ 11:50

晚清兖州教案之法律文化解析

发言 乔 飞 河南大学

评议 杜 金 中山大学

转译、挪移与反响——二十世纪初中国修订不平等条约的国际法使用

发言 卓增华 清华大学

评议 王 伟 复旦大学

分析法学的“知识论述”与燕树棠的智识贡献

发言 程 波 湘潭大学

评议 郭逸豪 中国政法大学

论我国近代法律移植中的“家庭教育”及其启示

发言 齐凯悦 山东师范大学

评议 叶英萍 海南大学

第六场研讨会

中国法与外国法:传统与现代

主持人:王涛 教授(王涛)

时间:10 月 18 日下午 14:00 ~ 15:30

罗马政制史的系统论分析

发言 李 栋 中南财经政法大学

评议 向 东 陕西师范大学

孟德斯鸠“中国法律观”及知识来源考略

发言 张 旭 武汉大学

评议 徐爱国 北京大学

西周青铜器上的“刖人”——兼论先秦时期的刖刑

发言 胡嘉麟 上海博物馆

评议 于 熠 湖南师范大学

中美知识产权争端四十年:根本原因、利益诉求与未来关切

发言 张怀印 同济大学

评议 邹 琳 湘潭大学

闭 幕 式

主持人:李秀清 教授(华东政法大学)

时间:10月18日下午15:50~16:30

议 程

全国外国法制史研究会2019年度优秀论文颁奖典礼

全国外国法制史研究会会长何勤华教授作总结发言

湖南师范大学法学院夏新华教授致辞

全国外国法制史研究会第三十三届年会出席代表名录

代表	单位	代表	单位
蔡东丽	华南理工大学	曾楚茗	中南财经政法大学
柴松霞	天津财经大学	陈　超	绍兴文理学院
陈　鹏	华东政法大学	陈　熹	广东外语外贸大学
陈　颐	同济大学	陈明睿	华东政法大学
陈鹏飞	河南财经政法大学	陈玺泽	辽宁大学
陈正翼	常州大学	程　波	湘潭大学
崔林林	中国政法大学	戴秀河	上海市青浦区机关事务局
邓　丛	华东政法大学	邓　琦	哈尔滨商业大学
丁　峰	湖南师范大学	丁艳雅	中山大学
董芳明	上海政法学院	董易难	上海政法学院
杜　金	中山大学	杜军强	西安交通大学
杜立聪	山东潍坊学院	段鹏超	新乡医学院
方　砚	甘肃政法大学	方瑞华	东北财经大学
费晶晶	内蒙古财经大学	费小兵	重庆邮电大学
冯曙霞	河南财经政法大学	傅华丽	南华大学
高　歌	新疆大学	高　尚	安徽大学
高　媛	商务印书馆	高海霞	华东政法大学
葛卫民	广东财经大学	耿志强	湖南师范大学
顾非易	华东政法大学	郭文青	法治日报社
郭逸豪	中国政法大学	韩月香	广东肇庆学院

续表

代表	单位	代表	单位
何勤华	华东政法大学	贺　鉴	云南大学非洲研究中心
洪永红	湘潭大学	侯　莎	厦门大学
胡　桥	浙江工商大学	胡　晓	华东政法大学
胡嘉麟	上海博物馆	黄谷秀	湖南师范大学
黄美玲	中南财经政法大学	霍蔚然	上海政法学院
季金华	南京师范大学	江小夏	人民出版社
江奕辉	上海政法学院	蒋军洲	河南大学
焦应达	内蒙古大学	解　锟	法律出版社有限公司
金大宝	中南大学	靳匡宇	南通大学法律系
荆月新	山东师范大学	康　宁	中国人民公安大学
柯　恒	北京大学出版社	雷　声	甘肃雷诺律师事务所
冷　霞	华东政法大学	李　栋	中南财经政法大学
李　飞	华侨大学	李　婧	华东政法大学
李　亢	浙江财经大学	李　洋	南京师范大学
李　烨	华东政法大学	李伯轩	中国政法大学
李锦元	华东政法大学	李培锋	中南财经政法大学
李喜蕊	华北电力大学	李晓光	安徽农业大学
李秀清	华东政法大学	李艳华	中南财经政法大学
李耀跃	河南工业大学	李瑜琪	上海政法学院
梁少娴	厦门大学	廖晓颖	华东政法大学
林　珣	广东肇庆学院	刘　琪	华东政法大学
刘　旭	河南省社科院法学所	刘海鸥	湘潭大学
刘佳芸	复旦大学	刘军平	湘潭大学

续表

代表	单位	代表	单位
刘柯铭	中南财经政法大学	刘顺峰	湖南师范大学
刘项南	河南财经政法大学	刘屿习	华东政法大学
卢　然	苏州大学	罗　带	北京大学
吕　芳	山东师范大学	马秉权	兰州大学
马明贤	兰州大学	孟祥沛	上海社会科学院
苗　丽	阜阳师范大学	苗金春	山东潍坊学院
穆永强	兰州理工大学	宁　洁	湖南融邦律师事务所
欧福永	湖南师范大学	齐凯悦	山东师范大学
乔　飞	河南大学	邱　唐	华东政法大学
曲　杰	法律出版社有限公司	申　蓓	中南财经政法大学
沈依逸	华东政法大学	苏彦新	华东政法大学
粟　丹	浙江工业大学	隋欣鸿	武汉大学
孙大伟	上海社会科学院法学研究所	孙东育	法律出版社有限公司
孙晓鸣	华东政法大学	汤二郎	中南财经政法大学
涂　钒	西北师范大学	汪　强	上海师范大学
王　静	华东政法大学	王　静	宁夏大学
王　隆	华东政法大学	王　懋	华东政法大学
王　涛	华东政法大学	王　涛	华南师范大学
王　伟	复旦大学	王超杰	广东肇庆学院
王丹丹	云南财经大学	王海军	华东政法大学
王静雯	湘潭大学	王兰萍	商务印书馆
王兰玉	河南财经政法大学	王荣国	澳门大学
王小波	凯里学院	王晓峰	新疆大学

续表

代表	单位	代表	单位
王银宏	中国政法大学	王云霞	中国人民大学
吴　卡	浙江师范大学	吴旭阳	厦门大学
武宇红	西安财经大学	夏新华	湖南师范大学
向　达	吉首大学	向　东	陕西师范大学
项　焱	武汉大学	肖北庚	湖南师范大学
肖光辉	上海政法学院	谢　舟	湖州师范学院
熊玉梅	江西财经大学	徐　彪	安徽大学
徐爱国	北京大学	徐国栋	厦门大学
徐惠婷	浙江工业大学	杨城新	北京大学
姚秀兰	深圳大学	叶　湘	华东政法大学
叶英萍	海南大学	于　烽	湖南师范大学
于　明	华东政法大学	于　熠	湖南师范大学
余　辉	西北政法大学	余春枝	广东海洋大学
喻　平	湖南理工学院	袁晨风	华东政法大学
苑宝丹	华东政法大学	詹　瑞	华东政法大学
张　弘	辽宁大学	张　蕊	宁夏大学
张　顺	华东政法大学	张　旭	武汉大学
张戈平	华东政法大学	张海斌	上海外国语大学
张怀印	同济大学	张婕龄	华东政法大学
张凯静	华东政法大学	张琼文	厦门大学
张陶然	上海政法学院	张熙照	辽宁大学
张鑫虎	华东政法大学	张雪伟	中南财经政法大学
张雅雯	武汉大学	张正印	湘南学院

续表

代表	单位	代表	单位
赵博阳	上海社会科学院宗教研究所	赵立行	复旦大学
赵立新	河北师范大学	郑　智	浙江农林大学
郑旭文	福州大学法学院	周四丁	湖南理工学院
周小明	温州大学	朱爱军	甘肃雷诺律师事务所
朱丁睿	北京大学	朱伟东	社科院西亚非洲研究所
庄晨曦	华东政法大学	卓增华	清华大学
邹　琳	湘潭大学		

全国外国法制史研究会第三十三届年会提交论文目录

蔡东丽　1935年《中华民国刑法》之保安处分制度

曹　童　浅析埃塞俄比亚环境立法

曹瑞东　事权之于利源：晚清苏州开埠与妓捐移植

柴松霞　主体意识对法律移植的影响

陈　兵　转型与超越：魏源法治思想研究

陈　颐　札记：中世纪至近代早期巴黎市政管理模式的变迁

陈明睿　中华民国庞德法制改革建议的研究

陈仁鹏　“习惯”概念的知识考古学分析——以中日西语在近代中国的互动为考察对象

陈晓聪　法律移植的民法学刑法学研究——以国家统一司法考试为例

陈　钊　吴　卡　中国非洲法研究的时代意义与推进建议

陈正翼　日本行政法学的演化路径探析

程　波　分析法学的“知识论述”与燕树棠的智识贡献

邓　琦　论中外古代法律的差异

丁　峰　实践与行动：埃及自由主义时代的宪法政治

丁　英　李培锋　非洲对英国陪审制的移植实践探讨

杜军强译　法律中的反形而上学：美国与斯堪的纳维亚法律现实主义的历史背景比较

方瑞华　美国最高法院对总统权力扩张的影响研究——以20世纪上半叶美国最高法院的司法判决为考察中心

方晓庆　南非PPP采购制度的形成与发展

费晶晶　浅议伊斯兰家庭法法典化之得失

费小兵　龙华民《灵魂道体说》与莱布尼兹对“道”的双向误读

冯曙霞　法律移植与中国传统民法的近代化——以《大清民律草案》为

中心
高海霞　法律移植下的南京国民政府保安处分制度
韩　伟　延安时期对苏联宪法的引介与重释
韩月香　从“明治宪法”到“和平宪法”——日本百年宪政之路浅析
韩振文　“疑难案件出坏法”吗？
贺　鉴　新时代中非海洋经贸合作及其法治保障
侯亚利　法律移植在中国法治建设中存在的问题及解决路径
胡嘉麟　西周青铜器上的“刖人”——兼论先秦时期的刖刑
季金华　全球视野下审判权运行的基本原则
江丰町　从日本法律移植经验看中国法治建设
蒋军洲　我国民法典的要物合同规范路径：罗马法传统的延续与断裂
康　宁　中世纪行会视域下的英格兰法律会馆
李　栋　罗马政制史的系统论分析
李　亢　宪法权利与国族构建：加拿大的经验与教训
李　洋　从依附宗主国到本土化：智利法制进路探寻
李　烨　利比里亚与美国宪法——自由之地不自由
李锦元　论日本民法中公共福祉原则的产生和发展
李喜蕊　人工智能生成物著作权保护问题探究
李晓光　“免费的适当的公共教育”（FAPE）：从罗利标准到安德鲁标准
李秀清　《中国评论》与十九世纪末西方视野中的中国法
梁少娴　新加坡公共住房制度的借鉴——基于法律移植的角度
林　珣　辨诉交易在中国可行吗？
刘　琪　负担行为与处分行为的区分
刘　涛　美国紧急状态下的刑事司法：历史、述评与启示
刘　旭　法国司法区划分的历史背景及改革动向
刘玙习　民国时期少年法庭倡设的重启——以杨兆龙为切入点
罗　带　九龙城寨的法律认同与身份认同研究
马明贤　奥斯曼帝国晚期的法律移植——以司法制度的变迁为例
穆永强　比较法视野下文化财产善意购买人权利

彭　科　我国养老服务机构规范化治理的立法审视与完善
齐凯悦　论我国近代法律移植中的"家庭教育"及其启示
乔　飞　晚清兖州教案之法律文化解析
沈依逸　比较法视野下"人大释法"对香港法治形态的重构
史　庆　海峡殖民地的普通法塑造(1826～1869年)——以"神主"案为线索
隋欣鸿　英国异体行政问责的调查制度研究
覃春华　晚清传教士的翻译活动对清末法律近代化的影响
汤二郎　印度的法律移植与法律多元化
万嘉宾　从清末法律移植看当今中国法治现代化发展
王　静　法律文化对法律移植和本土化的影响
王　隆　清末公司与《公司律》的形成
王超杰　越南国际私法相关立法与发展
王荣国　西方选举法制的东方移植困境
吴　卡　中国的非洲法研究实践与思考
吴文浩　1926年的调查法权委员会
夏新华　移植与创新:新中国宪制发展的本土选择及反思
向　达　内生型治理:本质意涵与路径面向
向东译　不真正无因管理研究
谢宝仪　埃及与赫梯银板条约疑点考释
徐国栋　亚非出身的罗马法学家、贝鲁特学派与罗马法通过穆斯林法的入华
徐小芳　南非习惯法婚姻成文化的历史考察及借鉴
杨　莹　西塞罗法律修辞学对罗马法的影响
杨城新　帝国的起源:亨利八世与英格兰的扩张
姚秀兰　论香港土地强制售卖制度及其启示
叶　湘　案件驱动的外国法查明在中国当下的法律移植:历史、特性、实践与调适(1986～2020年)
余春枝　经验与反思——以澳门法的变迁为视角

袁晨风　《群己权界论》与自由观之飞跃
苑宝丹　印度强制性企业社会责任立法之路
詹　瑞　日本职场性骚扰立法——日本之于美国的移植经验
张　宁　纳米比亚《2017 年环境管理法》简析
张　顺　宋代寡妇的继承权问题探析
张　旭　孟德斯鸠“中国法律观”及知识来源考略
张海斌　近代以降泰国婚姻法的变迁
张怀印　中美知识产权争端四十年:根本原因、利益诉求与未来关切
张凯静　英国民事伴侣制度对中国的启示
张琼文　成像于法人类学家的视网膜上的原始法——由《原始人的法》引出的问题
张小虎　非洲“吹哨人”保护立法简析
张雅雯　法律移植实验:以个人破产制度试点改革为主题的研讨
赵博阳　巴亚多利德大辩论——古典教会法正义战争理论的传承与变容
赵立新　日本法的现代化与法律语言的变迁
郑　智　传统中国刑罚体系中的身体观
郑建成　《日本国民所得倍增计划》的重读与启示
周小明　印度县域法律治理及对中国的启示
朱丁睿　《临时约法》制定过程中的日本因素
朱伟东　非洲投资法律环境的变迁及应对
卓增华　转译、挪移与反响——二十世纪初中国修订不平等条约的国际法使用
邹　琳　乌干达专利审查制度演进及其对我国的启示

全国外国法制史研究会2019年度优秀论文获奖名单

一等奖

李康(中国人民大学)
普罗伊斯的“普鲁士观念”与魏玛立宪
刘吉涛(山东师范大学)
论“教皇至上主义”对11～13世纪英格兰宪制的影响
柴松霞(天津财经大学)
《钦定宪法大纲》模仿《明治宪法》的成效分析

二等奖

陶亚骏(德国科隆大学)
《魏玛宪法》研究在中国
高媛(商务印书馆)
张君劢译《魏玛宪法》拾遗
靳匡宇(南通大学)
美国宪法海事条款的形成:基于“积极号”帆船案的分析
田好奇(华东政法大学)
英国宪制的两幅图景——《英格兰法律礼赞》与《英国宪制》
陈仁鹏(湖南师范大学)
明治宪法之二重性及反思——以“和魂洋才”为视角

全国外国法制史研究会第三十三届年会综述

张　顺*

2020年10月17~18日,由全国外国法制史研究会主办、湖南师范大学法学院与华东政法大学法律文明研究院承办的全国外国法制史研究会第三十三届年会,在风景秀丽的星城长沙正式召开。来自全国各高校、科研机构、出版单位的200余名学者出席了本次盛会。

2020年10月17日上午9时,中国人民大学法学院王云霞教授主持了开幕式,宣布2020全国外国法制史年会正式开幕。湖南师范大学副校长蒋新苗首先发表了热情洋溢的致辞,为我们简要介绍了湖南师范大学的历史与湖南师范大学法学院的基本情况。

全国外国法制史研究会会长、华东政法大学何勤华教授在致辞中表示,本次主题年会选择在湖南师范大学召开,主要基于以下三个方面的考虑。第一,湖南自古以来都是中国的中心地带,对于研究东西南北文明交流而言,湖南是一个理想的地方;第二,"一带一路"已成为我国的重要战略之一,在这一战略中,对非洲法律的研究非常重要,以洪永红教授为首的学术团队对非洲法有着精深的研究,此次会议的主办者夏新华教授及其团队也是非洲法研究的重要主力;第三,二十年前在湖南湘潭大学召开的全国外国法制史研究会第十三届年会,当时会议的承办者也正是今年会议的承办者夏新华教授。当年的主题是"法的移植和法的本土化",此次年会主题"法律移植与法治发展——亚非拉地区的实践与经验"实际上是继承发展了二十年前的同一个主题。因而,本次年会在湖南师范大学召开,既具学术价值又有纪念意义。

---

* 张顺,华东政法大学硕士研究生。

全国外国法制史研究会常务理事、湖南师范大学法学院夏新华教授发表了热情友好的致辞。他指出,二十年的光阴荏苒,外国法制史研究会在何老师的带领下办得越来越好,我们研究会不仅强调学术的地位、学术的含量,同时也拥有一种良好的人际关系。今年由于受到疫情影响,现场会议的成功召开更是离不开大家的共同努力。我们每一个程序都按照防控办的要求做好了报备,我们的志愿者都发了短信提醒代表们注意防疫,建议老师和同学们都戴上口罩。

开幕式结束后,10 月 17 日上午 10 时,在同济大学法学院陈颐教授的主持下,全国外国法制史研究会副会长、华东政法大学李秀清教授宣读了《全国外国法制史研究会修改建议案》。根据主管部门要求,依据研究会章程规定,经全国外国法制史研究会第九届理事会建议,研究会第 33 次会员大会审议通过,决定修改研究会章程第 3 条,并报主管部门批准。

会议期间共设有六场专题研讨会,与会学者们围绕着“法律移植的理论与实践”“亚洲地区的法律移植与法律多元”“非洲大陆的法律移植与法治探索”“欧美法律移植与法治构建”“中国近现代的法律移植与法治历程”“中国法与外国法:传统与现代”六大主题进行了广泛而深入的讨论,现将本次研讨交流的主要内容综述如下。

一、法律移植的理论与实践

本次研讨会的主题为“法律移植的理论与实践”,由同济大学法学院陈颐教授主持。

湖南师范大学法学院夏新华教授作了题为《移植与创新:新中国宪制发展的本土选择及反思》的主题发言。夏新华教授简要介绍了中国的宪法史与新中国制宪的历史背景以及各部宪法中的创新点,并针对中国宪制的发展进程进行了三点反思。第一,宪法移植应当慎重,由于宪法移植的特殊性,宪法移植可以引起一国政治制度的重大变化,并且往往会导致具有深远影响的文化冲突与融合,从而致使一国的整体法律制度发生根本性的改变。第二,宪法权威应当维护,宪法权威与国家治理的现代化都是需要我们重视的地方。第三,宪制创新最关键。

上海外国语大学张海斌老师对其发言进行了评议,张海斌教授认为该文简洁明了、论证清晰,同时也提出了三点建议。第一,在对宪法与宪制的概念没有准确的界定之前所进行的宪法史梳理或宪法评价可能存在不妥。第二,宪法本身内容的创新与宪法所确认内容的创新是有区别的,虽然两者可能存在一定的重合,但我们不能将之混为一谈。第三,本土化本身并不一定意味着进步,我们需要辨证地看待本土化的概念。

厦门大学柴松霞教授作了题为《主体意识对法律移植的影响——以近代中日出洋考察德国宪制为例》的主题发言。柴教授在发言中主要讲解了三点问题,第一,文中个别情况下使用的词语并不统一。第二,法律交往过程中肯定会伴随法律移植,但同时也是一个文化选择、文化冲突与文化整合的过程。第三,中日出洋考察产生差异的原因,总体上是因为中国纵向传承的东西较多,在对待西方文化与西方技术时带有抵制与接受并存的双重性质。

中国政法大学崔林林教授对其发言进行了评议,崔林林教授认为该文资料翔实、分析内容细致入微,同时也提出了几点疑问。第一,针对主体意识的概念作出进一步思考,当时中日在考察德国宪制后,对其自身及其传统文化是各种认知?存在哪些不同?第二,我们今天处在一个百年回眸的视角下看待当时的法律移植过程时,是否应当进行一些更深层的回望与探索,比如当时是否存在一些更为隐秘的利益考量因素掺杂其中?

厦门大学法学院徐国栋教授作了题为《亚非出身的罗马法学家、贝鲁特学派与罗马法通过穆斯林法的入华》的主题发言。徐教授在发言中主要讲解了三点问题,第一,在亚非出生的罗马法学家,罗马法学汇总的学术规范中收录了38位法学家的作品,考察其籍贯,我们发现对于罗马法是罗马才子的创造的表述,实际上可以解读成罗马法主要是亚细亚才子的创造,罗马法系也曾有过“罗马—叙利亚”的表述。第二,贝鲁特学派(该说法为徐教授原创),中间一共有五代学者。第一代是盖尤斯,第二代是切尔维丢斯·谢沃拉,第三代是帕比尼安、保罗、特里芬尼努斯,第四代是乌尔比安,第五代是莫特斯丁,这些法学家籍贯都是亚细亚,彼此之间均有师承关系,在工作方法与研究领域上都有一些共同点。第三,中国古代法与穆斯林法属于何种关系?永徽二年(651年,阿拉伯帝国征服叙利亚的第十六年)阿拉伯帝国与唐朝建立了外交关系,开始向中国移民、传教。对此,唐朝政府采取了类似于伊斯兰世界的冲突规则,本国人适用中国法,中国的穆斯林可以适用穆斯林法,并且允许他们设立自己的法官——卡迪。可见,《唐律》中的一些法律制度与罗马法的制度是非常类似的。最后,徐教授认为,对于罗马法究竟是东方法还是西方法这一问题而言,将罗马法称为西方法抹杀了东方学者的贡献,应当将之称为地中海法。

中南财经政法大学黄美玲教授对其发言进行了评议,黄美玲教授认为该文不仅具有体系思维与哲学思辨,更重要的是具备文学的想象力。但同时也提出了几点疑问,第一,中国传统文化中的夷夏之辨是根深蒂固的,这种观念一直延续至鸦片战争之后,《唐律》是否真的有可能引进外国人的文化或接受他们的法律需要进一步论证。第二,目前已经证实的中国传统成文法典的发展脉络相当清晰,《唐律》源于《开皇律》,《开皇律》源于《北齐律》,然后可以追溯到《法经》,并无明显的外来法律的迹象,因而继受外国法的可能性不太大。第三,法律移植的理论是否有实践可能性,究竟是法律移植还是略有影响或者说是法律交流上的流动和暗合,都是可以进一步研究的议题。

武汉大学法学院张雅雯博士作了题为《法律移植实验:以个人破产制度试点改革为主题的研讨》的主题发言。张雅雯博士在发言中主要讲解了三点问题,第一,英国个人破产免责制度的创立并非偶然,十七八世纪英国商业经济的发展、新航路的开辟、基督教的宽恕文化、新教改革等因素构成了个人破产免责制度诞生的重要社会基础;第二,英国个人破产免责制度的创立延续了英国法经验主义的传统,是一个由完全自治到法律保障的渐进性过程;第三,英国个人破产制度的演化进程是一种典型的进化论理性主义,它的优势在于运用司法制度实现法律传统的转变,为我国的法治发展提供实际的经验,以助于我们不断接近法律本土化的目标。

上海社会科学院孟祥沛研究员对其发言进行了评议,孟祥沛研究员认为该文非常具有问题意识与思想深度,为法律移植的本土化提供了一种新的思考范式,但同时也提出了三个问题。第一,法律移植如同医学移植,存在供体与受体,而此文对供体的论述不足。第二,法律移植实验与普通法律实验相比有何区别,法律移植实验的特点何在是一个有待回答的问题?第三,文中多处将立法建构式与经验建构式并列,但两者是否属于并列关系有待商榷;同时,“经验建构式”和“经验理性建构式”两个概念仍需进一步思考。

自由发言阶段,各与会学者们讨论十分热烈,华东政法大学苏彦新教授、澳门大学王荣国博士、华南师范大学王涛教授、中南财经政法大学李栋教授等分别与主题发言人交换了意见。

二、亚洲地区的法律移植与法律多元

本次研讨会的主题为“亚洲地区的法律移植与法律多元”,由上海政法学院肖光辉教授主持。

河北师范大学法学院赵立新教授作了题为《日本法的现代化与法律语言的变迁》的主题发言。赵立新教授在发言中为我们简要介绍了日本法律语言发展的三个阶段。第一阶段,是日本法律西化的过程中诞生的近代法律语言。这一时期的法律语言主要是受到了中国翻译西方法律词汇的影响及启发,以箕作麟祥的翻译为基础,日本出现了最初的近代化法律用语;另外,日本近世时期的“兰学家”在翻译荷兰文献时,也形成了自己的造词方式和规则。第二阶段,是日本法学德国化过程中法律语言的规范化。1881 年之后,日本法学界向德国法学靠拢,将德国规范的法律语言体系完整地翻译过来,特别是“一战”以后“二战”前,日本法学的学术研究全面德国化,无论是移植德国法还是法国法的条文,在法律解释上均按德国法的学理进行解释。此时,日本近代法律语言体系逐步稳定下来,形成了规范化的法律语言体系。第三阶段,是

“二战”后法律语言体系的口语化。由于受到美国的政治控制,日本宪法、刑法以及刑诉等公法上受英美法影响极深,这一时期将法典中的法律用语统一修改为口语,使法律语言体系实现了口语化、大众化与现代化,促进了日本民众的司法参与度和民主化进程。

安徽大学法学院高尚教授对其发言进行了评议,高尚教授认为该文极具说服力、论证线索清晰、叙述简洁明了、结论明确,同时也提出了一些意见。第一,在三个阶段中,法律词语的全面展示只涉及到第一个阶段,而后两个阶段未对法律词语进行全面的总结归纳,对一些典型词汇也未展开讨论。第二,第三阶段的法学研究是如何拓展了法律词汇的适用,没有相关的例证与展示;另外,对于法律语言的口语化将推动政治、民主化的理论机理可以作更进一步的延展。

内蒙古财经大学法学院费晶晶副教授作了题为《伊斯兰家庭法法典化之得失——以古典婚约规则法典化为例》的主题发言。费晶晶副教授在发言中主要讲解了两点问题,第一,伊斯兰家庭法的立法应当同其他领域的立法一样,撕去伊斯兰法标签。因为经过国家立法的伊斯兰家庭法已经不再属于古典的伊斯兰法,古典的伊斯兰法中并不包含家庭法或者部门法典概念。而现代家庭法的改革是以国家作为立法主导者,把沙里亚体系中关于家庭法的规则根据社会需求等因素汇集而成的法典。这种挑选式的立法方式本身就不属于古典沙里亚法的立法模式,古典伊斯兰法的产生与发展的主要路径和国家并无太大关系。而现代穆斯林主体国家作出的包括家庭法法典化在内的立法行为,属于国家履行管理职能的体现,并没有延续古典伊斯兰法的方法论和逻辑,反而撕裂了伊斯兰法的完整性,在严格意义上不应该被称为沙里亚或者伊斯兰法。第二,穆斯林主体国家的立法应当与宗教保持形式上的距离。所谓形式上的距离,是指现代穆斯林主体国家作为现代国际社会的一员,完全可以按照法治原则对所有的社会关系,包括宗教关系进行规制,但是没有必要以国家的名义进行宗教立法或者以宗教的名义进行国家立法。事实上如果这些国家可以在家庭立法上保持与宗教的距离,反而更有利于推进穆斯林女性权利的立法改革。

兰州大学法学院马明贤教授对其发言进行了评议,马明贤教授认为该文无论是史料价值还是论述表达方面都十分优秀。马教授同时指出,伊斯兰法的法典化问题,自近代以来深受穆斯林法学界的影响,这也正是伊斯兰法的特点之一。现今伊斯兰法法典化的显著特征在于由政府组织相关的专家学者以政府名义进行法典编撰,长此以往,伊斯兰法由社会产生的渊源或许会受到一定程度上的限制。

自由发言阶段,各与会学者们讨论十分热烈,华东政法大学苏彦新教授、澳门大学王荣国博士、华南师范大学王涛教授、河北师范大学赵立新教授等分别与主题发言人交换了意见。

三、非洲大陆的法律移植与法治探索

本次研讨会的主题为“非洲大陆的法律移植与法治探索”,由华东政法大学苏彦新教授主持。

浙江师范大学吴卡老师作了题为《中国的非洲法研究实践与思考》的主题发言。吴卡老师在发言中主要讲解了两个方面的问题。第一,为什么研究非洲法?非洲法研究具有学术和实践两方面的重大意义。就学术意义来说,可以拓展对非洲法律的认知、完善中国的非洲法学术体系、在中非之间搭建支撑中非命运共同体的知识体系,以推动我国学者深入非洲和中非合作的具体实践,拿出更具实践价值的学术成果。就实践意义而言,有助于推动中非法律交流、合作,畅通对非合作法律信息,推动形成中非间以法治为核心的营商环境,有效防控对非经贸投资法律风险与纠纷。第二,怎样开展非洲法研究?具体包括如下四个方面的内容,一是非洲法研究的总体思路,非洲法研究以两大研究主题为导向,以四个方面预期目标为引领,坚持国际化、协同化、交叉性原则,建立健全中非协同创新团队。二是非洲法研究的两大主题即“当代非洲法律发展”与“新时期中非关系法律问题”,两大主题互通共融、不可偏废,其中“当代非洲法律发展”是核心命题。三是非洲法研究的方式方法,需要深入非洲社会生活、建设非洲法研究团队、结合非洲的历史背景及中非间独特的合作关系开展跨学科研究。四是非洲法研究的预期目标,即在研究队伍、研究成果、研究创新、研究影响力四个层面上均需实现质的飞跃。

云南大学贺鉴老师对其发言进行了评议,贺鉴老师认为该文极具启发性,但同时也提出了一些建议。第一,文章主要梳理了中非商事法律与经贸法律,但目前既有非洲法基础理论的研究也有宪法等公法方面的研究,疏漏的内容需要进行补充。第二,对于加强非洲法研究的问题,团队十分重要,期待能成立更强大的研究非洲法律机构或加强各机构间的协作。第三,关于非洲法的研究内容,首先要有基础理论的研究,还要有非洲国内法的研究、非洲国际法的研究、中非之间以及非洲与其他国家之间的国际化区域性的法律研究,尤其是非洲同中国一样也在建自贸区,这其中有很多的法律问题都需要进一步的思考。

中国社会科学院朱伟东老师作了题为《非洲投资法律环境的变迁及应对》的主题发言,朱伟东老师在发言中主要讲解了四个方面的问题。第一,就非洲国内的投资法律制度而言,其具备宽松化、本土成分扩大化、争议解决国内化、仲裁体制现代化的四大特征。第二,双边的投资法律制度体现了双边条约数量激增与双边条约不平衡的发展趋势。第三,地区性的投资法律环境,如东非共同体、南非共同体、西非国家经济共同体,包括非洲三方协调组织,都有相应的投资地区性条约并设有专门的地区性法院。第四,国际性的法律环境,主要指非洲国家加入的一些有关投资的国际条约,如《国际投资担保公约》《华盛顿公约》等。最后,他指出,文章仅进行了现象阐述,而没有进行理论本身的探讨与原因分析,只是对事实进行描述,对发展趋势进行了总结与概括。

湘潭大学洪永红老师对其发言进行了评议,洪永红老师认为该文对非洲的立法现状与立法动态做了比较详细、全面的论述与概括。但同时也针对非洲法研究提出了一些建议,第一,随着中非之间的交锋也越来越多,我们需要进一步加强性质对策研究。第二,在研究内容与研究方向上要外在务实一些,在研究立场与研究方法方面要立足中国,做到内外有别。

湖南师范大学丁峰老师作了题为《实践与行动:埃及自由主义时代

的宪法政治》的主题发言，丁峰老师在发言中主要讲解了四个方面的问题。第一，埃及独立与1923年宪法的制定。“一战”爆发是埃及政治发展的转折点，1922年3月15日埃及正式宣布独立，新政府在匆忙中制定1923年宪法，它不仅是埃及第一部正式意义上的宪法，而且其所确立的体例结构和宪法制度对埃及共和国时代的诸部宪法均产生了重大影响。第二，埃及立宪君主制政体的创设。1923年宪法在内容上有诸多创新，而其中最重大的变化是立宪君主制政体的创制。第三，埃及首次宪法危机。危机的根源是英国殖民当局、埃及国王、议会和政党之间的矛盾冲突和利益纠葛，福阿德国王先后发动了两次议会政变，1935年12月，国王下诏被迫恢复1923年宪法和直接选举法，至此，埃及历史上首次宪法危机结束。第四，议会政党的衰落与民众政治的崛起。1936年英埃妥协条约的签订是华夫脱盛衰的“分水岭”。“二战”后，华夫脱党对民众的吸引力也越来越低。1952年埃及社会秩序失控，自由军官组织发动政变，一举推翻了议会政党和国王势力。埃及自由宪政试验彻底失败，君主制时代的宪法政治寿终正寝，教训深刻，值得反思。

河南财经政法大学陈鹏飞老师对其发言进行了评议，陈鹏飞老师认为该文写作框架简明、思路清晰，资料详实、史料结合使用恰当，多种矛盾分析得比较透彻，但同时也指出了一些问题。第一，对于埃及自由主义时期宪法政治失败的原因和教训，可否单独列为一部分。第二，文章第二部分“埃及立宪君主制政体的创设”，可否把详实的资料在这一基础上加以整理和分析。第三，文章题目上的“实践与行动”，到底是行动与实践还是实践与行动，“行动”是通过移植宪法结束了埃及王权政治，开启了自由主义时期这个时代的宪法政治；“实践”是强调埃及1922年到1952年这个过程中在这两部宪法的制定、文本内容、具体特点、运行困难和失败的原因。

华东政法大学李烨同学作了题为《利比里亚与美国宪法——自由之地不自由》的主题发言，李烨同学在发言中主要讲解了三个方面的问题。第一，利比里亚国家的历史，利比里亚联邦颁布《1847年宪法》宣布“独立”，但由美国总督任总统。其独立后依旧受到美国各方面的控制，真正独立党执政持续执政到1980年,政权则始终掌握在人数占比极少的美裔利比里亚人手中。1980年,多伊发动政变试图改变利比里亚局面,但1989年爆发内战,2003年才最终停火。第二,利比里亚宪法的发展历程,1839年《利比里亚联邦宪法》《1847年宪法》和《1984年宪法》,三部宪法均是对美国宪法的模仿和学习,但其中也包括了一些符合利比里亚的特殊规定,体现了浓厚的"外来"色彩,美国自始至终都在不同程度上控制着利比里亚的各个方面。第三,利比里亚宪法移植失败的原因,在时代背景、经济、文化、宗教以及二元分化的社会结构等影响因素中,二元分化的社会结构是最为重要的原因。占总人口不到5%的美裔利比里亚人生活在城市当中,过着西方式的生活,剩下的人则生活在农村的传统社会之下,二者共性不多、差异巨大,整个社会处于分裂和对立状态,宪法却并没有试图缓解分化,反而使分化程度进一步加强。

湘潭大学刘海鸥老师对其发言进行了评议,刘海鸥老师认为该文风格活泼、思维活跃,同时也提出了一些建议。第一,在文章第二部分中,作者试图对几部宪法的不足进行分析评价,但其实质内容存在论述不够集中的问题。第二,在对利比里亚移植美国宪法失败的原因分析中,许多学者会就两大阵营的冷战思维对于包括利比里亚在内的非洲国家的影响进行讨论,但文中并未涉及。

自由发言阶段,各与会学者们讨论十分热烈,湘潭大学刘军平副教授、湖南师范大学夏新华教授、华东政法大学李秀清教授、中国人民大学王云霞教授、华东政法大学叶湘博士等分别与主题发言人交换了意见。

四、欧美法律移植与法治构建

本次研讨会的主题为"欧美法律移植与法治构建",由武汉大学项焱教授主持。

华东政法大学王静老师作了题为《法律文化对法律移植和本土化的影响——以西班牙移植俾斯麦社会保险法为例》的主题发言,王静老师在发言中主要讲解了德国俾斯麦模式的特征、西班牙首部社会保险法的特征以及两者存在差异的原因。德国俾斯麦模式有三个特点:第一,强制性;第二,企业与个人共同负担;第三,缴费与福利成正比。西班牙首部社会保险法的主要特点有:更广的保护范围;采取新的理论,即客观风险理论等。两者会存在这样的不同,主要在于当时德国工人阶级与资产阶级的对抗状况,致使其社会保险法的缴费模式只能由工人负担大部分;而西班牙的资产阶级则希望通过回归欧洲的方式让国家振兴,因而将欧洲最先执行的制度纳入进来,并且由国家负担为数不多的工人福利。两者对于国家统一的思路不同,而不同模式的选择思路实际上是一系列连锁反应,一旦选择了一种模式,自然会影响后续缴费方式等一系列的制度规定。

中国政法大学王银宏老师对其发言进行了评议,王银宏老师认为该文资料翔实、论述具有合理性与一定高度,同时也提出了一些建议。第一,在西班牙移植与借鉴德国的方面上,逻辑关系建构并不十分充分,论文的正、副标题有割裂感。第二,不仅仅针对社会保险法,也包括民法或刑法,一项部门法能够在多大程度上反映一个国家的法律文化,是值得我们思考的问题。

南京师范大学李洋老师作了题为《从依附宗主国到本土化:智利法制进路探寻》的主题发言,李洋老师在发言中就两点问题进行了说明。第一,文章的主要内容是基于对智利的各部门法律及法律职业及法律教育发展的考察,通过将某些较有影响意义的事件和法案的整理,梳理出智利的法治发展进程中呈现的一些特色。尽管从严格意义上来讲,并不能完全称之为智利特色,但至少代表着某种法制现代化建设中的共性或者趋势走向。第二,智利受到多重法律的影响,在两种或者多种法律文化法律制度影响过程中,呈现西班牙以及美国法双重背景。这种法律发展运动与19世纪美国对于其他海外殖民的渗透又有何关系,智利如何应对和应用此类法律的直接渗入以及间接引用,都是值得更加深入探讨的。

湖南师范大学刘顺峰老师对其发言进行了评议,刘顺峰老师认为该文极具启示性。第一,当前南美的法学研究确实没有形成系统,而这于外国法律史的研究而言是需要填补的。第二,无论是法律史还是法理学学科,我们都在强调本土资源,但细看二十多年来发表的有关本土资源的文章,还是有很大的提升空间。

东北财经大学方瑞华老师作了题为《美国最高法院对总统权力扩张的影响研究——以20世纪上半叶美国最高法院的司法判决为考察中心》的主题发言,方瑞华老师在发言中就文章的主要内容进行了讲解。文章共分为三个部分,第一部分回顾了美国总统20世纪上半叶实现的权力扩张,主要包括立法领域、社会事务领域和军事外交权领域的扩张。第二部分通过对四个案例的分析,陈述了最高法院对总统权力扩张的支持。第一个是迈尔斯诉美国案,第二个是柯蒂斯·赖特出口公司案,第三个美国诉贝尔蒙案,第四个是松诉美国案。第三部分通过最高法院一系列的判决,分析了最高法院对总统权力扩张的限制,但这种限制是十分有限的。综上,20世纪上半叶,最高法院对总统权力扩张的支持多于抑制,而且一直仅限于国内事务领域。这为权力的持续扩张提供了法律支撑,而最高法院在限制总统权力扩张和保障公民权利方面所暴露出来的短板也成为一个争议的焦点。

中南财经政法大学李培锋老师对其发言进行了评议,李培锋老师认为该文资料详实、论述详细,读后令人受益匪浅。但同时也提出了几点问题,第一,文章的理论性与现实性还有待加强,文章叙述比较多,议论部分比较少。第二,随着总统权力的扩张,总统通过行使紧急状态下的权利,可能会严重的践踏公民权利,这一问题值得进一步探讨。

浙江财经大学李亢老师作了题为《宪法权利与国族构建:加拿大的经验与教训》的主题发言,李亢老师在发言中就文章主要内容进行了讲解。第一,特鲁多和泰勒的成长背景十分类似,特鲁多16年政治生涯中的重要政治实践,就是试图构建一个横跨太平洋与大西洋的加拿大民族,他认为其主要工具就是《权利宪章》,于是在宪法中强行载入了《权利宪章》。第二,《权利宪章》主要有三个功能,民主功能、公民身份功能和权利保障功能,国族构建有很重要的促进作用,特鲁多的路径是一种公民民族主义,有公民宗教的色彩,但这种做法并没有成功。第三，特鲁多以宪法性质的权利法案为路径构建国族，其核心是个体在保留既有文化认同的同时构建一个共同的政治认同，但加拿大的族群联邦制阻碍了国家层面的民族构建，特鲁多的政治梦想以失败告罄。

中国人民公安大学康宁老师对其发言进行了评议，康宁老师认为该文资料丰富，研究基础扎实，结构清晰，文字优美。但同时也提出了几点问题，第一，对《权利宪章》（Canadian Charter of Rights and Freedoms）的翻译使用潘汉典老师的译法——《加拿大人的权利和自由宪章》是否更好。第二，文章中的一手资料充足，是否可以进一步充实前期成果的梳理。第三，宪章在宪法中的地位问题是否可以在文章中稍微补充一下。第四，就结构而言，可以进一步实现两个对话，一是理论的对话，消除文章中的罗列感；二是对宪章文本进行回应，增加对权利宪章文本的论述。

自由发言阶段，各与会学者们讨论十分热烈，厦门大学徐国栋教授、湖南师范大学夏新华教授、湘潭大学程波教授、华东政法大学何勤华教授等分别与主题发言人交换了意见。

五、中国近现代的法律移植与法治历程

本次研讨会的主题为“中国近现代的法律移植与法治历程”，由华南师范大学王涛教授主持。

河南大学乔飞教授作了题为《晚清兖州教案之法律文化解析》的主题发言。乔飞教授在发言中主要讲解了三个方面的问题。第一，对案情的基本介绍，晚清时期爆发了一系列非常著名的案件，我们称为“教案”，案情基本上比较普遍，兖州教案就是一个比较典型的教案。西方传教士希望将天主教传入孔子的故乡，而当时的曲阜在行政上隶属于兖州，于是便爆发了兖州教案，这场教案持续了十年之久，一直没能得到有效的解决。第二，兖州教案发生的原因，具体可从心理因素、观念因素、规则因素三个层面进行分析。第三，从案件的处理层面上看，外国传教士及外交官员与总理衙门之间存在巨大的中西法律文化的差异与冲突。第一个层面，中国文化是“一元独尊”的，而西方人秉持着一种

“多元文化”的观念。第二个层面,在于纠纷处理的依据。西方人直率,以条约作为依据,认为应当保障条约中所确认的传教权利。但中方认为条约必须同时考虑国情民意,即利用国情民意来抵抗西方契约权利的主张。第三个层面,在于解决纠纷的风格。西方认为应当从条约出发,不需要考虑太多其他因素。但中国则认为,签订契约为虚,迫于压力的妥协为实。兖州教案反映的是传统和现代在晚清的碰撞,这个问题至今仍然存在。

中山大学杜金老师对其发言进行了评议,杜金老师认为该文发人深省,同时也提出了几点疑问。第一,关于反教人士们所编写的“揭贴”,其中对于天主教教义的污名化的讲法,究竟是刻意的抹黑还是无知带来的曲解,两者背后的文化含义截然不同。第二,文中特别提到了兖州教案背后的共同体本位观念,但并未对这一观念解释清楚。第三,文章引入了诸多如“契约自由”“物权所有权”等法律概念,以此彰显背后存在的价值冲突,而如今中西在民法概念和法律规范上存在很多微妙的差异,并未受到共同体价值的多少影响。

清华大学卓增华博士作了题为《转译、挪移与反响——二十世纪初中国修订不平等条约的国际法使用》的主题发言,卓增华博士在发言中主要讲解了两个方面的问题。第一,本文的研究背景。21世纪初西方世界开始偏向国际法的历史研究,国际法视角与方法上产生了许多问题。第二,中国退出不平等条约。20世纪初,中心国家与边缘国家冲突非常大,边缘国家在国际舞台上追求平等,希望重新使用主权理论维护自身利益。而中国当时已经培养出一大批国际法学者,他们针对当时的问题,使用西方理论作为一种“弱者武器”来维护国家权利。中国的国际法问题在当时走向了全世界,包括美国法学会对中国不平等条约问题的研究与讨论,在很大程度上参考了中国实践、中国叙述,中国在国际法研究中是不容忽视的。

复旦大学王伟老师对其发言进行了评议,王伟老师认为该文极具启示性,同时也提出了一些建议。第一,“普鲁士在中国口岸捕捉与其交战的丹麦船只”的表述容易引起误解,实际上普鲁士当时捕捉的只是丹麦商船,并不是战舰。第二,“转译”一词容易引起误解。第三,国际法本质并不是非欧洲国家对欧洲国家的抵制和选择,也不是欧洲国家对非欧洲国家的妥协与退让。国际法越有国际性越有希望,越特色就越没希望。

湘潭大学程波教授作了题为《分析法学的“知识论述”与燕树棠的智识贡献》的主题发言,程波教授在发言中主要介绍燕树棠的学术贡献。第一个贡献,在于其关注分析法学派及其谱系,并致力于传播分析法学派的法律思想,时间之长,水平之高,贡献之大,确属罕见。第二个贡献,是对分析法学法律制裁观的介绍。第三个贡献,是对关于霍菲尔德的法律概念的介绍。第四个贡献,在于燕树棠归纳了分析法学派的分离理论的主要观点。第五个贡献,在于燕树棠对奥斯丁理论中的主权与国家问题的理解。第六个贡献,在于对法律概念理论的贡献。燕树棠的知识论述和智识贡献,某种程度上带我们穿过理性与逻辑,来到了分析法学学说里的隐秘世界。

中国政法大学郭逸豪老师对其发言进行了评议,郭逸豪老师认为该文极具启示性,同时也提出了几点疑问。第一,清末民初的法政界着面临两个问题,一个是制度的移植,另一个是知识的选取,应选取什么样的知识来回应中国彼时的局势呢?第二,燕树棠的意图是什么?是超前的法学知识储备还是具有现实意义的研究?

山东师范大学齐凯悦老师作了题为《论我国近代法律移植中的“家庭教育”及其启示》的主题发言,齐凯悦老师在发言中主要讲解了四个方面的内容。第一,近代法律移植与变革中“家庭教育”一词的话语形成过程。清末《奏定蒙养院章程及家庭教育法章程》中的家庭教育是指一般意义上的家庭教育,主要强调学前教育如何开展;1907 年《奏定女子师范学堂章程》中的家庭教育主要指家庭成员对子女所进行的教育;1938 年《推行家庭教育令》开启了我国近代真正意义上的家庭教育立法进程。第二,通过对近代立法中的“家庭教育”一词的分析,使用状况整体来看可分为两类,一类是仅使用该词来界定或辅助其他教育类型,另一类是对家庭教育的直接规定和具体阐释。第三,近代关于家庭教育的立法,经历了从原则性规定到专门立法的转变,家庭教育相关法规的作用逐渐凸显,体系化的家庭教育法规逐渐出现。第四,从近代法律移植中“家庭教育”一词的产生和发展来看,家庭教育并非单向性定义,而是家庭系统中双向性、互动性的影响,并受外界环境影响,由国家、社会、学校等多机构或主体提供支持或协助。

海南大学叶英萍老师对其发言进行了评议,叶英萍老师认为该文写作思路清晰、论证层次鲜明,同时也提出了几点疑问。第一,本文的写作意图与目的是什么,采纳了什么方法,是怎么实现的,问题意识何在。第二,在法律移植中,我们研究的究竟是家庭教育立法的影响抑或是“家庭教育”一词的影响。第三,《民法典》第1048条关于婚姻家庭的规定,为后面家庭教育专门的立法埋下来伏笔,但在《民法典》中却不能强求。《民法典》已于5月28日通过,文中仍然用《民法典(草案)》的表述,是一种疏忽。

自由发言阶段,各与会学者们讨论十分热烈,华东政法大学庄晨曦、湖南师范大学陈仁鹏、湖州师范学院谢舟、浙江工商大学胡桥等分别与主题发言人交换了意见。

六、中国法与外国法:传统与现代

本次研讨会的主题为“中国法与外国法:传统与现代”,由华南师范大学王涛教授主持。

中南财经政法大学李栋教授作了题为《罗马政制史的系统论分析》的主题发言,李栋教授在发言中主要讲解了两个方面的问题。第一,用系统论的分析方法去解释罗马的政制史,是因为既有罗马政制史研究的视角和记录,在某种意义上或多或少都存在一些问题。研究大体有两种路径,一种路径是从意识形态角度去罗马政制史中寻找自己想要的东西;另一种路径是从单一视角,如政治、经济、军事、法律等角度去解读,这种研究有深度但无法具体指明罗马政制变迁与各种“碎片化”维度之间的关系,因此本文引入了卢曼的“自创生”系统论。第二,关于卢曼的“自创生”系统论,概括来说是一个“差异理论”。其一,它建立在

“系统”与“环境”的区分之上；其二，它建立在“观察”和“运作”的基础之上；其三，它在处理“系统”与“环境”关系之时，提出了“偶连性”的观点；其四，它是建立在功能分化基础上而存在的。

陕西师范大学向东老师对其发言进行了评议，向东老师认为文章标题令人惊喜，同时也提出了两点疑问。第一，关于罗马历史分期界定标准的问题，无论以何等标准对罗马的历史进行分析，我们都要首先回答一个问题——罗马政制史到底是什么？第二，文章结论部分认为，罗马政治并不存在一种永恒或理想至善的形式，真正使罗马强大的原因并不是共和国时期混合政治的平衡关系，而是社会功能的分化，可否进一步论证。

武汉大学张旭老师作了题为《孟德斯鸠“中国法律观”及知识来源考略》的主题发言，张旭老师在发言中主要讲解了三个方面的问题。第一，问题源于三个灵感。其一，《柏朗嘉宾蒙古行纪》《鲁布鲁克东行纪》；其二，《论法的精神》中有关中国内容的启发以及近代中国思想启蒙运动；其三，学者马丁·雅克《当中国统治世界——中国的崛起和西方世界的衰落》。第二，问题的具体内容。其一，关于体制困惑，按照孟德斯鸠的体系与方法，先是一般原则，再具体论证。其二，家国同构，碎片化误解。具体包括礼与教育、礼与一般精神以及礼与地理环境三个部分。其三，理性启蒙，合理怀疑，具体包括自由观考察、理性主义法律以及法国现实社会。第三，总结与心得。一是“中国法律观”及知识虽有详尽的描述，但也只是片面的误解与拟构，始终如一层隔纱。二是反观法国当时的专制统治，是一种“片面化”“碎片化”的印象性认识。三是抹平东方各国历史文化的巨大差异性，把“专制”视为东方各国普遍固有的政体，同时构拟了同一的“东方”与清一色的“东方专制”。四是孟德斯鸠“中国法律观”及知识考略对信息化、全球化背景下西方视界的中国本土法文化的厚植与破除后殖民下理论研究误区提供有效借鉴。

北京大学徐爱国教授对其发言进行了评议，徐爱国教授认为该文结构清晰，同时也提出了几点建议。第一，论文讲的是知识考古和考据的问题,文章的考据问题似乎没有完全展开,孟德斯鸠有关中国法的问题还有待进一步挖掘。第二,对思想史的考据没有超过前人。第三,提到孟德斯鸠时没有提到伏尔泰,提到梁启超没有提到严复,是比较遗憾的。

上海博物馆胡嘉麟老师作了题为《西周青铜器上的“刖人”——兼论先秦时期的刖刑》的主题发言,胡嘉麟老师在发言中主要讲解了如何认识从西周到战国晚期直至汉代时期五刑的排序变化问题。先秦时期刖刑呈现波折式发展,商代社会中刖刑的使用比较普遍,但西周社会中表现得并不显著。少数刖刑遗迹的都不是周文化特点的墓葬,有“刖人”纹样的青铜器也不属于姬姓贵族,说明刖刑在西周时期总体上处于衰落,这是由于西周统治者的统治思想发生了重大的变化,统治思想从商代的“天罚神判”转变为“明德慎罚”。统治思想决定了周王朝的治国理念和司法原则,西周中后期周王朝的统治力开始下降,“刖人”纹样的出现反映了这个时期的社会状况。春秋、战国时期,各个诸侯国都有大量关于刖刑的记载,在法律上以刖刑作为杀刑的替代,标志着刖刑已经上升成为国家刑罚的主流,这一转变正是量刑原则从《尚书·吕刑》到《汉书·刑法志》发生变化的中间阶段。

湖南师范大学于熠老师对其发言进行了评议,于熠老师认为该文资料全面且详细,但同时也提出了几点建议。第一,文中提到旅顺博物馆的青铜器“刖人鬲”可能为伪器,因此暂不收录,如果确实存在这样一个材料,是否仍然应该进一步对其进行阐述,以防材料缺失。第二,文中提及内蒙古宁城县小黑石沟村的墓葬位于南北文化交流的枢纽地带,内蒙古的一个小县城何以成为南北文化的交流之地?第三,西周时期“刑不示人”,而春秋公布成文法使刑罚被更多地获知,西周刖刑的数量未必少于春秋时期,因此文章结论是否还有待于进一步的分析。

同济大学张怀印老师作了题为《中美知识产权争端四十年:根本原因、利益诉求与未来关切》的主题发言,张怀印老师在发言中主要讲解了三个方面的问题。第一,近四十年来中美知识产权的争端,1979~1992年,这一阶段中美冲突并不太多;1988年后,逐渐开始产生摩擦;

1993年开始，进入知识产权争端频发阶段，中国多次被列为“重点观察国家”；到2001年，中美争端进入了缓和期，中国逐渐学会利用WTO平台的争端解决机制；到2017年，美国想单方面钳制或压制中国已不太可能。第二，就利益诉求而言，美国的诉求和矛盾主要聚焦于知识产权保护和执法不力、市场准入、强制技术许可和商业秘密保护等问题。而中美知识产权争端产生是由于中美双方对知识产权保护有着传统的差异，以及我国科技实力的增强为美国带来了巨大压力，美国为了维护其科技和其他各方面的成果，知识产权争端成了贸易摩擦的导火索，同时也是美国为削弱中国企业国际竞争力的手段和逼迫中国开放市场的工具，泰国、拉美等国都受到过这种待遇与压迫。第三，未来中美关于知识产权的争端会持续存在，且不会像之前一样通过几次谈判就能迅速解决问题。我们要做的一方面是展现科技合作的环境；另一方面是完善自身体系。

湘潭大学邹琳老师对其发言进行了评议，邹琳老师认为该文发人深省，同时也谈了一些个人感悟。我国改革开放过程中的法制建设砥砺前行十分不易，每一个阶段都要针对外在压力制定新的策略。有时不得不在维护根本利益的前提之下作出艰难的抉择，中美冲突迫使我们不断学习外国先进立法经验，适应国际规则，进而完善我国法律体系，取得经济建设的不断发展，从相对落后的国家逐渐成长为知识产权大国，并向知识产权强国迈进。

自由发言阶段，各与会学者们讨论十分热烈，北京大学罗带同学、中南财经政法大学李栋老师、天津财经大学柴松霞老师、武汉大学项焱老师、北京大学徐爱国老师等分别与主题发言人交换了意见。

经过两天紧张而热烈的讨论，六场研讨会全部顺利结束。10月18日下午，本届年会落下帷幕，闭幕式由华东政法大学李秀清教授主持。闭幕式上，徐国栋教授宣读了全国外国法制史研究会2019年度优秀论文获奖名单并举行颁奖仪式。在全场热烈的掌声中，全国外国法制史研究会第三十三届年会顺利闭幕。